智元微库
OPEN MIND

成长也是一种美好

知识管理系列

实践 创新 商业模式

如何将知识转化为价值

ビジネスモデルイノベーション
知を価値に転換する賢慮の戦略論

[日] 野中郁次郎 [日] 德冈晃一郎 编著

姚博文 译

人民邮电出版社
北京

图书在版编目（CIP）数据

商业模式创新实践 ：如何将知识转化为价值 ／（日）
野中郁次郎，（日）德冈晃一郎编著 ；姚博文译. -- 北
京 ：人民邮电出版社，2021.3（2022.9重印）
（知识管理系列）
ISBN 978-7-115-55687-5

Ⅰ．①商… Ⅱ．①野… ②德… ③姚… Ⅲ．①企业管
理—知识管理—研究 Ⅳ．①F272.4

中国版本图书馆CIP数据核字(2020)第260079号

版 权 声 明

◆编　　著　　[日] 野中郁次郎
　　　　　　　[日] 德冈晃一郎
　译　　　　　姚博文
　责任编辑　　王振杰
　责任印制　　周昇亮

◆人民邮电出版社出版发行　　　　北京市丰台区成寿寺路 11 号
　邮编 100164　　电子邮件 315@ptpress.com.cn
　网址 https://www.ptpress.com.cn
　河北京平诚乾印刷有限公司印刷

◆开本：720×960　1/16
　印张：19　　　　　　　　　　2021 年 3 月第 1 版
　字数：360 千字　　　　　　　2022 年 9 月河北第 2 次印刷
　著作权合同登记号　图字：01-2018-5343 号

定　价：79.80 元

读者服务热线：（010）81055522　印装质量热线：（010）81055316
反盗版热线：（010）81055315
广告经营许可证：京东市监广登字 20170147 号

目　录

/ 　　序章　　 /

向"实践智慧战略"转型

/ 　　第一章　　 /

业务创新模型的提议：将知识转化为价值

/　第二章　/

商业模式与创新竞争：商业模式的多种发展案例

/　第三章　/

政府主导的商业模式创新：新加坡向知识创造型国家转型

/　第四章　/

社会基建事业模型的构造与战略展开（基于知识工程的视角）

/　　**第五章**　　/

商业模式的设计思考：商业模式创新的实践智慧

/　　**第六章**　　/

挣脱商业模式创新的"羁绊"：克服阻碍的实践法

致中国读者

我很荣幸地获悉，人民邮电出版社智元微库公司策划出版了"知识管理系列"图书，选入了我的部分作品。为此，我要特别感谢清华大学陈劲教授以及所有为该系列图书在中国出版而努力的人。

我提出"知识创造理论"距今已有20多年。20世纪八九十年代，我在日本东京一桥大学的同事竹内弘高和今井健一与我对日本公司的知识创新过程进行了广泛的案例研究。在进行这些案例研究的过程中，我意识到日本企业是通过"由内向外"的过程进行创新的，这有别于当时流行的组织行为主导理论，包括诺贝尔经济学奖获得者赫伯特·西蒙（Herbert Simon）提出的"信息处理范式"——一种"由外向内"的分析机制。我认为，企业应以"为社会创造更好的产品"为理念，以"创造未来"的精神实施创新活动。从这个意义上讲，企业需要更明智地开展商业活动和自我管理来造福人民。

20多年后，我们生活在创新经济时代，知识创造理论的价值比以往任何时候都更为重要。新经济要求商业组织创造新的价值观、产品、服务或流程。在当前的动态环境中，商业组织必须在"创新"和"死亡"中二选一。此外，它们还需要比前几十年更广泛、更明智地扩展业务视角和范围，因为我们看到，社会和环境中对商业事务有重大影响的问题的相关性与复杂性日益增强。商业组织不仅应反映客户需求或股东价值观，还应密切关注其他利益相关者、环境可持续性和社会问题，这些都是其商业模式的一部分。这样做给这些商业组织带来了严峻的挑战，因为商业组织试图控制的要素越多，就越难达成它们的目标。那么，它们如何才能完成如此艰巨的任务呢？在我看来，答案是知识创造和知识实践。

知识创造范式为组织创新提供了可行的解决方案。由"社会化、外显化、组合化、内隐化"构成的 SECI 知识创造模型，体现了隐性知识与显性知识相互作用创造新知识的组织范式。虽然商业组织知道这两种知识都是必要的，但是，即使我们生活在大数据时代，它们也需要在具体的业务活动中让隐性知识处于首要地位。身体经验和直觉（隐性知识）等事物构成了我们拥有的所有知识的基础，我们需要时刻注意人们正在经历的事情，以及我们如何交流感知和经验以获得新的想法和产品。最终，隐性知识促使"由内而外"的创新过程得以实现。

为了积累和综合新知识，我们需要一个"创造的空间"。我们称之为"场"（Ba），这一概念最初是由日本哲学家西田几多郎提出的。在场中，人们有意识、全心全意地致力于一个共同的目标，通过人际互动和环境互动产生新的知识。"场"是一个创造互动的临时空间。为了创造成功的场，我们通过关心、爱、信任和彼此接受建构的同情心与同理心，对"主体间性"（intersubjectivity）①的形成产生重要影响。主体间性使我们能够最有效地分

---

① 德国哲学家埃德蒙德·胡塞尔（Edmund Husserl）深入与广泛讨论了这一概念，指人对他人意图的推测与判定。——译者注

享我们的隐性知识，从而产生更好的知识创造成果。这种知识创造的互动过程使我们认识到，我们所知道的取决于我们与谁互动、我们从文化和社会中了解到了什么，以及我们进行知识创造的环境是怎样的。人类的任何知识都是"集体知识"的一种形式。

知识创造的另一个关键之处在于，如何处理团队内部、跨团队以及组织之间的矛盾与紧张的关系。对组织而言，这些矛盾和紧张的关系既是巨大的障碍，也是巨大的创新机遇。这两个看似矛盾的因素不应该被视为泾渭分明的独立事物，因为这些问题是相互关联的。借助"动态二元性"（dynamic duality）①的概念，我们就可以把这些问题看作是互补的。动态二元性告诉我们，理解这些矛盾要素之间的关系和相互联系，能引导我们找到一个整体解决方案。

要做到这一点，我们需要所有相关人员积极参与，无论他们是项目团队、组织还是其他组织的一部分。在知识创造的过程中，我们建议采用自中向上而下式的管理模式来达成这一目标。与组织过程的每一步都由少数组织成员（通常是经理或执行人员）命令和指挥不同，创造知识的组织应该吸收并授权参与项目的其他成员做出决策并执行有效的行动。随着组织承诺和共同目标的实现，不同知识的综合将产生真正、持久的影响。

实践智慧（或实践理性）推动了知识创造。实践智慧是指通过务实的步骤，坚持不懈地追求共同利益。这种智慧不仅使我们能够适应特定的情况，还能够创造我们想要的未来。我们的信念和价值观塑造了这一明智的

---

① 动态二元性是指把相互矛盾的观点加以动态综合。——译者注

决策和行动过程，告诉我们可以从所选的情景和行动中获得什么意义。

从本质上讲，知识创造过程是一个以人为中心的集体创造过程。正是基于我们作为人类的全部特征，我们才可以进行知识创新。在经济、环境和社会的发展遭遇前所未有挑战的时代，我们需要通过知识创造来应对。希望该系列图书的读者都能欣赏这些想法，共同创造知识，为社会的美好未来而努力。

真诚致谢。

野中郁次郎

2019 年 8 月 19 日

推荐序一

以"知识管理"赢得现代管理的新发展

在全球经济竞争日益激烈的时代，以"知识管理"的观点设计组织发展的哲学、运行体系、管理模式等显得尤为重要。

这是因为100多年来，管理学主要经历了两个重要的发展阶段：第一，以弗雷德里克·温斯洛·泰勒（Frederick Winslow Taylor）等人为代表的把员工视为"经济人"的科学管理阶段；第二，以彼得·德鲁克（Peter Drucker）等人为代表的把员工视为"知识人"的知识经济和知识管理阶段。

泰勒首次将管理视为一门科学。他指出，建立各种明确的规定、条例、标准，将一切管理内容科学化、制度化是提高管理效能的关键；并且他主张把计划职能从工人的工作内容中分离出来，由专业的计划部门去做。从事计划职能的人员被称作"管理者"，负责执行计划职能的人被称作"劳动者"。泰勒的理论在当时收到了很好的效果，但也存在一定的局限性。首先，泰勒的思想主要是解决工人的操作、现场的监督和控制问题，管理的范围比较小，内容涉及面也比较窄，基本没有涉及组织的供应、财务销售、人事等方面。此外，虽然泰勒的理论使生产过程的管理控制合理化，但把雇员和业务都排斥在决策过程之外。法国的亨利·法约尔（Henry Fayol）、德国的马克斯·韦伯（Max Weber）等人对泰勒的管理思想进行了补充和完善。他们的管理思想聚焦于组织结构和管理原则的合理化，以及管理者职责分工的合理化，由此奠定了古典组织理论的基础。在科学管理的基础上，法约尔和韦伯等人的管理思想形成了成熟的质量管理和项目管理模式，并强调采用基于数据的管理体系。工业经济时代创立的管理学体系强调控制，但控制就意味着自上而下、强制性的管理。

早在 20 世纪 60 年代初，彼得·德鲁克就已经提出了知识工作者和知识管理的概念。在知识社会，最基本的经济资源是知识，知识工作者将发挥越来越重要的作用，每一位知识工作者都是一位管理者，知识型员工具有更高的素质、良好的自我管理能力，严格控制在他们身上显得多余。同时，严格控制会限制知识型员工的创造力。在工业社会，工作方法和程序由专家定义，而且一旦被定义，就不允许改变。因此，不管员工有多强的创造力，展露天赋的机会都大大减少。进入 20 世纪 80 年代，德鲁克提出"未来的典型企业以知识为基础，由各种各样的专家组成，这些专家根据同事、客户和上级提供的大量信息自主决策和自我管理"。

在"知识人"视野下，企业管理的哲学、风格、制度等应做出更大的转变。首先，减少"控制"思想，倡导"支持与关爱"模式。今天，管理者应该更多地关心和激励员工，创造适合的环境和条件，激发员工的潜质和创造力，使其实现自身的价值，进而帮助和引导员工实现自我管理。这种管理模式还蕴藏着另一个重要理念——无论成功或失败，皆有再挑战和激发勇气的精神，这是新时代企业管理的重心。

20 世纪 90 年代中后期，素有"知识创造理论之父"和"知识管理的拓荒者"之称的野中郁次郎进一步发展了面向知识人的管理体系。在《创造知识的企业》一书中，他提出了知识创造理论，以知识创造能力来诠释日本企业的成功。该书是该领域的经典之作，于 1996 年被美国出版协会评为"年度最佳管理类书籍"。

有别于其他学者将日本企业的成功归结为各种"日式管理"特色，野中郁次郎通过研究索尼、松下、本田、佳能、日本电气和富士复印机等日本公司的创新案例，归纳出组织的知识创造能力——能"有组织地"充分调动蕴藏在员工内心深处的个人知识。他以波兰尼的知识两分法为基础，从"显性知识"和"隐性知识"的关系入手，认为知识管理一个很重要的目标就是挖掘隐性知识，即不仅对客观信息进行简单的"加工处理"，还要发掘员工头脑中潜在的想法、直觉和灵感。

野中郁次郎不仅系统地论述了隐性知识与显性知识的区别，还构建了知识创造的 SECI 模型：社会化（socialization）、外显化（externalization）、组合化（combination）和内隐化（internalization），这为我们提供了一种利用知识创造的有效途径。英国管理史学者摩根·威策尔（Morgen Witzel）认为，野中郁次郎对现代管理学的主要贡献体现在两个方面：第一，他是世界上知识管理领域最重要的思想家之一，他的论述几乎覆盖该领域的每个方面；第二，对西方读者而言，他是日本管理方法及技巧最主要的解读者之一。

野中郁次郎认为，建立在西方传统哲学基础上的组织理论归结为笛卡儿式科学思维的产物，如泰勒的科学管理理论就立足于用"科学"代替

"经验常识"，西蒙的信息处理范式受到计算机和认知科学发展的影响，过分强调人类推理和组织决策过程的逻辑方面。他觉得，在这种科学理性视野下的组织，本质上是没有知识创造能力的"刺激—反应"式机器。他认为，企业并不是机械地处理来自周围环境的信息，而是有意识地创造信息，他在 1985 年出版的《组织进化论》中提出了该观点。

在研究中，野中郁次郎发觉，现有的信息处理理论不足以解释企业的创新行为。因为除了信息处理，创新过程还包括知识的取得、创造、运用与保存等多项活动。更重要的是，通过与许多创新者的访谈，野中郁次郎发现，创新通常来自创新者个人的信念。通俗地讲，这些信念就是他们对世界的看法，学术界称为"心智模式"。传统的西方管理思想认为，企业是信息处理的机器，唯一有用的信息是可以计量的数据，而野中郁次郎认为企业是创造知识的平台。"在一个只有不确定性能确定的经济环境中，持续竞争优势的一个确定性来源是知识。"知识创造理论从认识论和本体论两个维度进行阐述，包括 SECI 模型、创造知识的"场"和推动知识创造螺旋的组织方式。他构建的"自中向上而下式"的管理模式，从理论上阐释了企业中层管理人员的实践智慧在创造知识的过程中所发挥的作用，而"超文本组织"结构则体现了东西方管理智慧的现代结合。

野中郁次郎运用东西方哲学智慧以及日本式思考和模糊处理方法，在日本企业成功实践经验的基础上建构了知识创造理论，以 SECI 模型为中心，将主观与客观、隐性知识与显性知识、直接经验与逻辑分析有机地结合起来，创造了一系列知识管理领域的经典之作。他的知识创造理论强调"人是最重要的资产，知识是企业的战略性资产"，并"以人为本"，统领现代组织管理理论。

多年来，野中郁次郎心无旁骛地把自己的精力集中在知识创造这一领域。他跟踪观察日本制造企业由弱到强的变化规律，深入研究了日本企业的知识创新经验，将佳能、本田、松下、NEC、花王等企业新产品和新工艺的开发过程进行详细的剖析，准确地揭示了知识生产的起点与终点，清晰地辨识了知识生产模式的常规类别，创造了一个全面评估企业知识管理绩效的工具，并提供了促进知识创造的方式方法。他的研究涉及知识管理的各个方面，如"自中向上而下式"的管理模式确立了中层管理人员在企业知识创造过程中的重要地位，超文本组织结构则吸收了官僚制和任务团队的优点，将企业运作效率、稳定性、知识创造的有效性与动态性有机地结合在了一起。

近年来，野中郁次郎不顾年事已高，坚持每月深入企业进行案例研究；同时，他积极学习东西方哲学思想的精髓以发展组织管理理论，如知识如何向智慧演化，特别是他引入了古希腊哲学家亚里士多德的实践智慧概念。根据亚里士多德的观点，实践智慧应该是一种审慎的、基于实际的、有道德的智慧，也是在特定背景下对共同利益做出的最佳判断，更是一种高质量的隐性知识。

实践智慧的提出，将超越组织发展的"经济目标"和量化管理，而把培养具有高度伦理价值的信仰、为人类发现更多的善意作为重点，使其成为一个有使命感的组织。例如，本田宗一郎为本田公司提出的"三喜理念"（生产者的喜悦、销售者的喜悦和购买者的喜悦）、京瓷的稻盛和夫为企业制定的座右铭——"敬天爱人"，这些都是实践智慧型领导力的经典事例。

实践智慧的提出，也将进一步在德鲁克提出的目标管理的基础上，将信念管理理念更好地在企业管理实践中落地，即组织发展更应该关注调动员工的工作激情，激发企业持续创新，推动个人价值与企业愿景同步实现。

展望未来，企业管理的重点虽然需要依靠科学管理的思想，但是大数据和数字化转型也应成为中国企业管理的方向，基于 PDCA 的质量管理和 IPD 的项目管理仍然需要进一步发展。在经济价值和社会责任并重、科学管理和人文精神同步的新时代，我们应高度重视隐性知识的积累和共享，以及基于 SECI 模型螺旋上升的知识管理。需要进一步指出的是，野中郁次郎认为新的知识管理将更多地依赖愿景型领导者、共情型领导者，知识管理也将从传统的管理工具走向新管理思想的营造，特别是要用亚当·斯密的"道德情操观"而非"国富论"来引领组织未来的发展。

陈劲

清华大学经济管理学院教授

清华大学技术创新研究中心主任

《清华管理评论》执行主编

国际创新与知识管理会议（iKM）创始人兼主席

全球"最具创新力知识型组织"（MIKE）大奖联合负责人

推荐序二

创造知识的能力是企业在不确定环境下保持创新的关键

"知识管理系列"图书的核心作者是野中郁次郎,他在书中以知识创造为核心,阐述了关于知识创造过程、知识管理、知识科学的研究理论,并结合企业案例分享了实践成果,获得了国际学术界和企业界的高度关注和评价,由此奠定了他在知识管理领域的重要地位。野中郁次郎对时代的判断与彼得·德鲁克一致,即现在是知识经济时代,企业将以知识工作者为主体。唯有知识才是企业创造最大价值的源泉,创造知识的能力是企业在不确定环境下保持创新的关键。自1991年开始,野中郁次郎在国际期刊上发表了一系列具有影响力的与知识管理相关的研究成果,同时他还在富士通等众多知名企业开展知识管理的实践。依托丰富的学术理论与企业实践经历,野中郁次郎在开发知识创造理论、应用知识提升企业竞争力方面形成了具有重大价值的观点。野中郁次郎最大的贡献是创设了一套组织知识创造的理论与通用模型,并在理论与实践层面进行深入浅出的解读,他也因此被国际管理学界公认为"知识管理的拓荒者""知识创造理论之父"。

野中郁次郎早年在加利福尼亚大学伯克利分校工作过,主要研究市场营销领域中的信息处理。因研究领域相似，诺贝尔经济学奖获得者赫伯特·西蒙还曾为他的书作序。通过系列的"信息"研究，野中郁次郎逐渐发现，信息的视角不足以支撑创新，很多时候，个人的价值观、信念对创新更具决定性作用。野中郁次郎认为，不应该仅遵循西蒙的"组织就是信息处理机器"的观点，更应该将组织视为"有机生命体"，它需要创造知识以能动地适应环境。基于这一观点，野中郁次郎逐渐将研究视野转移到知识领域，深入地探索分析其获取、创造、保存和利用的过程。

通过野中郁次郎等人在《创造知识的企业：领先企业持续创新的动力》与《创造知识的方法论》中的研究，我们认识到，知识分为两种，即显性知识（可以通过正式语言或媒介传播的知识）与隐性知识（内心知道但无法将其转换成语言的经验性、身体性知识）。组织知识创造的关键就是对隐性知识的调动与转换。有价值的知识一直存于员工的大脑中，组织管理者需要做的就是把个体大脑中的知识"调"出来，"结晶"、固化并转换为其他人也能利用的知识。组织知识管理就是针对两种知识在个体、团队及组织层面进行转换和创新的活动。围绕这一主题，野中郁次郎等人提出了著名的知识创造与转换的 SECI 模型，他们在模型中坚持本体论与认识论相结合的原则。野中郁次郎强调，组织本身并不创造知识，个体才是创造知识的主体，且只有通过个体之间的共享，知识才会在团队、部门、组织层面汇聚发展并呈现螺旋上升的态势。

野中郁次郎非常看重"场"的概念，认为知识创造的关键在于"场"与团队。场是一个活动的共享背景，发生在特定的时空背景下，它是个体之间知识交互与创造的基础。不同的场能通过相互连接形成更大的场。他在"知识管理系列"图书中反复强调场和团队，认为个体的知识只有在社会或场中得到验证，并与其他人的知识进行整合，知识才得以创造与发展。

野中郁次郎认为，SECI 的四阶段分别在原始场所、对话场所、系统场所及实践场所中进行。这些观点是他强调中层领导者价值的理论基石。只有中层领导者才能更好地发挥场与场之间的桥梁作用，促进场之间、参与者之间的互动。中层领导者能更好地建立、激发和连接场，这从领导力入手为知识的实践管理提供了一个很好的抓手，即创发"场的领导力"。在以创造力应对不确定性的时代，领导者就是要建立场让员工能迅速地解决问题。野中郁次郎在系列书中反复强调实践型领导力的培养，尤其强调培养创造知识附加值的领导力。

我有幸提前拜读了由人民邮电出版社智元微库公司引进的这套"知识管理系列"图书中的三本，分别是《创造知识的企业：领先企业持续创新的动力》《信念：冲破低迷状态，实现业绩跃迁》《创造知识的方法论》。该系列书中的《创造知识的实践》《创新的本质》等也将陆续出版。

《创造知识的方法论》聚焦于阐述组织管理中员工必备的"知识方法论"，详细解答"知识是什么""创造知识的本质是什么"及"创造知识的方法论是什么"等问题。这本书将组织知识创造理论的哲学基础、原理及实践原则展现在读者面前。

《信念：冲破低迷状态，实现业绩跃迁》则提出了信念管理的概念。野中郁次郎等人强调，在人际关系弱化、价值观被稀释的情境下，企业更要培育从目标管理（Management by Objectives，MBO）的世界观到信念管理（Management by Belief，MBB）的世界观，对组织中的个体信念进行管理。因为组织成员共享高质量的信念能让个体重获工作价值感，更主动地学习与工作，而领导也会成为更加称职的支持型领导。因此，在人事评价中，组织也应该增加信念管理的内容，关注组织是否具备培育个人信念及形成信念网络的能力。作者在《信念：冲破低迷状态，实现业绩跃迁》一书中介绍了在企业中成功导入信念管理的关键方法，这使我们对信念管理的讨论不会只停留在理论层面，这本书将成为关注信念管理的领导者的必读之物。

下面我们来看看该系列其中一本书的核心内容。

《创造知识的企业：领先企业持续创新的动力》由野中郁次郎与同事竹内弘高合著，曾于1995年在美国出版并引起巨大反响。这本书基于知识视角研究了日本企业成功的原因，提出很多精辟且具有实践价值的观点，这些观点在今天依然具有重要的引领价值。作者强调，为了更好地解释创新，我们有必要开发组织知识创造的理论。这本书从知识创造原理、模型、实践操作等角度出发，向读者做出细致的解释与案例说明，搭建起理论到实践的桥梁。这是一本管理学中关于知识管理的著作，著名管理学者迈克尔·波特、大前研一等都给予这本书较高的评价。

野中郁次郎等人秉持的一个核心观点是组织不仅要学习知识，还要创造知识，知识创造才是日本企业拥有国际竞争力的重要来源。而将知识分为隐性知识和显性知识是这一观点的逻辑起点。在作者看来，组织内的知识主要是"隐性的"，不容易看到，也不容易表达，而正是这些隐性知识提升了日本企业的竞争力，这一点容易被忽视。因此，我们需要从技术维度和认知维度去交流、分享隐性知识，将其转换为显性知识。在隐性知识与显性知识的相互作用中，组织的知识创造才有了动力。关于隐性知识与显性知识的分类与互动是本书第一个重要内容。

为了更完整地展示组织知识创造理论模型，野中郁次郎等人通过认识论（Epistemology）与本体论（Ontology）两个维度构建模型。在认识论维度上，基于综合的哲学基础，他们提出组织的知识创造是"隐性知识和显性知识之间不断动态地相互作用"。野中郁次郎等人认为知识创造由 4 个部分组成，即隐性知识产生新隐性知识（社会化）、隐性知识产生新显性知识（外显化）、显性知识产生新显性知识（组合化）及显性知识产生新隐性知识（内隐化）。这 4 个部分是组织知识创造的"引擎"，是个体知识管理需经历的不同阶段，即知识转换的 SECI 模型。

在本体论维度上，首先，个体拥有并开发知识；接着，组织中的知识将由个体层面转向团队层面与组织层面（包括组织间）。本体论涉及个体、团队及组织等。组织知识创造的螺旋模型就发生在这两个维度上，而且这两个螺旋会随着时间的推移发生相互作用，进而带来创新。为了更好地理解螺旋模型，我们一定要超越西方哲学中的"二分法"，如隐性知识与显性知识、自上而下与自下而上等。在认识论与本体论上构建组织知识创造的动态螺旋模型是本书的第二个重要内容。

同时，为了更好地管理组织知识创造模型，野中郁次郎等人提出了促进知识螺旋上升的 5 个条件：①意图；②自主；③波动和创造性混沌；④冗余；⑤必要多样性。简单来讲，要想产生更高效的组织知识创造，个体首先需要明确公司的意图与愿景，从而理解什么是有价值的。在个体环境支持下，组织需给个体提供充分的自主性，使个体的信息获取产生有意义的重叠，让个体感知与外部环境沟通的获得感，以及保持组织内部多样性以更好地与外部复杂环境相匹配。言下之意，在组织知识创造的过程中，有很多实践原则可以遵循。在实际管理过程中，作者提出组织知识创造过程的五阶段模型，即共享隐性知识、创造概念、验证概念、建立原型及跨层转移知识。这个过程模型将知识转换模式、知识转换促进条件与外部环境充分整合，为企业产品开发等实践活动提供了重要的模型工具。我们同时要认识到，组织知识创造是非线性的，可以周期性地跨层面移动，作者采用松下公司的案例充分地说明了这一点。

《创造知识的企业：领先企业持续创新的动力》还分析了"自上而下式"的管理模式与"自下而上式"的管理模式在组织知识创造中的价值，并强调了中层管理者的战略价值，认为"自中向上而下式"的管理模式兼备了前两者的优点，是最适合进行组织知识创造的模型，能让知识螺旋更好地跨越本体论层面。同样，野中郁次郎等人认为"超文本组织"整合了层级体制与特别工作组的优势，这一新型组织结构能够促进知识创造的蓬勃发展。这本书第三个重要内容是提出组织知识创造的阶段模型并阐明中层管理者与"超文本组织"在组织知识创造中的作用，它展示了如何支持组织知识创造落地。

在知识驱动变化的时代背景之下，阅读"知识创造系列"图书能产生极大的价值。通过这套书，读者会更清晰地了解组织中的知识是什么；知识创造是什么；如何在方法论层面上更好地进行组织知识创造……对这些内容的把握能让我们按照知识管理的逻辑主线去理解企业，理解组织创新力的打造。虽然读者在阅读这套系列书时会遇到一些挑战，但掌握知识以及创造知识的概念和逻辑本身就是一种挑战。如果你愿意接受挑战，去理解、掌握这套书呈现的知识和知识创造的内涵，你也一定会在未来的企业管理工作中感受到知识带来创新的美好！

陈春花

北京大学王宽诚讲席教授

国家发展研究院 BiMBA 商学院院长

2019 年 7 月 21 日于朗润园

前　言

对日本企业来说，最重要的是什么？想必当下很多人都有这样的疑问。"失去的十年"仿佛是很久以前的说法了。日本经济长期低迷，每当有复苏的迹象时，新一波危机再次袭来。美国次贷危机、3·11日本地震、欧洲债务危机等接连发生，把日本经济复苏的苗头一次又一次地掐灭。

然而，即使在这样异常艰辛的背景下，仍有一些企业坚持不懈地向创新发起挑战，也有一些企业在动荡的世界潮流中不遗余力地推动全球化进程，还有一些企业以"成果主义"为动力，给员工加油鼓劲。创新、全球化、动力刺激正是日本企业变革的"三板斧"。那么，能同时驾驭这"三板斧"的企业，到底需要拥有什么样的能力呢？

在经济全球化进程中，新兴力量异军突起，而日本企业却止步不前，以电机、信息技术（Information Technology，IT）为首的龙头企业逐渐失去光环，日本在世界上的存在感势必一落千丈。与此同时，日本社会各界对全球化、全球化带来的无穷贪欲以及被称为全球化源头的"自由至上主义"的批判声也与日俱增。日本开始出现一种呼声，呼吁对日本企业和日本文化进行重新评价。

自第二次世界大战后，日本企业孕育了丰富的"隐性知识"（tacit knowledge），以实现基于"共同善"（common good）的完美理念为目标，追求匠人之路，"源于实践，为了实践"是其创新的传统。这样的创新模式不是因为一念贪欲或者纸上谈兵而虚构的世界，事实上，重视平衡和持续性，充满人情味的工作观，以及根植于世界人民福祉的实业之魂，在日本企业文化中根深蒂固。

然而令人遗憾的是，这样的传统在制造业时代得以延续，却在利益至上主义的潮流中渐渐失去了它的地位。当下，因追求贪欲而陷入败局的事例比比皆是，经济游戏方式发生巨变，世界处于快速的变化之中。在这样的时刻，我们应该信心百倍地继续坚持优秀的传统价值观。

同时，我们也必须反省自己。"隐性知识"所创造的智慧若仅仅用于产品制造还远远不够，更要以新的方式将其转换为价值，实现日本式经营的华丽转身，这正是本书将要讨论的主题——商业模式创新（Business Model Innovation，BMI），我们应该把这种新型的日本式 BMI 向全世界推广。

在本书中，我们提出了"业务创新模型"（Business Creating Model，BCM），这是一种以知识为导向的商业模式变革。具体来说，就是企业在"共同善"的基础上建立系统性知识创造的框架，打破现有产业的固有观念和企业内部障碍，重建商业模式，打造新格局。

本书由活跃在业务创新模型实践和研究领域的领军人物执笔，并由他们从各个角度对"业务创新模型"展开的分析汇总编辑而成。

在序章中，本书作者野中郁次郎以"实践智慧战略"为定位，区别于欧美由理论分析主导的战略理论，提出作为经营根基的价值观应该向基于实践智慧的战略进行转变的观点。

在第一章中，野中郁次郎、德冈晃一郎基于"实践智慧战略"提出了

"业务创新模型"的理论框架。创新的对象不仅是项目，还有商业模式。他们强调，该理论提倡的经营模式以让世界变得更好为使命，与单纯追求利润的 BMI 的出发点完全不同。

在第二章中，由"商业模式论第一人"、早稻田大学根来龙之教授和以"实践智慧"研究著称的富士通总研经济研究所浜屋敏主任共同执笔，以"最新的 BMI 案例研究"为主题对商业模式进行了分门别类的概括。

在第三章中，富士通总研经济研究所大屋智浩研究员对新加坡在国家层面的 BMI 进行了研究。其原因是，BMI 与国家政策和基础设施建设密切相关。相较于国家层面的变革迟迟没有进展的日本，新加坡政府紧跟世界知识潮流，积极推行 BMI，大屋智浩对这一案例进行了重点研究。

在第四章中，日本社会基础设施研究中心的旭冈壑峻代表从重建社会基础设施的视角，介绍了围绕 BMI 的想法及案例。他认为，为实现基于"共同善"的世界重建，必须先有打破企业内现有架构的想法。

在第五章中，多摩大学研究生院的绀野登教授以其专业领域，即"知识设计"为视点，从重建商业模式的具体做法入手，针对商业模式设计的案例进行了探讨。

在第六章中，试图在 BMI 过程中实现业务创新的日本式私募股权基金北极星资本集团社长木村雄治，就如何攻克 BMI 实践中的壁垒和束缚进行了案例研究。

在第七章中，围绕 BMI 发起人的特质，德冈晃一郎用"创新力"的概念引出"领导力"，并介绍了培养创新领导者的方法和案例。

在第八章中，野中郁次郎、德冈晃一郎提出，"业务创新模型"今后的发展方向为"统合型事业创新模型"。这个模型好比一个大仓库，涵盖多个领域，强调了产业再生过程中水平模型的重要性。当下，各产业和各企业都在利用自己的方式构建智慧城市，这种想法很好，但如果像一盘散沙一样各干各的，上述构想恐怕很难实现。因此，笔者希望各企业在站位上拔高自己，成为重塑日本的动力，携手推动更深层次的社会变革。这也是本书作者共同的心愿。

商业模式是鲜活的，领导者在每个特殊状况下做出关键的判断，这样的过程不断往复，才能打磨出新的商业模式。可以说，商业模式在很大程度上取决于当事者在各种场景中做出的抉择，孤注一掷却又绝处逢生。这绝不是用理论分析或者按计划调整就可以做到的。

由此可见，当事人在 BMI 过程中背负着巨大的压力，这也造成了他们容易自闭、延迟决断的特点。但是，如果一直在制造产品的世界里闭门造车，就无法将来之不易的智慧转换为价值。现在已经到了必须向 BMI 进军的时刻。

作为本书的作者，我们真诚地希望更多的领导者和现场实践人员能够以"业务创新模型"为武器，向前迈出那艰难的第一步。

野中郁次郎　德冈晃一郎

2012 年 7 月

賢慮の戦略論への転換

向"实践智慧战略"转型

. . .

野中郁次郎

第一节　被欧美化的日本经营

在全球化进程中，日本企业的存在感逐渐减弱。即使在日本国内，人们也很难感受到企业创新的活力。尽管人们孜孜不倦地工作，却无法产出有效成果，这与不作为的日本一些政府机构"相得益彰"，给人一种强烈的社会闭塞感。在这个过程中，日本企业失去的正是它们赖以生存的经营优势以及推动这种优势在全球化中绵延发展的动力。

存在感丧失的原因之一，是日本企业全盘接受和模仿欧美经营模式，陷入了构造主义的陷阱，从而迷失了自我。比如，过度理论分析（over analysis）、过度经营计划（over planning）、过度合规（over compliance）等，都是司空见惯的现象。

这些理念使企业从社会和实践现场脱离，企业中层忙于毫无实质的管理工作，曾经全身心投入实践并对现场游刃有余的掌控力和扎根于"共同善"的判断力被削弱，人们的精力被消磨在盲目追求收益和产品差异化的过程之中。这完全是没有融入世界的闭关锁国的同质化竞争，将人类社会可持续发展抛诸脑后的结果是陷入无止境的消耗式经营，最终，那些能创造真正价值的组织架构，即商业模式，会僵化和劣质化。

因此，我们现在应该由华而不实回归实业，彻底反思和审视企业自身创造价值的架构，即商业模式最根本的价值观，让被欧美化的经营价值观重新焕发生机，用日本自身拥有的组织性知识创造的活力打造新的商业模式。

第二节　向"实践智慧战略"转型的前因后果

2008年雷曼危机[①]之后，商业领域的战略观迎来大变革，主要体现在以下两个方面。

其一，对"共同善"的思考。人们开始对单纯地追求利润或物质增长这种利己且贪婪的欲望提出质疑，转而开始思考"共同善"，比如关心环境和安全，以及充满人情味的区域共同体；重视社会平衡和可持续发展；提倡人类互帮互助的智慧以及合力进行创造的方式。经济活动也逐步向"共同善"的方向转移。

不管在企业活动还是在政治行为中，人们都开始思考自己的行为是否符合超越私利的"共同善"理念。Yamato运输公司创新的宅急便业务模式、日立集团最近提出的社会创新型"业务制造模式"等，这些创意对以前快递集件的商业模式进行了创新，但它们绝不是为了满足私欲，它们创新的原动力是让人类的生活变得快捷、舒适。

这些企业吸收了包含地域共同体、社会持续性等充满人情味的价值观，并将其融入自身的商业模式。另外，由非营利性组织（NPO）引领、企业协助的社会企业也流行起来。此后兴起的商业模式，都将以创造更好的社会为目标进行价值创造。

其二，逻辑思考主导型观念的凋敝。企业经营从实际偏离，在逻辑分析的基础上进行战略策划，企业经营演变成在实践中调整预定战略的工具。

---

① 美国四大投资银行雷曼兄弟在2008年9月15日申请破产，由此引发了全球金融海啸。——译者注

目标和评价尺度都依赖收益，忽视世界和历史多样性的利己主义会造成实践与事实脱离。迈克尔·波特（Michael Porter）等人主张理论分析至上主义，提出了逻辑式战略理论和演绎法。该流派将经营单纯地描述为商业性与社会性的二元对立，我们应该认识到这样的理论不会引发创新，只会创造无尽的金钱游戏。

在商业实践中，很多情况都是偶然发生的，所以经营绝不是依照理论、战略或思想就能向前推进的。优衣库的"一胜九败"，本田的"一边奔跑一边思考"，这些强有力地支撑着日本式经营的创意不是来自分析或者战略计划，而是来自创业者对创造美好未来的执念。

这样的高度已然超越了以往的竞争战略。企业不再纸上谈兵，而是在实践现场不断发现、探索，洞察这个过程中浮现的藏在事实背后的关系，这就是商业模式创新的精华。

标榜自由的演绎式战略理论的本质，是忽视"共同善"和自我存在的人类价值观，去追求无尽的自私和贪欲。因此，无论多么优秀的战略或者商业模式，如果绕不过收益最大化的诱惑，最终都将陷入虚妄。尽管对雷曼危机进行了反省，但再次陷入巨额报酬问题并因此摇摆不定的欧美企业，还是没有从这个陷阱中摆脱。

事实上，在承认"共同善"和地域共同体的价值观中，欧美企业的这套经营方式已经不再通行。日本企业一边为提高收益而打磨商业模式，一边正在构建立志于创造更美好社会的价值观。

很久以来，收益性和公益性一直被视为"二律背反"的两个方面，现在我们应该颠覆以前的认知，将"二律共生"的理念融入新的竞争中，以此促进经济的发展和未来的创造。

这种追求更高层次平衡的观念就是我们所谓的"高明和远见"。现在到了战略转型的时候了。以新的价值观为中心展开的"实践智慧战略"正是日本企业此刻提出的新的战略概念。在"实践智慧战略"中，追求真善美的智慧转向价值获取的动态过程——实践。在这个过程中诞生的商业模式，就是我们所提倡的知识创造理论主导下的"业务创新模型"。

第三节　灵活和呆板的夹缝

实话实说，日本式经营未必就是完美的。日本企业在经营方面具有灵活和呆板的双重属性。日本企业经营的灵活性主要表现为，在实践现场随机应变地处理各种问题，吸收国外的精华并将其运用在自我创造中；日本企业为世界所诟病的呆板则表现为，日本企业不顾事实的变化而顽固地墨守成规，被周围的世界孤立，从而陷入思考停滞的状态。

例如，在生产现场，日本企业会熟练地运用每个人的智慧和技巧，为提高品质或压低成本而不懈努力；在销售或者服务中，日本企业会灵活应对顾客五花八门的需求。日本企业在这些方面表现出来的灵活性在世界上都是首屈一指的。再如，3·11日本地震时，灾难现场秩序井然，每个人都像有行动指南一样熟练应对，甚至不乏能人志士自觉地站出来维护现场。

但在其他方面，日本政府部门保障人们劳动和生活的法律、法规等相关工作却毫无改进，保持原样，向民间开放或提供新技术开发的服务也迟迟没有进展。尽管行政工作以现场的灵活性和水性作战①勉强维持，但由于体制僵化，整个行政构造也面临被遗弃的命运。

之所以出现如此僵硬的构造体制，其原因就是没有对未来的愿景。提出愿景，其实就是"展示未来"。

夏普前社长町田胜彦在1998年提出"液晶宣言"，即"到2005年，要实现电视机全部由显像管替换为液晶显示屏的任务"。这一宣言让公司内外都觉得是痴人说梦。当时显像管大行其道，而夏普只是一个名不见经传的小公司。然而，在这样的愿景下，夏普现在已经成为日本国内液晶电视产业中的佼佼者，正如町田胜彦社长预言的那样，电视机显像管退出了历史舞台。

提出愿景，就是重新定义竞争的领域，从而打破僵局，人们的努力可以聚沙成塔，成为一股不可忽视的力量，从而推动历史向前发展。相反，如果夏普当时无法提出愿景，没有开辟蓝海，就会陷入围绕显像管的同质化竞争中。

同样的故事，也发生在丰田普锐斯（PRIUS）的开发中。1997年，第一代混合动力汽车普锐斯在日本上市，丰田打出了"我们终于赶上了21世纪"的广告语。那时，汽车产业正面临环境问题的拷问，前社长奥田硕基于对时代的准确把握，提出了对下一代汽车的愿景。在新愿景的指导下，丰田公司集中资源，针对传统汽车和混合动力汽车两条线并行开发，自1994年投入研发，3年之际，即1997年，拥有全新技术的汽车模型就问世了。

---

① 原为军事用语，即在水边作战。现引申为在面对申请生活保障的人时，日本一些政府机构以各种理由拒绝他们的申请，以减少生活保障金的支付。政府的这些策略被称为"水性作战"。——译者注

混合动力汽车在当时是独一无二的。丰田普锐斯的发售就像平地一声雷，在它的影响下，所有汽车厂商都开始研发混合动力汽车，甚至诱发了对纯电动汽车的研发。由此可见，以"共同善"贯通的愿景不断更新，不断推动世界向前发展。如果保持僵硬和呆板的思维，就会发生结局完全相反的故事。

毋庸置疑，大胆提出愿景，集中资源去实现，这一过程伴随着风险。而僵化的结构，也有滋生最优利益体的缺陷。个人或团体以自我利益最大化为目标提出愿景并采取行动，对整体来说，它们就是一个个僵硬的团块。在自己熟悉的环境中，只要按照一贯的做法，甚至无须任何解释和沟通都能如鱼得水地行动，因此，在最优利益体内部进行判断的风险很小。对现场熟练的把控和与周围人建立紧密的联系，都可以视为内部优势。但是，当企业面临变革时，这些所谓的优势又会转变为障碍，阻止改变的发生。

创业者也是这种无风险的最优利益体中的一员，在成长过程中被灌输了相同的价值观，他们与周围人的联系也会发展为改革的阻力。他们为了回避实践的风险而进行的理论说明，也是面面俱到、毫无破绽的。如此培养出的领导者，往往会因为过度追求理论分析而忽略实践中的发现和探索。如此一来，就形成了风险回避型僵化结构。

第四节　以人生作赌注的商业模式创新

提出愿景，整体观不可或缺，企业管理者不仅要看到追求个别平衡的最优利益体，也要有俯瞰整体及其关联问题的能力。面对风险时，企业管理者应对商业整体环境运筹帷幄，把握其中利害关系，凭借实践中积累的经验以及通过实践培养的洞察力，在直觉的驱动下，以强烈的责任感对抗风险，并且毫不退缩地提出愿景。当然，这个愿景必须被赋予意义和价值，这也是作为创新者和领导者必须完成的使命。只有这样，僵化结构才有可能被打破。

这里所谓的俯瞰图景正是商业模式，但在此之前，企业管理者必须拥有对未来的愿景以及融合了愿景的故事。这个故事不是收益率要达到多少，或者冷不丁地进行一次商业并购，而是这个故事必须能够打动人心，让那些追求自我利益最大化的人们在实践智慧和直觉的驱动下打开心扉。因此，讲故事的能力非常重要。

你以后想生活在怎样的世界？想描绘怎样的社会蓝图？以后可以向社会索取这些东西吗？是否适用"共同善"理念呢？通过回答这些问题，你的想法便在大框架中逐渐明了，这也是向真正的整体观迈进的过程。此时此刻，我们清楚地明白，商业模式的构建并不是从理论分析式的战略论开始的。

商业模式的构建和重建统称为"商业模式创新"（BMI）。不管是乔布斯、柳井正还是孙正义，他们想通过BMI做的事情都是改变环境，松下幸之助、本田宗一郎这些商业奇才皆是如此。他们通过经验形成独到的视角，将诸如"水道哲学"①"曼岛TT摩托车赛一定能取得优胜"②等梦想编织进创

---

① 松下幸之助的管理哲学，其核心就是"把大众需要的东西，变得像自来水一样便宜"，也就是要做到优质、低价和服务周到，把商品像自来水一样源源不断地提供给顾客。——译者注

② 1954年3月20日，本田成立5周年，社长本田宗一郎为鼓舞士气，提出该宣言。本田于5年后在该比赛中夺冠，这次宣言被称为本田历史上性命攸关的一次宣言。——译者注

业故事中，以鼓舞员工，使他们拥有开阔的视野，同时创造了企业勇于挑战的精神土壤。

但是，这样的整体观并不是一开始就摆在眼前任君享用，若是如此，何来创新一说？可以说，思想都是在发现、尝试、探索、实践中逐步形成的。将基于经验和观察的隐性知识转换为概念或者样品的过程被称为"显性化"，通过隐性知识的显性化，人能获得更高层次的智慧，在这个过程中，新的商业模式初见雏形。

本书后面的章节将会以案例分析的方式说明这世上不存在现成的商业模式。商业模式几乎都是把想法付诸实践后，通过反复修正，慢慢培养而成的。

在进行商业模式创新时，灵活应对方为良策。即使有强烈的实现愿望的意识，也必须看准时机，在掌握现实情况并深思熟虑之后再稳步推进。这也是一种"实践智慧"。教条主义式的刻板僵硬会让二元对立变得尖锐，而多角度观察事实的现实主义能将"实践智慧"推向更高的维度。

如此看来，BMI 不应该只停留在"截面图式的解说"中，而应该被视为企业组织进行创造的动态过程，也是以创业者为中心、由企业中层以及全体员工的生活方式和执念衍生出的智慧结晶。从思想的融合碰撞到有形产品的诞生，这一过程体现了参与者在实践中面临无数偶然时灵活应对的故事。参与者进行多方面的体验，领导者从经验中学到知识，这些又推动了新知识的诞生。更多的人聚集在新知识前，慢慢地让想法变为现实。这种动态的组织式知识创造能力正是 BMI 的核心。

知识的创造奠定了 BMI 成功的基础，如果换作机械的理论分析则很可能会失败，也不能将其换成理论分析主导型经营战略论。创业者们立志将世界变得更好，BMI 是他们逐渐实现愿望的过程，也是他们试图将知识转换为价值的试错过程。因此，可以说，BMI 是创业者们的一次人生豪赌。

BMI 必须通过隐性知识和显性知识的交替转换，使之植入追求高质量知识的过程。为了让这个过程顺利运转，企业不仅需要确立追求未来创造的"价值主张"，开展创造和共享知识的"SECI 模型"[①] 和"场"的动态实践，还需要超越单纯客户志向而立志于成为实现"共同善"的贤明领导者，与此同时，需要向社会表明本企业的"社会共创思想"。

这些被视为商业模式的知识创造基础，由于植入了高质量的知识创造机制的 BMI，因此被我们称为"业务创新模型"。

第五节　从产品制造到价值创造的知识架构

日本素来盛行知识创造。在现场，它们追求极致的品质和服务；在职场，它们与合作伙伴共享知识，培育创意。日本拥有令世人称赞的产品和服务。日本企业为实现"共同善"的目标，在经营过程中提出具有社会整体性的愿景，提倡远离贪欲的社会价值观。特别是制造业龙头企业，凭借"以制造立国"的使命引领了日本企业的发展潮流。

[①] 野中郁次郎针对企业知识管理架构提出的见解，将企业知识划分为隐性知识和显性知识两类。在企业创新活动的过程中，隐性知识和显性知识二者之间互相作用、互相转化。知识转化有 4 种基本模式——社会化（Socialization）、外显化（Externalization）、组合化（Combination）和内隐化（Internalization），即 SECI 模型。该部分详细内容请参考《创造知识的企业》（人民邮电出版社）。——译者注

　　具有讽刺意味的是，当下已然是知识经济时代，全世界的智慧聚积起来，共谋创新。商业模式的竞争已拉开帷幕，日本企业的表现却不尽如人意。世界瞬息万变，知识飞速更新，跟上时代的人们开始摒弃现有的商业模式，通过不断地创新吸引投资。他们在现场孜孜不倦地摸索改进，积累经验，发现问题，产生新想法，再实践，再改进。这一套产品制造流程，不管是速度还是创意，都远远落后于时代。靠技术取胜的日本，在商业模式的世界中毫无立足之地。在拥有系统化、全局观的欧美流派的俯瞰图式创意面前，日本企业刻板僵硬的缺点愈加明显。

　　简单来说，创新可分为以下 3 类，即产品创新、过程创新和商业模式创新。日本企业在产品制造方面拥有绝对的自信，这也只能说明其产品创新和过程创新做得不错，而且都发生在既定商业模式内的竞争。如果转换竞争的领域，日本企业可能就会手足无措。比如由储存器转向中央处理器（CPU）、由随身听转向 iPod，由翻盖手机转向智能手机，换一个领域就一败涂地的例子不胜枚举。

　　不可否认，日本也有勇敢迎接挑战的企业，比如日产汽车的"零排放"、日立集团的社会创新事业。除此之外，一种新的组织——社会企业（social business）登上了历史舞台。社会企业不以股东利益最大化为目标，而是致力于实现社会价值最大化，它们的目标是消灭贫困、完善生活基础设施建设。孟加拉乡村银行和世界最大的非政府组织——BRAC[①]，正是社会企业的先驱。它们把社会性与商业性相结合，一边维持组织的可持续

---

① 原名为"孟加拉复兴援助委员会"，创立之初旨在帮助战争带来的难民。——编者注

性，一边为社会事业做出贡献。在日本茨城县的霞浦地区有一个名为 Asaza Project 的组织，虽然积极开展各种非营利性活动，但它在日本企业中的存在感很低。

市场竞争的变化可以理解为由产品制造向价值创造的转变。虽然产品制造是直接推动社会进步不可或缺的一环，但要想将产品转换为收益，对顾客来说有意义的故事才更重要。极端地说，在顾客眼里，产品只是产品，只要效果一样，任何产品都是一回事。因此，给产品赋予不同的意义变得尤为重要。换句话说，企业不能再紧盯着产品，而应该围绕产品的价值做文章，这就是"价值主张"。

一旦所有人把精力集中在产品制造上，为了差异化而差异化的同质竞争将会泛滥，对顾客来说，产品的存在感只会越来越低。传统手机向智能手机的转变就是一个很好的例子。日本的手机厂商围绕翻盖手机，花了数年时间去改变手机模型，但 iPhone 还是先其一步诞生了。紧盯产品制造的缺陷就是缺乏有效的"价值主张"，不知道产品的价值在哪里。产品制造是内包式的发展，沉迷其中的人看不到世界的变化，也无法得到"到底为什么要制造这个产品""市场的评价如何""有没有不同的路径"等问题的客观评价，因此往往会陷入以现存模型为基础的同质化竞争、细微化竞争中。这就是产品制造的陷阱。

日本企业很擅长在技术延长线上进行技术改进，但这充其量是一个命题作文，即在既定的规则和框架下的竞争，因此无法脱离规则和框架的束缚。工作和能力的评价、能力的发展方向会在既定的规则和框架中被同化，无法进入更高层次的领域。社会秩序已经形成且固化，而且程度会越来越深。商业是从创新开始的。低层次的改进用高层次视野来看，只不过是在维持现状。构建更丰富的相关性，以开阔的世界观憧憬未来才是战略的本质，也是基于实践智慧战略的 BMI 的精髓。

肩负日本企业重建大任的领导者们和创业者们，现在正是弃虚务实、睁眼看世界的时候，必须重新认识以远见为根基的领导力的活力和全局观，重建组织知识架构，改革现有商业模式，让实践中积累的知识活跃起来，提出将知识转化为价值的大胆愿景并付诸行动，这就是现实主义主导下的经营，也是日本企业当下正面临的课题。

第一章

事業創生モデルの提言
——知を価値に変える

业务创新模型的提议：
将知识转化为价值

·
·
·

野中郁次郎　德冈晃一郎

高明的战略理论不是企业战略的无限升级版，它立足于商业模式的创新，追求真正的社会价值的创造。创新意味着打破陈旧的枷锁，冲破传统的桎梏，在这个过程中，企业应放弃投机取巧的金钱游戏，重回脚踏实地的经营之路。

　　在本章中，我们将商业创新从纸上谈兵的战略理论中分离出来，论述商业模式的重要性，然后提出关于日本本土商业模式创新的新启示，即"业务创新模型"。

第一节　商业模式创新的源泉

商业模式创新的背后，往往是一些充满离奇境遇的创业故事。一个商业模式的诞生，需要突闪的灵感、偶然的机遇、适宜的妥协、出众的智慧、长久的坚持等诸多因素共同作用，它因当事人平凡而独特的创造不断积累而成。创新的成果在某个阶段初现雏形，也会很快发生变化。这就好比在手艺人的世界里，匠人们不断追求完美、追求卓越一样，过程充满曲折，却又乐趣丛生。

作为一位旁观者，若是试图照本宣科，用战略企划书演绎商业模式创新的过程，恐怕是痴人说梦，因为变化和成长时时刻刻都在发生。值得一提的是，在这个发现新价值、构建新架构的过程中，无数参与者之间发生了奇妙的化学反应，产生了独特而紧密的相关性。动态管理这些相互关系，是商业模式创新主要参与者应具备的个性品格。

商业模式是无数创业者智慧的结晶，是不断进行新陈代谢的产物。商业模式创新，一方面是创造新价值、构建新架构的探索过程；另一方面是诸多参与者相互关联、不断成长的过程。商业模式能够决定企业的胜负成败。但是，当下的商业模式呈现千篇一律的趋势，其改革也毫无新意可言。而且，面对既得利益者的阻挠和惯性思维的阻碍，想用普通方式打破现有商业格局，其难度可想而知。

因此，我们必须在商业竞争中艰难抉择，做出最合适的判断，找准谈判时机，坚定地探索商业模式创新。

首先，我们应该对改革动力背后隐藏的问题本质刨根问底："真正的顾客是谁？顾客的需求是什么？为什么需要变革现有的组织架构？之前的变革为何没能成功？"弄清楚这些问题，才能明白现存商业模式的内在矛盾以及解决矛盾的障碍。

弄清问题的过程是商业模式创新的关键前提。了解顾客的需求或潜在需求，并尝试解决问题的信念、问题意识和强大意志力，是商业模式创新的原动力。在发现问题、解决问题的过程中，创业者能敏锐地察觉新价值的存在，并以坚强的意志构建新的人际关系。

星巴克最初在美国创建的时候，只有极少数美国人知道深焙咖啡。美国存在大量咖啡爱好者，但他们都不知道这种咖啡。星巴克创始人霍华德·舒尔茨（Howard Schultz）敏锐地察觉到这个问题。庆幸的是，他没有对这个问题置之不理，而是立即开始构思"如何普及深焙咖啡"的商业模式。当看到意大利街角那些供人们休憩、娱乐的场所时，舒尔茨萌生了新的想法。他认为咖啡店不仅要提供美味的咖啡，也要提供让人身心放松的舒适环境和优质服务。

但是，问题出现了。以连锁店的形式开咖啡店，在美国人的传统观念中是不被认可的。"高级咖啡连锁店，你是在开玩笑吗？"很多投资人固执地坚持传统投资观念，根本不赞同舒尔茨的商业模式提案，当然也不会向他投资。舒尔茨并没有马上放弃。他发现一些投资人对传统投资方式是持批判态度的。于是，他开始逐一说服，依靠超强的忍耐力和毅力，他获得了融资，并且证明了他的商业模式是可行的。最终，星巴克不仅在美国取得了成功，更是开遍全球。

家喻户晓的优衣库又是如何完成商业模式创新的呢？优衣库 CEO 柳井正在创业之初，愿景是让人们穿上物美价廉且充满时尚感的休闲服装，既舒适，又能表现个性。但是，在当时的日本，价格便宜的服装要么品质低劣，要么土得掉渣。在服装产业，服装的供给由服装生产商决定，零售商毫无话语权。售卖物美价廉的服装这一想法，被现实泼了一盆冷水。在既得利益者的关系网之下，服装产业中理想与现实的矛盾就这样被长久搁置了。

时势造英雄。一种新的商业模式诞生了——自有品牌专业零售商经营模式（Specialty retailer of Pirate label Apparel，SPA）。简单来说，就是自产自销。这种模式虽然会面临退货的风险，但总算有一定的话语权，打破了服装生产商说了算的格局，解决了服装产业固有的矛盾。在 SPA 下，设计、生产、销售一条龙，优衣库可以控制所有环节，销售物美价廉服装的想法得以实现。创造顾客需要的价值，就是优衣库成功的原因。

当现行的商业模式无法满足顾客的需求时，采取的措施往往是改进产品或投入新模型。但是，这些都是基于产品和服务的供给侧理论而言的，并没有真正地去创造顾客端的价值。因此，当我们在寻求更本质的解决之道时，需要直面矛盾，以实现跃进式创新。

为达到上述目的，企业家首先必须从根本上审视现行的产品和服务架构。例如，印度的塔塔公司推出 NANO，直接把汽车价格降到原来价格的1/3 以下；星巴克不局限于卖咖啡，而是以提供舒适的休憩场所为亮点；服装设计无法与厂商达成共识时，优衣库就创立了能自行设计生产的组织架构。这些企业不再追求细微的差别化或满足表面的需求，而是思考"如何给顾客带来满足感"的大框架。这时，企业必须从现状中准确把握矛盾，从根本上冲破长期存在的阻碍。

从这个意义上讲，BMI 就是解决矛盾的知识结晶，它在微观层面的现场，不断接近问题的本质，通过向梦想大步跃进直面矛盾。在这个解决矛盾的过程中，由假说推理带来的知识创造过程就是 BMI。

第二节　BMI 的路径

❖ 转变对待知识的态度

如上所述，BMI 意味着解决市场矛盾的是知识创造过程，而不是机械地执行预定计划。大量的参与者在紧密联系的关联中，一边面临资源的制约，一边带着对未来的美好念想，在曲折迂回的实践中艰难向前。在实践中历经磨炼不断进化的"实践智慧过程"是 BMI 不可分割的一部分。

BMI 不是以半年或一年来衡量的短期行为，而是从一开始就做好了打持久战的准备。同时，为保证 BMI 的成功，企业还必须不间断地进行高效率的试错，毫不松懈地产出知识的结晶。

只有摒弃了以前的商业习惯，不再使用照本宣科、追求短期利益的战略，我们才能将这种持久战坚持到底。除此之外，在进行商业模式创新时，我们还必须转变对待知识的态度：对未知进行探索、试错、共创。

"未来探索"区别于"前定和谐"（pre-established harmony），就是以愿景为目标，在日常所面临的人力、资源、资金、信息不足的情况下，一步一步向前，对未知进行探索。理论先行的"前定和谐"主张"什么操作必定带来什么结果"，要求完全符合理论要求时才能开展相应的操作，因此这种方式效率低下，也会极大地限制参与者的临场发挥。而在对未知进行探索时，假说思考或渐进式、实验式的态度，对促进新发现以及大胆的设想得以高效率实现非常重要，就像有探照灯一样向前推进对未来的探索。

一般来说，为达成短期目标，最受重视的当然是短期产出的结果。其实不然，为下一期做准备，保证过程的连续性才是更重要的。若是按照以往的态度，偏重于金钱上的目标设定，短期决算就变成了单纯的利润相加，那么连续性的知识创造根本无法实现。因此，单年度主义的 BMI 并不存在。

企业开展 BMI 的前提是打持久战，因此必须在企业评价、会计制度、税务制度、个人评价、报酬、劳动法制度等企业内部的基础建设方面，向更灵活的方向改进。而这些，又需要政策指导，如第四章中新加坡政府提出国家层面的 BMI 一样。

"试错"表明 BMI 是一个试探性的实践过程，即通过实践进行尝试、反思、学习的过程。目的是在严格的制约条件下，将已经固化的关系解冻并重建。总之，没有实践就没有发言权。这种尝试要承担风险，更需要身体力行。只有"以身试险"、跃跃欲试地去捕捉真实，才有可能接近真理。纸上谈兵，不是真正的 BMI。奇妙的是，BMI 在一开始就包含了突破界限、不断进化、实现愿景的可能性，甚至还能发掘出超越预想、实现更大改变的可能性。

正如本田宗一郎所言："不试试看怎么会知道呢？""人生就是由看一看、问一问、试一试三种智慧组成的，只看只问的人很多，尝试的人却很少。"

"共创"是指与相关者展开大量合作，共同创造。解决市场矛盾、改变世界的 BMI 绝不是靠一己之力就能完成的。无数人奉献了自己的汗水和智慧，才使探索和试错成为可能。这一步的规模逐渐扩大，产生新智慧的可能性就会更大。在多种智慧碰撞交融的"场"，才会产生创新的火花。

目前，满足于一个人宅在家或者在网络世界冲浪的人数急速增加，形成共创的可能性却在减小。为了创造"场"，每个人都必须毫不吝惜地贡献自己的"隐性知识"，形成以共有为基础的共鸣，彼此之间结成紧密的联系，不断地吸引新的伙伴加入，在"场"上展开对话与合作，循环往复地使用 SECI 模型。

❖ 实践智慧产生的过程

由对未知进行探索、试错和共创组成的全新知识态度支撑着 BMI 的实践智慧过程。实践智慧产生的过程可以概括为以下 8 点，如图 1-1 所示。

- 基于自己对未来的假设提出愿景：将来的社会应该是什么样的？自己希望在那样的社会中做出怎样的贡献？

- 以自己的愿景为目标，提出当前的目标假设。尽管年度计划或中期计划都应该与未来愿景产生联动效应，事实往往并非如此，短期计划最后都以迎合投资人的希望而告终。

- 灵活运用现场主义的优势，不管如何，先行动再说。

- 在这个过程中，一边实践，一边问自己这个操作是否达到了标准的愿景进程（这个判断是否准确）。从实践中进行总结和反思，以更准确地设定下一个目标。

- 眼光不应局限在处理眼前的目标，而应时刻牢记用大局观看问题，不为了眼前的蝇头小利而或喜或悲。

- 用这样的方法复盘每天的工作，慢慢地，自己的愿景开始初见雏形，未来再一点一点变为现实。

- 明白了本质，就能对当初的愿景进行优化，对未来提出崭新的假设和愿景。如此循环往复，愿景逐渐变得明了，促使下一步能够向更清晰的方向起航。

- 通过实践和反思，领导者和参与者都能够对现场进行准确、及时的判断，即我们所说的"实践智慧"。然后，每个人分享自己的实践智慧，形成实践智慧集合，最后进化为强大扎实的组织能力。通过愿景和实践的往复交替获取知识，用贯穿真实主义的实践过程对假说进行验证，以此带来更高质量的目标设定。

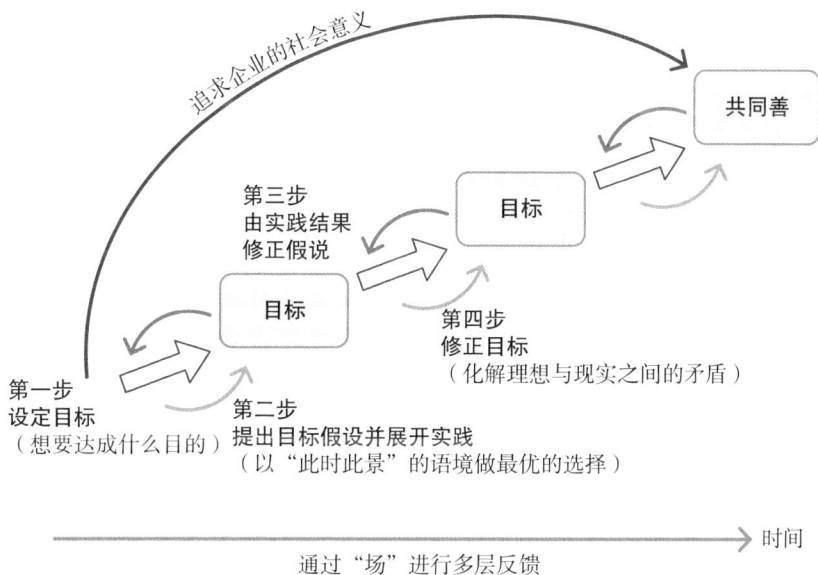

图 1-1　实践智慧产生的过程

　　这就是实践智慧产生的过程。主张成果主义的人只会评判年度计划是否达标，从过程中学到的东西少之又少，而且看不到问题的本质。如此一来，他们对未来的思考就会变得浅薄，然后迷失自我。被成果主义影响的组织或经营者会变得独断轻率，他们很容易陷入暴力式的鲁莽目标中。

　　实践智慧产生的过程，就是一边憧憬未来，一边脚踏实地地达成短期目标和长期目标的过程。在实践智慧被有效反馈的过程中，自己想做的事、对世界的想法以及自己做事的方式都会得到验证。可以说，这也是知识的创造者试探自我存在的一条终极之路。因此，领会了实践智慧的领导者，在培养组织的"实践智慧集合"时，就能形成自我独特的风格，将自我本质的价值作为"隐性知识"积存起来。

　　只有通过这样的学习与反思过程，企业才能形成坚若磐石的核心能力，仅靠外部输入的技能和显性知识，则远远不够。一味改良或论述理想，或者当一个旁观者进行评论，这些都无法产生实践智慧，只有将实践智慧与未来愿景相结合，经历了向真理前进的曲折过程，才有可能产生实践智慧。

　　正是通过实践智慧生成的过程，BMI 处理矛盾的智慧才初次显现，这些智慧无法靠演绎式的理论分析或者简单的二元对立理论获得。在解决矛盾前，我们应该弄清楚如何认识世界、明白什么是阻碍我们认识世界的隐形障碍、应该怎么克服这些障碍以及如何从矛盾丛生的现实中找到一条通往成功的路。只有怀揣理想并大胆尝试，才能做到这些。

❖ 推动实践智慧进程的知识综合化

　　当我们在进行基于实践智慧的 BMI 时，会发现当下 BMI 的变化速度非常快，那么，在推崇可持续发展的社会中，怎样的视角会被重视呢？

在以前的商业模式设计中，最根本的策略被喻为"战场的胜利"，企业重视的是，如何利用市场的非对称性找到公司的位置，然后在竞争中逐渐形成唯我独大的局面；接着，企业会构造一个食物链般的纵向产业链，不断将合作的小企业收入麾下，形成一个团体，之后，便将这种胜利模式固定下来，以领土扩张为目标，不断巩固自己的领先位置。

但是，在这种致力于"独善"式胜利的商业模式中，参与者之间的关系会变得僵化，权力中心也在向某一个方向倾斜，这种僵化的关系会演变成所谓的"束缚"。而且，企业内部的人员序列、惯常行为最终会导致不求思变的思考停滞状态。那么，商业模式的创造也就无法脱离这个僵化的框架。

正如序章中所言，2008 年雷曼危机以后，全世界人民的生活都在发生改变，因为让企业、员工，甚至地方政府和社会都陷入疲劳的体系已经崩溃，对贪欲无止境的追求被打上了问号，"共同善"成了商业的大前提，同时，排除主观的理论思考主导式和逻辑分析式战略论也开始被人们遗弃。

这样的背景促使企业敏锐地捕捉顾客、竞争和社会的变化，避免陷入僵化的关系中，回归实践和共同善，并时常重新审视企业内部的关系，不断注入新鲜血液。在商业重回共同善的潮流中，企业不再贪婪地独占利润，为实现可持续发展，重要的是不让彼此间融洽的关系变质，成为"羁绊"（孽缘），而应该保持信赖和创造的关系，并将其融入组织架构中。

更进一步，站在世界、国家、地区的层面来考虑可持续发展，"创造更美好的社会"的价值主张变得愈加重要。为实现这一命题，产业横向的基础建设（平台）、与其他产业进行智慧交融的根本性改革以及为普罗大众进行基础设施建设的视角都不可或缺。相反，那些为了一方独大而进行的利益独占、为了自身而逐利、追求个别企业的利益等短视、庸俗的想法，已经走到了尽头。

有了如此思考，在今后的 BMI 时代，在"让地球变得更好"的大局观愿景的驱动下，企业可以将"全球智"进行综合，并以此为基础，不断确认和修正自我的想法，构建发展式的商业模式框架。

第三节　业务创新模型的提议

❖ 将知识转化为价值

BMI 是不断进化的鲜活生物，伴随着灵活、迅速的发展过程；BMI 也是以当事人的梦想为核心，由不断开拓新局面的判断力和执行力编织而成的生动故事。

因此，我们的目的不是对 BMI 的成功进行剖面图式的分析，或者对 BMI 的结果进行论述，也不是对商业模式进行分类，或者分析其成功的原因。我们认为，BMI 是一个组织自我改革、自我创新的动态化创造模型，应该把创新发生的实际状况（创新发生的现场和过程）转化为价值的机制作为一个整体，去把握和认识 BMI。

从知识创造的角度去理解 BMI，正是基于实践与活力才能创造商业的事实。在以共同善为根基的未来理念的指导下，现场的参与者通过实践积累隐性知识，再以隐性知识为基础不断进行价值判断和试错，这个过程循环往复，由量变引发质变，最终实现创新。而这些都离不开在实践中积累的智慧。

经营，特别是日本式经营的本质，就是在执拗地追求卓越的动态过程中产生新知识。日本企业本身就拥有的这种特质，在知识创造主导的创新过程被明确和内化。我们有必要意识到，欧美式的构造思维、波特等人提出的逻辑战略论、演绎法和二项对立都是纯粹的理论分析至上主义，并没有催化出真正的创新。

什么样的创新能被广泛传播？只有尝试了才会知晓。我们应带着对未来的愿景，勇敢地发起挑战，看准时机，呼朋引伴，发挥政治力①和交涉力，一点一滴地积累实践智慧，慢慢靠近真理；同时，切断存在于当前商业模式中的阻碍，结成新的关系网，最终形成贡献社会的收益模式。这是一个执着且灵活、由理念主导的过程，也是一个辩证的创造过程。因此可以说，BMI 就是创造知识的过程。

如果日本企业能够把自身擅长的组织式知识创造的能力完美地发挥出来，那么它们在 BMI 领域的表现就值得期待。所以，日本企业当下必须摒弃脱离实践的理论分析式价值观，重塑知识创造主导的动态创新式商业模式。

在这里，我们将 BMI 同知识创造过程合为一体，想强调组织式知识创造是一个动态的过程。在以后的时代，BMI 应该努力进化为这样的存在：

---

① 指领导者采取一切方法、调动所有资源实现愿景的政治能力，有时也要巧妙地理解马基雅维利主义的政治手段。相关内容可参考《信念》（人民邮电出版社）。——译者注

企业、组织团体正确认识其社会职能，真诚地组织并参与追求共同善的企业活动，积极创新。我们提倡的"业务创新模型"，则是能够以大格局的视角，提出高质量的价值主张，并在广泛的关联中构筑社会收益的模型。反观那些只是为了大赚一笔而改进的 BMI，将面临被淘汰的命运。

❖ 业务创新模型的框架

业务创新模型的框架是以知识创造的视角为切入点，将亚历山大·奥斯特瓦德（Alexander Osterwalder）[①]等人提出的模型进行了延伸，具体如图 1-2 所示。业务创新模型由四层构造组成。

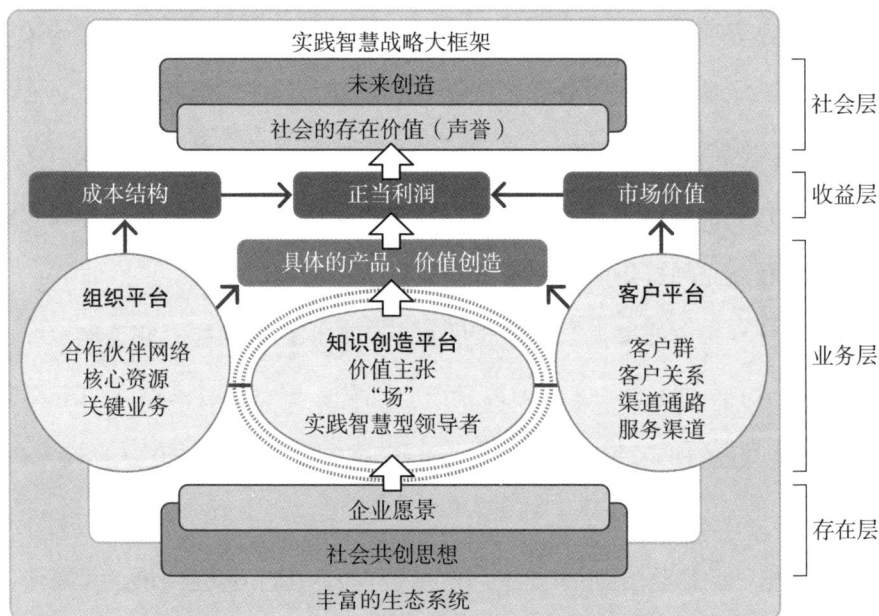

图 1-2　业务创新模型的框架

---

① 作家，著有《商业模式新生代》一书。——译者注

第一层：存在层

业务创新模型的第一层，即最重要的一层就是"愿景"，包括未来的生存方式、怎样与顾客产生链接、要在社会中承担什么样的角色等对未来社会的一些想法。"愿景"代表企业真实的态度，是不会动摇的轴心。"愿景"具有三大特质：高质性（为达到"共同善"而广泛开展社会贡献的动机）、创新性（以创造新价值为目标）、责任性（挺身而出的开拓、担当精神）。这三大特质成了 BMI 推进过程中，在关键时刻进行判断的准则。

从这个意义上讲，在愿景中，社会性和生态系统已经成为建立商业模式的前提。在构建商业模式的漫漫长路中，只有各部分融为一体，互相信赖，强有力地支持和参与商业模式的构建，它们才能发挥探照灯一样的作用，照亮商业模式前进的路途。

因此，愿景有必要并且应该寻求社会的共鸣。在企业内部宣扬愿景，一方面可以激励和感染员工；另一方面可以明确本企业在未来社会和生态系统中的定位，获得共鸣。像这样，对社会共鸣的形成进行积极干预的做法被称为"社会共创思想"。这是保持丰富的社会联系所不可或缺的要素。

优衣库提出"改变服装、改变常识、改变世界"的大胆愿景，并将其定义为"任务宣言"；日产汽车提出"创造零排放的社会"，推动了电动汽车的发展；星巴克一改咖啡店往日的风格，提出"畅享感动体验、滋润每日生活"的愿景。

这些都是积极感知社会、精确把握需求、提出新对策并努力实现的案例，都体现了企业领导者的美好愿景和实现愿望的强烈决心。现在很多企业开始利用这一点去感染员工，让他们产生自豪感和动力，也给予他们努力的方向。企业领导者一诺千金的人格魅力吸引了众多追随者，也引起了很多人的共鸣，而这些又反过来支撑着正在经历 BMI 困境的人们。因此，构建事业创新模型，首先必须提出能让人们产生共鸣的愿景。

愿景的背面，就是促进社会形成共鸣的社会共创思想，例如 IBM 提出的"智慧地球"，通用电气提出的"生态愿景"和"健康愿景"，又如富士通宣扬的"以人为本的智能社会"，日产的"零排放社会"等。企业提出"想创造这样的世界"的口号，会引领服务和产品的目标方向，在企业向未来慢慢靠近的过程中，拽着企业不偏离轨道。这些愿景体现了企业对社会期待的回应，也可以作为企业志向高远的证据，成为企业被社会信赖的基础。

第二层：业务层

第二层是业务层，其核心是"知识创造平台"。知识创造平台由以下几部分构成：① 根植于共同善的价值主张；② 创造知识的全球化"场"；③ 形成高明智慧的"实践智慧型领导者"。

其中，价值主张是业务创新模型的核心，围绕给顾客提供什么样的价值，提出核心概念或者陈述。现行的商业模式当然也有价值主张，当这个价值主张不再适应时代潮流时，就需要进行 BMI。"到底是为了提供什么样的价值，才开展这个业务呢？"回答这个问题需要更新现行的商业模式中陈旧过时的价值主张，赋予其新的意义。

苹果公司在发布 iPhone 时，直截了当地提出"重新发明手机"这样的口号。以往手机服务的价值主张就是提供手机这个产品，而苹果公司不仅颠覆了旧的价值主张，还推出了 iTunes Store 这种发布音乐和数据的软件配置，向世界开放了软件开发、供给机制。从创造价值的观点来看，价值主张被重新审视，全世界的人都能够通过 iPhone 进行知识的共享和运用。这就是智能手机的创新之处，同样，iPad 也实现了这些功能。由此可见，价值主张的再定义可以冲破知识活用的界限。

因此，价值主张可以决定商业模式的成败，BMI 带来的冲击力会因为价值主张的变化而变化。

如果无法提出让顾客觉得"确实有价值"的价值主张，企业就没有稳定的收益，更无法持久经营。而且，对顾客来说，什么是价值，常常随着实际情况发生变化。再者，如果不是基于共同善和真理的价值，就算一时风光，也无法经受时间的考验。

成功的价值主张能洞察社会需求，创造出具体可行且引人入胜的故事，而这些只靠短期的理论分析式的二项对立选项是无法做到的。我们应敏感地捕捉社会共鸣，运用最新的技术，凭借跃进式的商业嗅觉解决市场矛盾。这就是基于实践的挑战精神。而精神背后体现的价值主张，就是业务创新模型的根基。

其次重要的是，知识创造平台——"场"的存在和 SECI 模型的实践。所谓"场"，是隐性知识与思想共有、共鸣，发生创造性对话并相互信赖的空间或情境。"场"的形成离不开组织内部的企业风俗、人事制度、沟通能力等架构，而且在循环开展组织性知识创造的 SECI 模型实践时，企业文化也不可或缺。换句话说，SECI 模型关系到产品开发流程、业务流程、人才管理等方方面面。

最后，就是实践智慧型领导者的存在。实践智慧型领导者创造了企业内多层构造的"场"，发起 SECI 模型实践，提出关键概念。他们高举根植共同善的愿景旗帜，拥有实施 BMI 的志向和觉悟。在实践中，他们推动更多人参与并构建新的关联性，灵活运用政治力，引领商业模型的实现方向。这就是创新力（详细论述见第七章）。

作为 BMI 的项目领导，实践智慧型领导者并不是一个独立的存在，而是作为一个组织整体存在。BMI 不是仅靠实践智慧型领导者一人独断地自上而下发动就能容易达成的事情。在实践现场，只有作为项目负责人的参与者向上或向下驱动，每一种特殊状况下都自律分散地做出判断，所有参与者共同付出，才能构成动态式业务创新模型。在组织中，培养更多实践智慧型领导者并灵活运用每一个人的智慧的状态被称为"实践智慧集合"。

包含以上三要素的知识创造平台就是业务创新模型框架的核心，由此才会产生动态的过程。

愿景以及基于愿景建构的知识创造平台，是业务创新模型的支柱，随着商业构造的全面铺开，在其两侧又延伸出"客户平台"和"组织平台"。

"客户平台"由客户群、客户关系、流通渠道和服务渠道构成。在开展 BMI 的过程中，企业必须基于新的价值主张重新定位目标客户，并构建与其相适应的联系。特别是业务创新模型，它的特征之一就是通过与客户构建新的联系，将客户纳入"知识共创伙伴"之中。

为何如此？业务创新模型是从故事创造、生态系统、社会贡献的角度产生愿景，BMI 实施以前，通常是愿景走在前端。这意味着，在技术和资源尚不完备的阶段，向矛盾发起的挑战已经拉开了序幕，而且企业挑战超越自身实力的模式似乎已经成了家常便饭。

因此，构建一个及时高效的反馈机制，不断地从客户那里获取反馈显得尤为重要。具体来说，就是与客户或客户群共享关于使用方法、使用经验等方面的内容，形成一个共享"场"，不断扩大口头传播的范围。当然，这里不是指对制成品买卖的反馈，而是将满怀期待的顾客当作共创伙伴，用客户的反馈意见对产品进行筛选，这才是业务创新模型客户平台应有的样子。

图 1-2 中左侧的组织平台由合作伙伴网络（联盟、合作、协助等）、核心资源（人力资源、核心竞争力）、关键业务（商业流程、组织文化等）组成。业务创新模型中的组织平台不是单纯指硬件上的平台，与关联企业、外部合作伙伴之间开展知识共享、共创、存储等知识管理活动也是其中重要的一环。BMI 被认为是知识创造的过程，因此，企业内部有必要构建能开展 SECI 模型实践的组织架构。同时，为避免知识贫困化的"被孤立现象"，企业还必须重视跨组织人才交流、共同研究、学习机会、"场"运营等活动，与外包企业进行知识和人文交流，构筑起知识基础和组织运营能力。

由此可知，应以知识创造平台为轴心，从业务创新模型的视角，由知识创造动态过程重新构筑客户平台和组织平台。

第三层：收益层

第三层是基于会计准则展示收益流向的收益层，可以由组织平台导出"成本结构"，由客户平台导出"市场价值"，两者之间的差额就是利润。即使到了收益层，仍然应力求创新。比如要想用金融资产和有形资产等无法测量的知识经营，就需要扩充传统会计概念，构建能把握企业价值的框架。还有，包含更广泛参与者价值的管理架构，融入社会投资和环境投资的可持续评价等，这些都要求企业重新研究收益计量和企业价值评估方法，这也是正确推进业务创新模型的必经之路。

特别是当下，很多金融机构、对冲基金在着手推进共创型企业并购，也就是说在金融界，基于经营实践的实践智慧以及基于实践智慧的核心竞争力都变得极为重要。如果企业领导者不改变袖手旁观的旧姿态，真正成为其中的一员，携手实业共创"场"，则无法真正成为业务创新模型中的顾问，那么也就无法让重建成长模型的企业并购取得成功。

到目前为止，BMI案例中企业并购的成功率不足三成，这无非是缺乏知识创造的架构被利益驱使的结果。在业务创新模型中，即使在收益层，仍然要重视知识创造的思维设定。这也显示了金融界与实业界合作的重要性。不再跟随以金钱为主导的欧美风格，而要创造日本式知识主导的企业价值，我们有必要创造金融界和实业界之间的"团队合作模型"。

另外，业务创新模型产出的社会价值也很重要。在收益层，也需要构建能平衡利润与社会价值的评价框架。孟加拉乡村银行以及达能集团[1]、雪国舞茸[2]、优衣库等联合型公司发起的社会企业中，不以股东或企业利益最大化为目标，而是在保持企业收益和社会贡献的基础上，追求"社会化收

---

[1] 总部设于法国巴黎，是一个业务极为多元化的跨国食品公司，集团的业务遍布六大洲、产品行销100多个国家和地区。——译者注

[2] 一家日本食品企业，其业务是将一种灰树花菌安全地送到消费者的家中。——译者注

益"的最大化。这种收益模式，正是业务创新模型所重视的。

这体现了日本企业以前拥有的"企业是国家的公共财物""三方好：买家好、卖家好、世间好"等从商传统（现在可能濒临消失）。历史上，确实有过"企业为了社会而存在"这种传统风气浓厚的时期，企业活动以共同善为信念，取得了持续增长的业绩。而基于共同善的创新，正是日本长寿企业持续成长的秘诀。反观当下，很多企业被短期利益蒙蔽双眼，陷入无限的贪欲。我们必须悬崖勒马，深刻反省，通过重建业务创新模型，重新确定共同善式商业的存在意义。

收益层涵盖了法制制度的系统重建，这也是国家层面的重要课题。日本企业应该朝着日本式成长轨道尽早构筑起企业收益和评价体系，让其重回世界舞台。

第四层：社会层

至此，企业虽然已经可以产生利润，但并不意味着获得了彻底的社会信赖。从业务创新模型"产出社会价值、贡献社会"的精神来看，企业还需要通过为社会所做的努力向社会呼吁，获得社会的认可，将坚固的基础向社会渗透，进一步扩大共创规模。

也就是说，企业将包含愿景、价值主张、社会共创思想、产品、服务和利润的世界观，作为自我主张与立场，与社会共享，通过孕育社会意识，实现更加成熟的社会创造。

经历过这些过程的企业或组织，就会获得社会对它们的极高评价，即所谓的"声誉"。获得"声誉"就意味着企业遵循的是有社会意义的商业模式，这样才能获得社会性评价，也才能在社会中获得持续的支持。比如强生、雀巢、丰田、本田等就是在这方面走在世界前列的企业。它们拥有良好的"声誉"，不仅可以通过自身的产品和服务，还能通过创新性企业活动或社会公益活动在社会中传播自己的价值观。因此，业务创新模型追求的不是单纯的收益模型的效率，而是在更高层面对社会的影响。

世界潮流瞬息万变，如果企业还以产品制造的观点来看世界，则胜算几乎为零，将会在惨烈的竞争中一败涂地，最终被送上"荒岛漂流"之船，远离世界主流。相反，企业积极融入市场，把握客户需求，将自我的世界观巧妙地赋予客户注重的价值，去吸引目标客户才是取胜之道。

只有基于世界观的价值主张，才会获得深刻的共鸣。以往的 BMI，只注重改进产品和改善收益，甚至其他企业的新产品和服务都可能成为 BMI。但当下，将世界观作为商业模型的轴心与社会共享，是业务创新模型的重要特征。当基于社会性价值的价值创造成为竞争的中心时，产品和服务的更新换代则不足以再被称为 BMI。

业务创新模型伴随着知识创造的实践智慧产生的过程而发展。因此，企业不能通过模仿获得它，必须亲身实践、不断试错，通过在过程中体验和获取知识而形成自己的业务创新模型。

而且，只有在知识创造平台中融入自我特色的企业，才能获得持续的发展。业务创新模型并非单纯追求收益的商业模式，而是在每个特殊的情况下做出最适宜的判断，逐步构建创造知识的组织架构。这样的想法在欧美也开始被广泛接纳。正如加州大学伯克利分校的大卫·迪斯教授所言。

　　　　在设计新的商业模式时，创造性、洞察力、顾客群、竞争、供应
商等方面的信息和智慧不可或缺，同时，需要考虑很多隐性因素。在准
确认识顾客、社会、商业的成本构造时，需要实践和学习。由于完美
的商业模型不是一开始就存在的，因此学习和改善很有必要。（Teece，
2009）

　　这是一种在大局观下多样知识的整合，也是追求共同善的高质量的知
识创造过程，它不是单纯的数字组合，也不是从大赚一笔的计划开始的。
愿景、社会共创思想、场、实践智慧型领导者、正当利润、声誉等纵向贯
穿，在错综复杂的关系中创造知识，这个过程极为重要，因为这就是业务
创新模型的真实面目。

❖ 大胆的设想

　　正如上文描述的那样，业务创新模型从动员全世界、创造更好未来的
社会性视角出发，用全球化的知识网络将人们联结起来，通过构建知识创
造的动态过程，将知识转化为持续稳定的收益流。

　　首先，日本企业一直擅长产品制造。随着高科技的发展，产品制造能
力变得非常重要。高科技要求的是极其精密的开发能力和高质量的量产能
力，而且要求在这些基础上自觉自律地进行改进，而这些恰好都是日本企
业的拿手绝活。因为我们都知道，世界上很多高科技产品的关键零部件都
是由日本企业提供的。

　　其次，扎根于传统工艺的日本技术也享誉全球。在物质高度丰富的现在，
为满足"想要而不得""类似艺术品"的产品追求，高超的产品制造能力也不

可或缺。而日本企业尤其擅长处理微妙的差异和制造带有高级感的产品。

如此优秀的制造力在业务创新模型的视角下是如何实现的呢？

仅仅局限于产品制造的商业模型，最终很容易沦为推销员的角色。可喜的是，日本企业和日本人都具备很强的改善产品的能力。他们沉迷于产品制造的世界，欠缺的是在宏观角度的思考，比如怎样使用产品改变生活方式、要构建怎样的社会等，而且他们对设计游戏规则毫不关心。他们的精力都用于改善产品，却很少将关注点放在审美化且形而上的生活文化和社会和谐上。

另外，如果无法像否定产品本身一样，自发地转换价值观，企业很容易沦为被转包出去的零部件供应商。一旦进入这样的关系，企业全体成员的创造性将大大受挫，不管员工还是组织，都化身为推销员，也就是成了风险回避型的被动接受者。这是失去创新能力、被时代抛弃的原因之一。日本很多中小企业拥有令世界称赞的领先技术，这不仅仅是因为它们掌握了产品制造的知识，还因为它们能先于大企业意识到价值创造的重要性，源源不断地提出新方法和新用途。

止步于产品制造的企业，无法产出更加优质的知识流。它们的精力集中在无止境地提高生产效率和降低生产成本上，不断推进组织和流程的细分化、操作的标准化和操作时间的延长化，这致使现场的员工被剥夺了思考的时间，更无法进行交流和对话。同时，这些企业疏于观察顾客的需求变化、外部合作伙伴的思维变化以及时代潮流的变化，因此很难与外部的知识网络产生联结。

如此一来，知识贫困化加剧，即使这时企业领导者下定决心放手一搏，再去构建新的成长战略，恐怕也为时已晚。不得不说，正是这样的产品制造能力而衍生出的知识贫困化综合征招致了"产品制造的失败"。

然而，幸运的是，当发生诸如企业并购、企业重组、产业结构的变化、颠覆式新技术诞生等事件时，我们都能看到 BMI 的影子。但是，当发生的创新并非以知识创造为基础时，这充其量就是模仿和追随别人的商业模式。苹果智能手机的商业模式，就是业务创新模型的典型案例。其他企业就算进入智能手机领域，要么就是在产品上出售智能手机，要么就是复制苹果公司的商业模式，终究逃不过"模仿"二字。

如此看来，业务创新模型非常重视商业模式创新的构思和立意。其根源是为了创造更好的未来而致力于开拓新事业的决心和意志。

对于业务创新模型的创新者们来说，问题不在于大量生产产品或提供服务，如何改变未来的样子才是问题的本质。企业想要创造怎样的未来、希望人们过上怎样幸福的生活，在构思愿景时，应尽量带来强有力的冲击，让更多的人感受到愿景的价值。因此，解决现有生活方式中的矛盾的想法，是赋予物品以价值的动力。

也就是说，明确企业的世界观，是业务创新模型的本源。要让这样的世界观变为现实，就需要构建更大的平台，持续性地构筑能够预示前路的关系网。

有一个叫"moonshot"的词，意思是朝着月亮射击，引申为大胆的愿景。或许可以说业务创新模型正如"moonshot"一般，带着改变世界的梦想，描绘出未来的蓝图，我们一边亲身投入商业实践，一边慢慢地接近理想。

第四节　推动业务创新模型的三板斧

那么，业务创新模型实际发生的契机又是什么呢？关于这一点，我想引用商业模式创新研究所的调查进行探讨。该研究所于 2011 年 1 月成立，从事与 BMI 相关的研究。初期的成员中有本书的作者之一野中郁次郎，他担任研究所所长，有 BMI 中不可或缺的管理和财务专家、一桥大学客座教授服部畅达，还有正在各方面开展 BMI 实践的北极星资本集团社长木村雄治，自行发起 BMI、创立日本最大的地勤服务公司 PIPED BITS 的佐谷宣昭社长，曾参与日产公司电动汽车 BMI 事业、现作为国际宣传员从事 3·11 日本地震后 BMI 的加治庆光，还有研究 BMI 领导力和沟通力的德冈晃一郎。

该研究所以业务创新模型的实践为依据，分析了推动业务创新模型发展的条件和要素，我们将其提炼为以下 3 点：价值主张的创新、关系的创新、实践智慧进程的螺旋式上升（见图 1-3）。

❖ 价值主张的创新

价值主张的创新，就是通过创造全新的价值主张或者将现有价值主张进行重新定义，以提出更加普遍适用的价值，构筑能替换或创新现存业务的支柱。因为现行的商业模式是企业创业之初的想法，它为顾客提供的价值已经定型，相关业务也已经很成熟。

但是，当环境发生变化时，价值主张变得腐朽化或者低层次化，不能再为业务提供动力。这时，企业不能只是进行小修小补或朝着容易的方向转换，必须进行彻底的价值主张创新。

实践智慧战略大框架

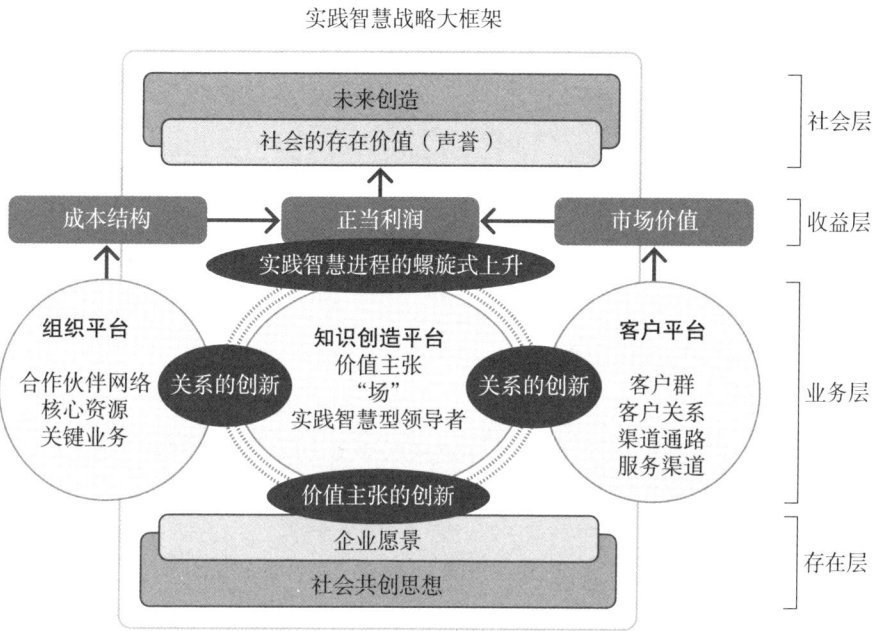

图 1-3　发动业务创新模型的三板斧

以星巴克为例。在星巴克出现之前，饮品店都以"提供必要的美味饮品"为价值主张（尽管满足这一点的饮品店屈指可数），星巴克则率先提出"我们不仅提供咖啡，更提供人间温情"的价值主张。也就是除了咖啡，星巴克还提供"第三空间"（除了家、学校或公司，第三个能让自我放松休憩的场所）。然后，依照这样的价值主张进行店铺设计、提供服务和美味的深焙咖啡，星巴克走出了一条全新的发展之路，也创造了新的商业模型。

优衣库从提供低价服饰起家，后来以"服装部件公司"为标签重新进行价值创新。它认为服装是支持客户展现个性的一部分。对于一般企业来说，提供服装就是根据企业状况备齐服装种类而已，而优衣库的价值主张不在于提供服装，它追求的是在低价优质的基础上，提供能随意搭配、变化多样的服装款式，使其成为客户展现自我的一部分。

重建价值主张对启动业务创新模型至关重要，因为它能够激发所有参与者的智慧潜力，挖掘最本质的东西。为了满足客户更深层次的需求，企业需要把握客户生活方式中"高质、多样、环境友好"等本质性变化，这必然需要创新价值主张。而业务创新模型的核心就是促进价值主张不断地进化和升华。

但是，如上所述，这并不是从一开始通过理论分析就能明确的事情。作为捕捉客户需求进行价值主张再定义最重要的要素，商业模式创新研究所提炼出以下3点。

其一，及时捕捉深层需求的灵感，这种一时闪现的想法是价值主张创新或再定义的原动力。因为价值主张的基础正是与愿景直接关联的个人世界观，也就是主观而强烈的个人想法。因此，故事往往开始于"想创造这样的世界"的强烈愿望，而不是"想大赚一笔"的异想天开或详尽的市场调查。为了得到这可遇而不可求的灵感，企业首先应该有崇高的志向，然后带着那些从崇高志向中延伸出来的问题意识，闯入创新的细密网络中，重要的是抓住那些可遇而不可求的顿悟和偶然的灵感。正如塔塔集团总裁拉坦·塔塔（Ratan Tata）萌生开发NANO的想法一样，正是那一瞬间的灵光一现，才出现了全世界最便宜的汽车，冲击了印度汽车行业的格局。

当我们不断追问自己的想法时，就会反复出现诸如"只能这样了""这个价值才是今后的关键""应该创造这样的世界""是吗？就是这样了"的念头。在这样苦苦挣扎、耐心追寻的过程中，作为智慧结晶的那个闪光点就会突然到访，这就是灵光一现。

其二，将顿悟和灵感具体化为"商业想象力"。要把灵感与商业联系起来（通俗地说，就是把灵感变现），要依靠直观可视的东西重建商业模式，就必须打乱现有的架构，突破根深蒂固的障碍，因此，灵活的态度、缜密的思维以及超强的执行力都很关键。"可能会很困难，但总会柳暗花明的，不是吗？"商业想象力能带给人们这样的直观感受。

那么，充满活力的想象力和自信心又从何而来呢？正如我们在基础设施重建型企业或社会企业中看到的那样，立足于社会大框架的高定位、高眼界、深立意，实验主义的态度、积极乐观的心态、风险承担型性格以及不拘泥于现有的业务和资产，积极进行业务重组、分割和商业并购，所有这些在实践中被反复验证，最终产出了实践智慧，而这个过程也孕育了动态的想象力。我们必须重申，纸上谈兵式的理论学习永远不可能创造这些东西，因为强有力的价值主张是深度实践的产物。

其三，能刺激动态的商业想象力、孕育价值主张、产生极大冲击力的"全球化知识交叉点"。如果常常陷入我们熟知的世界，被常识和惯例包围而忽略事实，而且在进行判断时也不会产生任何疑问，不得不说，这还不是真正的 BMI。

若能将全球化知识相联结，不仅可以提出灵活大胆的愿景，还会点燃挑战精神的火种。列奥纳多·达·芬奇、史蒂芬·乔布斯等人都拥有全球性知识和人际关系，他们把与这些人际关系相关的知识交叉点作为背景，发起了众多创新。这提醒人们，不要在自己的舒适区流连忘返，应该与来自不同知识背景的人进行真诚的交流，汲取养分，使之成为自己血肉之躯的一部分。

另外，领导者需要在教养方面造诣颇深，能看穿历经沧桑的世界本质，找到大致正确的方向，促使自己立志于寻求具有普遍价值的价值主张，向改变行业发起挑战。

事实上，在创新价值主张的背后，隐藏的是为得到灵感而付出的努力。随着知识的积累和灵感的出现，更深的价值主张近在眼前。

相反，甘心被障碍困住而维持现状，或为了辩解而做的定量分析，或是安于过去而不思进取，这些明哲保身的行为是不可能成功进行价值主张创新的。"那绝对不可能""那不行，这也行不通"，像这样思考行不通的情况时，就会陷入二律背反之中，而后开始逃避风险。当无法根据现实情况或基于自我信任描绘未来蓝图时，你就是在参与创造未来这件事情上选择了逃避，做了袖手旁观的第三人。出现这种状况，无非是因为没有大胆创新的智慧和激情罢了。

❖ 关系的创新

发动业务创新模型的第二板斧——关系的创新又是什么呢？商业模型产生在众多利益相关者的协同效应①之中。但是，时间一长，这些关系就会变得僵化，引起制度疲劳。这就是所谓的"羁绊"。

羁绊会夺走人和组织的创造性，阻碍创新。能成为羁绊的要素很多，在公司内部，包括过去的决定、人与人的关系、成功或失败的记忆等；在公司外部，包括与优质客户的关系、与合作对象的关联、股东的构成等。在大企业中推行新业务，仍然需要勇于挑战的精神、承担风险的魄力、灵

---

① 简单地说，就是"1+1>2"的效应。——译者注

活应对的能力，因为大企业的成型理论和传统文化都可能成为羁绊，牵制企业改革的步伐。

因此，为了成功创新价值主张，实现业务创新模型，就必须重新认识所有利益相关者之间的关系，重新构建客户、供应商、员工之间的知识性新联系，甚至应该吸引更多的人加入，为组织注入新鲜血液。

其中，同目标客户的关系成了关键一环。在重新审视价值主张时，为了适应顾客更深层次的需求，企业需要一边考虑与顾客的关系，一边重新寻找自身定位。现在，企业和客户不仅仅是单纯的卖方和买方，更是价值创造的合作伙伴，企业和顾客的关系发生了本质上的变化。

另外，直接接触客户的物流业和服务业等一线业务领域，也不再仅仅是产品和服务的供给网，更应该成为肩负现场信息反馈职责的知识网，是一种能自主提高附加价值的自律分散性资源（公司外的现场力）。

除了物流和服务方面的合作伙伴，能强化现场对应能力的就是 IT 企业了。因为企业通过信息技术能快速提升现场判断的速度、准确性和机动能力，也能加深与顾客的联系。在提升物流和服务业的现场应对能力上，IT 企业如何作为合作伙伴参与进来是问题的关键所在。

IBM 标榜"智慧地球"，立志于重建基础设施服务，就是从信息技术 的角度提出的。在业务创新模型中，把 IT 企业仅仅视为拥有信息技术的企业是不合适的，而应该把它们当作重建顾客平台、深化客户联系的合作伙伴。

富士通提出"融合"的概念，就是超越行业和顾客的框架，从社区的角度把握商业需求并提出解决方案。作为企业方面的实际动向，通用电气以"健康创想"、小松电机以 KOMTRAX[①] 的形式，将产品和服务与信息技术相融合，构造加深与顾客联系的机制和架构。其中，不乏反向创新的案例，例如针对购买力有限的社群，进行知识网络重建和商业模型创新，不仅能让最新的技术走进千家万户，而且能带来爆炸式增长的市场份额。

从重建与现有客户关系的意义而言，以上都可以视为客户平台的动向。通过知识性客户平台的更新，推进商业模型，创造新的市场，在这个过程中，企业必须选择有志向和能力的合作伙伴，才能促进知识流的形成，进而促进这一系列变化的发生。

在组织平台层面，企业和员工的关系发生了很大变化。因为员工不再是单纯的劳动供给者，而应该被视为知识工作者。知识工作者在掌握顾客深层次的需求、开展业务、形成组织平台的过程中具有非凡的意义。因此，员工成为知识工作者的一员，拥有"让世界焕然一新"的气概和想象力，是关系创新和重建的第一步。

但是，新关系的构建并非易事。首先，必须让在旧的价值主张中摸爬滚打的员工冲破羁绊，进行意识改革。其次，作为产生新知的主人翁，员工还应具备相应的意识和能力。因此，企业需要培养领导型人才，引导员工开展创造性活动，带领员工脱离知识停滞状态，维持和活用企业内部多样性资源，当然，对外部力量的管理也非常重要。

培育领导型人才，不得不提"师徒制度"的复活。企业应选择一批不会轻易被愚弄、有骨气、有潜力的年轻人，给予他们丰富的历练机会。在这

---

① 小松电机开发的一种关于机器信息和远程操作的系统，帮助客户进行机器的管理和维护。——译者注

个过程中，来自企业内外的多名导师对他们进行全方位的关注和指导，这种强有力的组织式培养，就是近代师徒制度，而不是单纯的拜师当学徒。这一点会在第八章进行详细叙述。总而言之，这不同于机械化、表面化的领导培养课程，或者 MBA 式的理论分析主导教育训练，而是重视培育员工抵抗惯性、亲身实践、感受真实、捕捉本质的能力，这也是推进企业意识改革必须经历的一步。

大多数企业的优秀人才，为完美高效地实行旧的价值主张，意识和能力已经被同化。这也是具有讽刺意味的地方，以前为追求效率而处心积虑地制定的诸多规范，现在成为企业改革的羁绊、效率低下的温床。

因此，在实践新的价值主张时，企业要注意促进和活用自身的内部多样性。一味地重用推崇旧的价值主张且表现优异的员工，这样的人事评价机制和录用标准太过单一和片面，应该进行调整。有特殊才能的员工、女性员工、外籍员工、中途录用的员工，都应该被重用或者活用。因为人才只有被活用，才不会自甘堕落和被埋没。从这个意义上讲，企业的人事部门在识别价值主张的本质、改革现行人事制度并灵活运用人才方面，应充分理解和评估商业环境。

然而，这一招在企业内部并不奏效的情况也很多，特别是在人员流动性很低的日本，可以说这一风俗能保持千年不变。这时，灵活运用公司外部力量（外压）就显得极其必要了。尽管日本企业恐惧外来力量，不习惯从外部引进领导者，但抛弃旧知识、注入新知识是知识创造的铁律。海外精英的加入，能从客观上识别企业内部存在的障碍，并将其一举根除，这种根植新价值观的动态化手段，能推动新关系的重建，使企业向前迈进一大步。

企业员工经历过意识改革后，在提高组织核心能力的同时，也能加深与企业外部的知识性合作，这对组织平台的关系重建非常重要。近年来流行开放式创新（Open Innovation），知识网越来越成为企业能力的源泉。

以日本企业为例，大多数企业以构筑固定关系或封闭关系以及构筑企业固有的知识体系为优势源泉。但是，随着 IT 化的进展和知识社会的广泛扩展，知识普及运动开始带来知识的劣质化，企业和客户不应是单纯的买卖关系（利用和被利用关系），而应该转换为知识共创的关系。现在已经是由并购走向同盟、由研发走向"联发"的时代了。

另外，对于重建知识性联系的组织平台来说，不可或缺的是企业文化。企业应基于新的价值主张，将愿景具体化，改革战略、组织、制度，招募人才并激发他们的积极性，经历无数困难后，才会诞生新的商业模式。在这个过程中，企业文化的作用不容忽视。企业文化是企业员工认同的行动指南，也就是价值观。如果没有经历向外开放、知识共创、直面风险、勇于向前的实践文化，就算成功重建关系，结果无非是以下两种：要么是依赖某个人的能力，要么是短暂的，中途再度失败的可能性极高。

创造知识的企业文化可以说是支撑业务创新模型过关斩将的指南针，其作用不可小觑。卫材公司的知创部、谷歌的首席文化官（CCO）、富士通总研经济研究所都是非常成功的案例。促进长期工作和职场交流的内部政策、促进影子工作^①的 20% 规则^②等，都是企业积极进行职场创新的尝试。

---

① 正式工作以外的实践性工作。

② 企业给予员工 20% 可自由支配的时间，通过有效利用这 20% 的时间，员工可以取得更多的工作成果。——译者注

❖ 实践智慧进程的螺旋式上升

发动业务创新模型的第三板斧，就是实践智慧进程的螺旋式上升。商业模式的创造，是将理论分析中不可能的现实作为对手进行一对一对决的过程，是偶然性的集大成者。这个过程的实现，需要企业把握时代潮流，找准大方向，拥有出众的现场掌控力，以及从未来愿景的角度做出及时、准确的判断。一方面，企业要不断进行试错，从实践中找出事实真相，一步一步向前推进；另一方面，又必须借助政治力推动这个过程高速运转。这既不是演绎法，也不是归纳法，而是由众多人参与的知识融合与积累而形成的所谓的"跳跃的归纳法"，就是实践智慧产生的过程。

简单来说，实践智慧进程的螺旋式上升就是基于崇高志向的目标设定，通过现场实践以及在实践中对事物本质的洞察，进行目标的再设定、再实践，这个过程循环往复和螺旋上升。通过实践智慧进程的快速运转，企业可以实现价值主张，给顾客提供真正需要的价值。

那么，究竟是什么在推动实践智慧进程的螺旋式上升呢？商业模式创新研究所提出了以下三要素：知识资产的识别和活用、SECI模型的嵌入、共享思想和流程的沟通。

第一个要素就是知识资产的识别和活用。一般来说，人力、物力、资金和信息等企业内部的资产都用具体数值来表示：人力就是人数，物力就是物质资产的规模，资金就是财务数据和财务状况，信息就是数据库。在惯常业务中，各个部门将这些资产以数据的形式进行处理。但是，在很多情况下，这些资产并没有被视作知识进行活用。

事实上，将这些资源视为分散且表面的信息，才是组织真正的障碍。

为了创造顾客真正需要的价值，企业的资产被个别部门雪藏或垄断，不仅不能活用，存在被各部门圈绳定界的现象，甚至有不想被其他部门介入而不愿意提交数据的情况。不去追求信息资源背后的意义，只是作为信息数据被录入系统，这样就无法将其转换为知识资产，也无法对其进行活用。为了创造新的客户价值，企业必须重新认识资产，追求信息背后的意义。否则，这就会成为阻碍创新的"障碍发源地"。

带着追求意义的想法重新认识资产，分散的资产就成了知识资产。追求意义就是重新审视现状，在"此时此刻，此情此景"的现实情况下，对如何灵活运用企业资产进行准确的判断。

如此一来，"人力资源"就不再是简单的人数，而是作为一种社会资本（社会关系资本）被重新认识，包括企业拥有的人才具有怎样的能力、专业、技能、期望、意愿，以及这些人才和企业外部的专家又有怎样的联系等。

适应全球化的企业不在少数，但是能准确掌握海外从业人员的能力并活用的企业屈指可数。这就是用人数作为衡量人力资源的标准，造成人力资源无法发挥作用的典型案例。

此外，还有物质资产。物质资产也不仅仅是指企业的规模，还有其背后隐藏的技术、窍门等。利用现有的技术、设备和窍门开拓新市场，是重新整合知识资产的契机。但是，这是以顾客的需求为中心，通过解决矛盾而发掘的，守株待兔或者以自我为中心的做法都无法开拓新市场。

世界上最大的工业用冷冻机制造商前川制造所，为了将技术与顾客需求相结合而实现知识资产化，确定了"场所主义"的经营哲学，具体来说就是亲近顾客，与顾客打成一片，切实了解顾客的需求，以顾客的烦恼为知识创造的"场"，在此基础上提出解决方案，开拓市场。如果仅仅局限在企业内部资产上，以自我为中心而忽略顾客的需求，那么企业不可能有新的突破。

"金融资产"当然也不仅仅是单纯的企业价值、资金流、资金效率等数据，而是在创造知识的过程中，资金在何种程度被有效利用，企业必须有意识地用这个尺度衡量资金使用情况，同时，还要确认知识是否被当作生活必需品在市场上被贱卖。

企业不能把"信息资产"笼统地概括为数据库，还应该作为企业的知识库被灵活运用，通过客户关系管理最大限度地利用客户信息，这也是一种知识资产化的手段。

像这样不让信息沉淀而物尽其用就能与知识产生链接，这也是打破员工固有想法和企业内部固化关系的契机。将信息作为知识资产，挖掘被企业埋没的知识，这就是"现场力"的原动力。

商业模式创新研究所提出的推动实践智慧进程的螺旋式上升的第二个要素，就是嵌入 SECI 模型。这是实践智慧进程的关键，一边开展试错，一边通过沟通和行动让知识活跃起来。只有所有参与者都能在 SECI 模型中找到存在的位置，才能创造出交叉重叠的"场"。按照操作手册进行操作不在我们的讨论范围内，但能肯定的是，一味地进行试错不会有任何新的发现，而应该在对新鲜事物进行试错的同时，通过反省和内观，将知识社会化、外显化、组合化、内隐化。在这一步中，有意识且快速的动态化嵌入是关键。

在现场发起 SECI 模型实践，首先要在设定每个人的工作内容（业务分

配、年度目标、项目目标等）时，对该工作的相关意义有明确的认识，比如
"工作的目的是什么""与价值主张的关联是什么""在大背景（社会性意义、
与企业战略的关系）中如何定位"等。如果是单纯的人事目标管理制度和成
果主义评价，则没有必要对这些问题进行追问，因为这些评价标准只会助长
漫无目的的惯例工作。因此，在推进业务创新模型时，企业必须重新修订人
事制度，摒弃基于单纯的目标管理形成的成果主义。而且，为了提高实践
智慧进程的速度和质量，将知识外显化也很重要，在推进业务的同时，对
知识意义的追问和知识的内隐化，都可以促进 SECI 模型的实践。

　　在北极星资本集团参与的各个案例中，就重建商业模式的主要项目流
程而言，比如重新认识开发、制造、出售、流通等架构，重新认识组织架
构，降低成本等，它会基于价值主张就每一项重新追问其知识性意义并赋
予其新的意义，还会选出能使这一切顺利进行的领导者。另外，为了从知
识性观点入手对重建或上市等成果进行评价，企业还需要开发"工程表"。
北极星资本集团所做的尝试，不是为了投资方的利益而一味地降低成本，
而是通过实践哲学实现投资方知识资产的杠杆效应。

　　推动实践智慧进程的螺旋式上升的第三个要素是共享思想和流程的沟
通。要使实践智慧进程螺旋式上升，不仅需要排除企业内部的单打独斗和
羁绊，让更多的人连接起来，进行知识的整合；还必须通过企业并购和联
盟等方式与企业外部形成知识交叉点，开展动态试错过程。这时，信赖关
系不可或缺，而为了酝酿信赖关系、顺利达成合作，共享思想和流程的沟
通显得极为重要。

　　特别是在企业内部，沟通的质和量都与领导者息息相关。在实践智慧

进程高速回转中，顶层或管理层必须充分动员和组织成员。这种业务创新模型中领导者的沟通能力，可以概括为以下 6 点。

- 愿景的宣扬：明确方向、共享目标、让员工产生动力；
- 确保信息透明：为保证每个人能自律行动，企业要提供充分的信息；
- 赋予动机：共享思想，一起奋斗；
- 维持一体化：团结多样化的成员；
- 共享价值观：让员工理解基于新的价值主张的行动和思考；
- 创造"场"：让大家参与讨论。

通过与企业外部的沟通，企业获得对新的价值主张的共鸣、能吸引共创伙伴参与试错过程。这也是前文提到的社会共创思想对外宣扬的做法。

重视以上三要素，企业就不会轻易陷入短期成果、利润成果、自身独享利润的诱惑，而能在大框架中以共同善的视野，推进业务创新模型的 BMI。

第五节　业务创新模型的领导力

那么，推动业务创新模型的领导者又是谁呢？在我们的常识里，领导者一般都是通过内部晋升一步一步进入公司管理层成为领导者的，期间经过候选人培养、选拔、任命等程序。这样的领导者在旧商业模式中如鱼得水。

但是，在 BMI 时代，领导者必须帮助企业冲破内部羁绊，构建连接企业内外的人际关系网。迄今为止，从企业内部晋升而来的领导者，能担当此重任的人才寥寥无几。因为他们是企业培养出来的，也是依照企业的标准选拔出来的，他们完全适应企业的各种经验，并且对企业忠诚无比。后起之秀极可能与前任领导者之间保持着千丝万缕的联系，这从奥林巴斯丑闻[①]中便可窥见一斑。为了照顾前辈的面子，新任领导者很难提出大胆的变革路线，创新价值主张更是难上加难。

虽说与前辈、交易商、供货商之间建立良好的合作关系可以降低交易成本，但是也容易在心理上形成舒适区，从而懒于踏入新的领域，也疏于和新人打交道。因为一旦踏出舒适区，就要和不同背景的人打交道，面对新的知识交叉点，还需要不断超越自己、磨炼自己，因此，处于舒适区的人常常会以"我不需要"为借口麻痹自己。

上述情况阻碍关系创新的可能性极高。在舒适区不思进取的人被称作自闭症候群，他们会助长知识贫困化现象。在序列化和拉帮结派（这样的企业很多）的企业文化中，能在升职的竞争中取胜的人都被视为精英，得以进入企业的管理层，而他们顺理成章地成为旧价值观的代言人，也很容易成为逃避现实的旁观者。

然而，在业务创新模型中担当 BMI 大任的领导者，他们的核心能力是实践智慧，即高明的远见卓识。他们必须具有追求卓越的使命感和激情，以及直面苦难的政治力和执行力。他们敢于承担风险，不断试错，能随机应变、灵活应对各种问题，并且不局限于短期成果，反而注重"影子工作"。这些特质无法被统一定性，但充分显示了他们基于事实的问题意识以

---

① 奥林巴斯包括前后四任社长在内的几乎所有企业高管，将超过 1 000 亿日元（当时约合人民币 81 亿元）的经营损失隐瞒了至少 20 年。——译者注

及对变革的参与程度。

21 世纪，日本企业的普遍价值观是同感和共鸣，追求利益最大化将被视为不入流的商业模式，无法获得共鸣。因为它无法动员企业内的隐性知识，更无法形成连接世界、进行共创的坚实的知识流。

实践智慧型领导者，就是在企业内部通过师徒制度培养，也就是前辈将自身作为模范来传承实践智慧。这样可以培育一个领导者群体，日后，这些领导者又会用他们的实践智慧来充盈组织内部。同时，实践智慧型领导者还必须改革管理构造、更新交易对象、完成新的联盟或并购，甚至突破地域限制进行创新。当面对仅靠企业内部的力量无法解决的难题时，他们也绝不犹豫，勇于挑战。实践智慧型领导者展现的魅力会吸引有丰富实践经验的基金、商社、非营利性组织等外部合作伙伴加入企业，共渡难关。实践智慧型领导者必须通过灵活运用各种人际关系将企业内外的知识融合，形成重叠的"场"，以达到构建新联系、创造新价值的目标。

因此，我们可以得知，在现实的 BMI 实践中，若是对企业内部培养选拔出的领导者报以推动改革的期望，那么很可能以失望告终。特别是业务创新模型，需要颠覆以往的常识、聚集企业内外的知识、提出大胆的价值主张，这需要灵活借用和统筹各方力量、动态推进业务的能力。

这提醒我们能有机结合企业内外资源的领导者的重要性。也就是说，不要仅仅依赖企业内部简单的体制机制，还应该更加客观地培养和选拔领导候选人。

在必要的时候，企业还应该结合外部选拔，从多样的资源中配置最合适的人才。实际上，在 BMI 过程中，企业也会受到很多来自主银行（main bank）[①] 等外部金融机构的援助。业务创新模型不应该是互相依存或者自上而下的强制性构造，所以必须选择能够发挥实践智慧领导力的外部合作伙伴。作为发挥业务创新模型领导力的主体，以下类型的领导者会变得越来越重要，如图 1-4 所示。

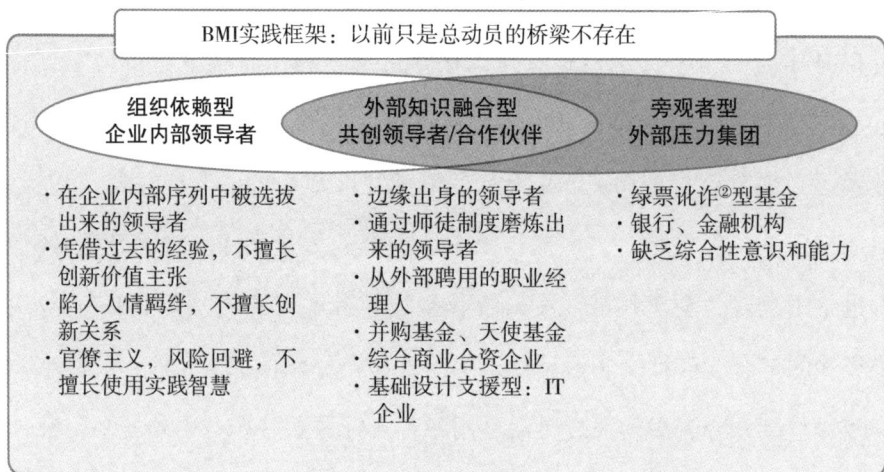

图 1-4　领导力构造

资料来源：商业模式创新研究所资料。

- 边缘出身的变革领导者。从脱离保守派主流的"边缘"涌现出的领导者，可以改革企业。由于他们不属于保守派主流人士，所以自身并不受企业的羁绊，在"边缘"摸爬滚打、历经磨炼的经历，能帮助他们清晰地描绘自己的价值观和未来愿景，也敢于采取大胆的措施进行改革。这样的领导者大多不会局限在公司总

---

① 在与某企业有业务往来的银行中，贷款余额最高且人力、资本联系最密切的银行。——译者注
② 为了让他人用溢价购买而垄断购买股票的人或企业。

部，而会下沉到子公司的实践现场积累丰富的经验。佳能公司的御手洗富士夫会长、东芝的西田厚聪会长、日立制作所的川村隆会长等都是这一类型的领导者。

- 通过师徒制磨炼出来的实践智慧型领导者。他们经历过各种残酷的考验，有较高的教养，而且能熟练掌握融合企业内外知识的技能。很明显，MBA 课程无法培养出这样的领导者。在联合利华等欧美大企业中，师徒制度已经逐渐成了培养和选拔 CEO 的主要方式。尽管师徒制度在日本的存在感还很弱，但我们也不难看到一些通过自我钻研和积累，获得实践智慧领导力并成功推行 BMI 的案例，比如创立 7-11 便利店的铃木敏文、创立宅急便的 Yamato 运输公司前会长小仓昌男以及创建迅销公司①的柳井正等。
- 体现外部知识的职业经理人。
- 机构型领导者。来自并购基金的领导者是对陷入成长钝化、业务濒临瘫痪的非上市企业出资，支持其经营领导者，帮助其重回成长轨道的专业商业模式创新者。并购基金于 20 世纪 90 年代后期相继在日本出现，之后一直在经历淘汰。因此，一批私募股权基金不再仅仅作为股东袖手旁观，而是作为内部成员，亲自参与到企业的知识资产构建、新价值主张的提出和知识创造平台的创建中。这是一批能引领企业切断内部束缚、导入新模式的专家团队。
- 合作伙伴型领导者。在一些综合商社中，由以物流业为主的商业

---

① 日本的零售控股公司。优衣库为其持有的品牌。——编者注

模式向合资业务型商业模式转移，自发地进行 BMI。综合商社通过与合资伙伴的联合创造新的商业模式，掌握推进 BMI 的能力。这时，与上面提到的并购基金一样，企业不采取浮于表面的管理，而是在向内部嵌入的同时有意识地推行 BMI。所以，综合商社不仅要掌握经营的诀窍，还要精通该产业的相关知识，这才是其存在的独特意义。

- 基础设施支援型领导者。从富士通、IBM 等 IT 巨头，到 IT 初创企业，总之，开展 IT 基础建设和云服务的企业都是业务创新模型的领导者。其关键点不在于企业内部 IT 的重建，而在于是否有重建商业模型架构的初心。帮助不同的合作伙伴重建和扩大关系网、通过云端重建和活用知识资产，都是 IT 企业对业务创新模型的一种支援。企业通过重新定义 IT 基础设施和服务共创知识，也是对 BMI 的一种支援。可以说，IT 企业是深入企业内部，担任业务创新模型的集体性领导者般的存在。

业务创新模型的领导者不是在现行价值观中表现优秀的个人，而是敢于打破旧式价值观、拥有开阔眼界的个人领导者，或是带着外部资源亲自参与企业内部创新的外部组织，他们都是业务创新模型的重要领导者。

在实践智慧的基础上推进业务创新模型的个人及其组织，日后将成为商业模式创新者。当这群人或这些组织形成一个团队共同推进业务创新模型时，组织就会充满集合型实践智慧。如此一来，企业就形成了富饶且充满活力的变革土壤。

第二章

ビジネスモデル・イノベーション競争
——ビジネスモデルの多様な展開事例

商业模式与创新竞争：
商业模式的多种发展案例

根来龙之　浜屋敏

第一节　商业模式创新的概念

❖ 商业模式的定义

在日本，商业模式首次被关注是在 2000 年左右，那时正值"互联网泡沫"急速膨胀、即将破灭之际。当时的实业界认为，商业模式是通过互联网获得收益的方法。假如某位投资家说"这家企业的服务没有商业模式"，那么不论这家企业的服务能给消费者带来多大的便利性，都会被认为它没有明确的收益，是不赚钱的。

而且，同时期出现的"商业模式许可"广受关注。这里的商业模式笼统地指"商业方法"，并没有明确的定义。

除此之外，学术界开始尝试用严密的逻辑和词汇来定义商业模式，代表性人物有国领（1999）和根来·木村（1999）。根据国领（1999）的定义，商业模式是针对以下 4 个课题的设计思想。

- 向谁提供怎样的价值？
- 怎样提供价值？
- 在提供价值时，怎样集中必要的经营资源？
- 什么样的收益模型才能得到提供的价值对价？

根来·木村（1999）认为商业模式是"业务活动的构造模型"，至少需要具备以下 3 个模型。

- 战略模型。这个模型展示业务活动针对什么样的顾客、怎样吸引顾客以及提供怎样的产品。

- 经营模型。该模型主要展示企业实现战略模型的基本经营构造，整合资源、开展活动。

- 收益模型。这个模型主要明确企业如何保证业务的收益，确定获得收入的方法和成本构造等（赚钱的构造）。

受上述内容的启发，在本章中，我们对商业模式做出如下定义：企业针对其面向怎样的顾客、产生怎样的价值、如何提供价值、怎样产生收益而展示出来的模型。

互联网业务鼎盛时期过去十多年后，商业模式再次受到关注。这一次，商业模式被加上"创新"二字，以"商业模式创新"的形式出现。回想互联网刚刚普及之时，商业模式主要诞生在与互联网普及密切相关的通信产业，而这次情况大不相同，商业模式出现在普通的制造业、服务业，甚至第一产业。这表明现行的商业模式不再能为企业带来成长，需要进行重建。

❖ 为什么 BMI 很必要

如表 2-1 所示，1997—2007 年荣登《财富》500 强的美国企业中，有 26 家是 1984 年以后成立的企业，而其中占一半以上的企业（14 家）经由 BMI 获得了成长。也就是说，从某种意义上讲，BMI 是支撑美国经济成长的重要因素。

传统企业要想获得成长，就需要进行 BMI。如果一直局限于传统的商业模式，新的业务领域就会逐渐萎缩。传统企业要想取得更多的成长机会，必须进入传统商业模式无法适用的领域。随着科学技术的发展和规章制度的变化，新的商业模式随之诞生。

表 2-1　牵引成长的商业模式创新

商业模式创新者（14 家）	非商业模式创新者（12 家）
亚马逊（Amazon）	爱科集团[7]（AGCO）
全美汽车租赁公司（AutoNation）	联合废品工业（Allied Waste Endustries）
BJ 批发俱乐部[1]（BJ's Wholesale Club）	阿斯伯里汽车集团（ABG）
百事达[2]（Blockbuster）	博格华纳[8]（BorgWarner）
卡迈仕[3]（CarMax）	特许通信（Charter Communications）
社区卫生系统公司[4]（Community health systems）	切萨皮克能源公司（Chesapeake Energy）
达维塔保健公司[5]（DVA）	能源转换[9]（Energy Transfer LP）
易贝（eBay）	美国 GPI 公司[10]
快捷药方公司（Express Scripts）	NRG 能源公司
GameStop[6]	索尼克汽车（Sonic Automotive）
谷歌（Google）	潘世奇汽车集团（Penske Automotive Group）
高通（Qualcomm）	克洛斯提柏石油公司（XTO Energy）
星巴克（Starbucks）	
雅虎（Yahoo）	

注：①仓储式批发零售商，主要提供日常生活用品和零食

②美国影片出租公司，已于 2017 年申请破产

③美国最大二手车销售商

④医院运营商

⑤一家血液透析服务供应商，为美国数百家医院提供肾脏透析服务

⑥电视游戏和娱乐软件零售企业

⑦世界第三大农机巨头

⑧总部位于美国密歇根州的奥本山，为全球主要汽车生产商提供先进的动力系统和配件解决方案

⑨天然气经营商

⑩美国流量仪器公司

资料来源：约翰逊（2011）。

BMI 意味着商业模式关系网的全方位改变。新的模式往往出现在主导创新的企业。而且，一旦新的模式诞生，处在相同领域的企业就会被迫在

新模型范围内展开竞争。与被迫参与的企业相比，自发创造商业模型的企业占据多大的优势，自不必说。退一步讲，随着竞争格局日益激烈，为了不被卷入激烈的价格竞争中，企业需要进行 BMI。

第二节　商业模式的构成要素和苹果公司的案例

❖ 商业模式的构成要素

最近，BMI 开始在日本以外的地区获得关注。比如，从约翰逊（2011）原著的副标题"为了成长和再生的 BMI"可以看出作者的观点，那就是企业为了获取进一步的成长和再生，必须进行 BMI。在书中，作者将商业模式的构成要素整理为以下 4 点（见图 2-1），这与国领（1999）和根来·木村（1999）的观点基本一致。

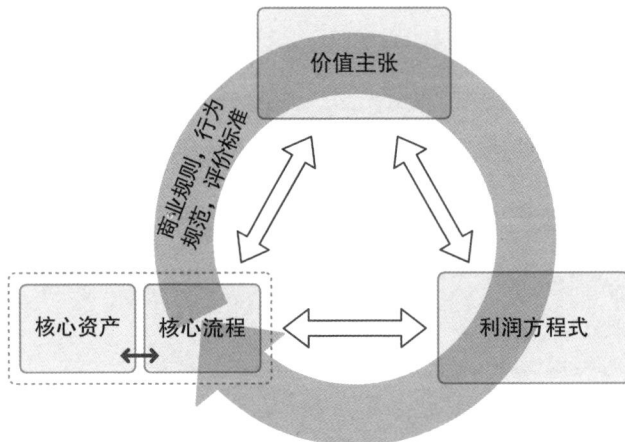

价值主张

商业规则，行为
规范，评价标准

核心资产　核心流程

利润方程式

图 2-1　四大构成要素

资料来源：约翰逊（2011），部分修改。

- 价值主张：针对客户面临的课题，提出解决之道，并提供相应的产品和服务。

- 核心资产：向客户提供价值时必备的独立资产（人才、技术、设备、品牌等）。

- 核心流程：向客户稳定地提供价值而必要的手段、活动。

- 利润方程式：企业从业务中产生利润的结构。

另外，奥斯特瓦德与伊夫·皮尼厄（2012）将 BMI 定义为"为企业、客户、社会创造价值的行为"，提出商业模式的 9 个构成要素，并将其命名为"商业模式画布"（见图 2-2）。

重要合作 供应商网络 （合作伙伴的种类）： • 与非竞争企业的战略性合作 • 与竞争企业的战略性合作 • 联合企业 • 交易关系	关键业务 为了发挥作用而应该开展的活动： • 生产、交易 • 解决问题 • 平台搭建，网络构建	价值主张 给目标客户提供的价值： • 新鲜感 • 性能 • 定做 • 解决方案 • 设计 • 品牌 • 新体验等	客户关系 与客户的关系： • 人性化 • 自助 • 自动化等	客户细分 价值主张的接受方，收益来源： • 媒体市场 • 蓝海市场 • 特定客户群 • 客户群多样化等
	核心资源 发挥作用必要的资源： • 人力、物力、资金、知识财产等		渠道通路 给客户提供价值的方式： • 自行销售 • 网站 • 合作商	
成本结构 商业模式中涉及的所有成本（成本构造的特征）： • 固定成本、变动成本 • 规模和范围的经济性		收入来源 从各种客户群中得到的收入： • 产品销售 • 租赁 • 使用费 • 加盟费 • 会费 • 手续费、广告费等		

图 2-2 商业模式画布

资料来源：奥斯特瓦德与伊夫·皮尼厄（2012）。

野中等人（2010）将商业模式视为动态化知识创造过程，并进行重点研究。如图 2-3 所示，价值主张位于中心，产生价值主张的过程（知识创造的 SECI 模型）、场、主体（实践智慧型领导者）是商业模式的核心。

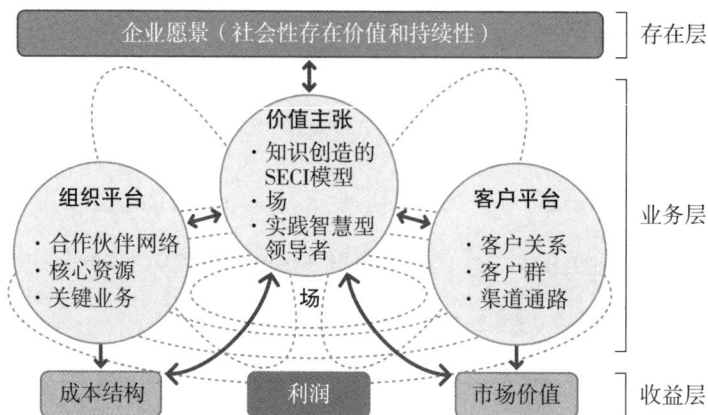

图 2-3   知识主导型企业的商业模式

资料来源：野中、远山、平田（2010）。

❖ 商业模式的核心：价值主张

下面以 iPod/iTunes 的案例来具体说明商业模式的构成要素（见图 2-4）。为了方便，我们将借用奥斯特瓦德与伊夫·皮尼厄（2012）的商业模式画布展开分析。

首先是构成商业模式最重要的要素——价值主张。正如本章第一节中介绍的一样，网络泡沫时期，实业家都认为"商业模式是企业赚钱的机制"，事实上，商业模式的核心应该是给顾客提供怎样的价值，即"价值主张"。价值主张在商业模式中能起到调和的作用，好比聚合扇骨的扇轴，将商业模式的各个要素聚拢起来。

重要合作	关键业务	价值主张	客户关系	客户细分
• 音乐商标 • 代工生产商	• 硬件 • 设计 • 市场营销	• 超凡的视听体验 • 数码内容的新式体验方法	• 转换成本 • 用户忠诚度	• 高端的手机市场
	核心资源 • 品牌 • 优秀人才（包含领导层） • 硬件、软件		**渠道通路** • 苹果商店 • 其他代理店 • iTunes Store	
成本结构 • 人事费、市场营销等营销费用 • 通过外包压缩成本			**收入来源** • 出售手机的收入 • 内容销售的手续费	

图 2-4　iPod/iTunes 的商业模式

资料来源：奥斯特瓦德与伊夫·皮尼厄（2012）。

在苹果公司的 iPod 出现之前，人们听音乐都是使用 MP3 等，这些播放器需要提前将数码音乐下载到存储文件中。iPod 横空出世后，音乐播放器焕然一新。首先，它采用触摸式的环形滚轮，给顾客良好的操作体验；其次，它的设计精致美观，不仅能让顾客"充分享受听音乐的乐趣"，也不会给人一种显摆的感觉。最神奇的是，苹果公司将 iPod 与软件 iTunes 进行一体化设计，从苹果公司的 iTunes Store 中下载购入的音乐，能直接在 iPod 上播放。也就是说，音乐爱好者告别了使用迷你光盘和数码音乐播放器需要将音乐下载到设备中的时代，从此只需要从软件中下载便可以随时随地享受音乐。这就是为客户带来音乐新体验的 iPod。

基于优良操作性和精巧设计性的产品，向用户提供新体验，是苹果公司一贯秉持的理念，这在 iPhone 和 iPad 中体现得淋漓尽致。iPhone 和 iPad 向用户提供的价值不仅仅在于其作为产品的功能，更在于它们能给用户不一样的体验，例如用户能通过 App Store 下载喜爱的应用程序，甚至可以自己开发程序，通过使用和开发应用程序，用户之间也能产生链接。

❖ 客户细分、渠道通路和客户关系

在创造新价值时，企业的重要任务是明确目标客户群，了解他们的需求和想法。虽然这是老生常谈的话题，其实并非易事。了解客户的需求和想法当然是重要的，但中途将真正的客户抛诸脑后的状况也时有发生。

例如，按照产业结构和管理惯例，日本的手机制造商长期将日本电报电话公司（NTT）这些通信业龙头企业视作客户，却忽视了其真正的客户（消费者）的需求。因此，手机制造商采取了通信商的建议，大多数厂家生产的商品千篇一律，几乎没有差异。iPhone 的做法则大不相同，它没有过多地考虑通信商，而是站在消费者的角度进行设计。iPhone 在日本市场上取得了巨大的成功，这似乎又在提醒我们：在商业模式设计中准确把握客户的需求非常重要。

确定目标客户以后，企业还需要弄清楚与目标客户群产生联系的"渠道通路"以及与客户构建的"客户关系"，这也是商业模式的重要构成要素。就渠道通路而言，不管是产品和服务的销售途径，还是企业与客户的沟通工具，互联网的作用都不容小觑。

还是以苹果公司为例，当然，互联网也是一个重要渠道通路，但是它有一个很明显的区别于其他企业的特征，那就是拥有自己的实体店铺（苹果商店）。苹果商店不仅可以出售产品，还可以举办各种活动，一方面，客户来到商店可以体验产品；另一方面，苹果公司可以了解客户的真实需求。

关于客户关系，苹果公司不是在卖出产品那一刻就终止了与客户的联系，而是通过 iTunes Store 或 App Store 与客户保持长久的联系。通过这些联系，苹果公司不仅可以掌握客户的购买记录，甚至连客户喜欢听什么音乐都一清二楚。

❖ 核心要素：核心资源、关键业务和重要合作

核心资源和关键业务是企业进行价值主张时不可或缺的要素。iPod 或者 iPhone 的出现，也是因为有苹果公司这个品牌、有设计研发的人才以及市场营销的业务。

重要合作是指价值创造中必要的合作者。就苹果公司而言，它的硬件供货商、提供音乐的唱片公司以及软件开发人员都是重要的合作伙伴。只是，唱片公司和软件开发人员通过 iTunes Store 或者 App Store 等平台提供价值、获取利润，然后向苹果公司支付平台使用费。因此，唱片公司和软件开发人员也可以被称为苹果公司的客户，因为他们为苹果公司带来了收入。向平台提供产品和服务的企业或个人是平台运营者的合作伙伴，也是客户，这种双重身份是以苹果公司为代表的平台商业的特征之一。

❖ 收入来源和成本结构

企业"赚钱的机制"由收入来源和成本结构两部分组成。大多数商业模式都会强调收入来源，事实上，诸如 Twitter、Facebook 这些平台企业，提供服务后才能得到收入的案例不在少数。对平台来说，使用者越多，价值越大，后期才更有可能形成广告费收入、升值业务收入等多样化的收入来源。

因此，企业从一开始就考虑收益模型不是最重要的，而是应该绞尽脑汁确定"价值主张"，千方百计地提高给客户提供的价值。

比如 iPod 和 iPhone 可以通过销售产品、在 iTunes Store 或 App Store 上提供服务从而保证多样、稳定的收入。而传统的数码音乐播放器和手机生产商只能得到销售产品的收入，也就是说，苹果公司不是通过销售产品提高收益，而是通过与产品相连接的平台商业源源不断地获取收益。

iPod 和 iPhone 与传统的数码音乐播放器和手机的成本构造也有很大区别。iPod 和 iPhone 追求使用感，因此苹果公司在软件开发上投入了大量的人力、物力。由于软件可以简单地复制，因此只要产品卖得足够多，就很容易回收对软件研发的投资。安装着同一软件的产品在世界范围内进行售卖，就能够降低每一台产品的生产成本。尽管苹果公司将产品的制造和组装外包给外国企业从而降低成本，但它在软件研发上的巨额投入，是其成本结构中的一大部分。

随着产品的低成本制造得到极大的推动，价格竞争变得非常激烈。参考 iPod 和 iPhone 的成本结构和收入来源，企业对软件研发的重点投入、提高产品魅力、难以模仿的设计感、极大的品牌影响力、产品出售后还能通过平台获得收益，这些都值得日本企业学习和借鉴。

第三节　商业模式新潮流

对 BMI 案例进行集中分析，能够发现新商业模式的几种类型。在这里，参考奥斯特瓦德与伊夫·皮尼厄（2012）的观点，主要介绍 7 种商业模式。

这些商业模式虽不是成理论体系的介绍，但从世界通用的商业模式观点进行思考，实践家在进行商业模式创新时，也许可以将其作为参考框架。奥斯特瓦德与伊夫·皮尼厄介绍了 5 种商业模式，本文将增加效用服务式、共享式 2 种模式，一共介绍 7 种新的商业模式。

❖ 分拆商业模式

首先介绍的是分拆商业模式。这种商业模式将业务按照功能或过程拆分为独立的部分，专注于特定的专业领域，而将其他业务外包给更专业的其他组织，通过让"专业的人做专业的事"，向顾客提供更专业、更高层次的价值。例如，在金融界，将资产运用交给专业的投资信托企业；在通信业，正流行将基础设施建设和通信服务分离的移动虚拟网络运营商（Mobile Virtual Network Operator，MVNO）。

将基础设施建设和服务分离的不止通信业，还有把高速公路的管理和服务区、运营区分开的交通商业，将发电和电力路线管理、配电服务分开的电力业等，非绑定式商业模式被广泛运用于各个领域。在福岛第一核电站发生核泄漏事故之后，日本的电力业开始广泛关注将输电和发电独立的可能性。

❖ 长尾商业模式

第二个是长尾商业模式，这是一种将利基商品与有需求的客户进行匹配，从而提高整体收益的商业模式。如果按照商品收益的高低来绘图，个别几乎没有收益的部分就会形成一个长长的"尾巴"。如果能利用好后面几乎没有收益的"尾巴"客户，这部分的全部收益与"头部"客户的收益总额非常接近！"长尾"这个名字便由此而来。典型的案例发生在很多几乎无库存压力的音乐或视频网络平台。

图 2-5 是长尾商业模式的一个案例——美国自助出版企业 LULU 的商业模式。LULU 由开源软件供应商红帽公司[①]创始人之一鲍勃·扬（Bob Young）于 2002 年创立。除了图书，LULU 的业务还涉及写真集、音乐CD 等。

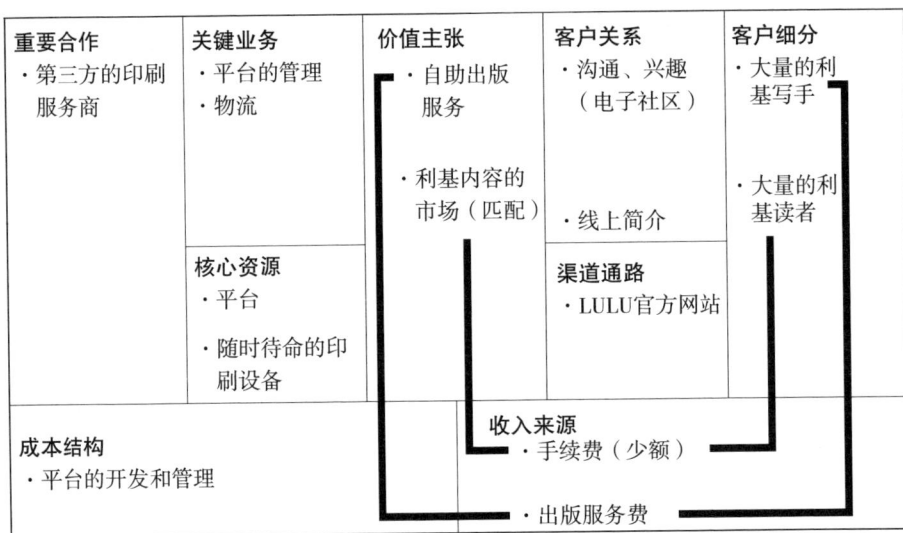

图 2-5　LULU 的商业模式

资料来源：奥斯特瓦德与伊夫·皮尼厄（2012）。

　　一些想要出版作品的原创者，在 LULU 的官方网站上按要求上传自己创作的作品，由与 LULU 合作的印刷服务商将作品做成图书的形式。这样，

---

① Red Hat，为诸多重要信息技术如操作系统、存储、中间件、虚拟化和云计算提供关键任务软件与服务，以帮助企业降低成本并提升效能、稳定性与安全性。——译者注

不仅作品可以采用电子出版的形式得以面世，而且作者可以以极低的成本出版作品。

制作好的图书，原创者可以自己购买、售卖，LULU 也提供能让作品与利基读者匹配的市场平台。自费出版的作品往往不面向大众读者，而是针对市场的利基顾客。这些小众客户可以在 LULU 的网站上按照类别检索，找到自己想读的作品。

LULU 的手续费是出售图书所得收入的 20%，剩下的 80% 将进入原创者的腰包。对原创者来说，较高的收益具有很大的吸引力。

这样的商业模式利用网络合理地压低生产、流通的成本，通过网络上的市场平台将产品与利基客户匹配，从而提高收益。

❖ 免费的商业模式

第三个是免费的商业模式。一看名称就知道，这是一种部分内容免费、依靠向部分客户收取附加费用从而获得利润的商业模式。最近兴起的互联网商业大多采用这种商业模式。

图 2-6 展示的就是具有代表性的共享网站 Flickr 的商业模式。大多数客户都能免费享受 Flickr 的服务，但是免费客户享受的服务有很多限制，比如每月能免费下载的图片数量有限，能保存的图片尺寸也比较小。对于想要享受更多优质服务的客户，一年支付 24.95 美元（两年 47.99 美元），就能申请到专业账号，享受更多的优质服务。

向大多数客户提供有限制的免费服务，同时通过向优质客户提供附加服务收费的商业模式，常常被运用在印象笔记（Evernote）、多宝箱

（Dropbox）这种利用云端服务器提供文件管理服务和资源共享服务的企业中。尽管这些企业向大部分人提供免费服务，但这部分服务有很多限制，企业通过引导客户萌生"感受更高品质的服务"的想法收取会费，提供付费服务。

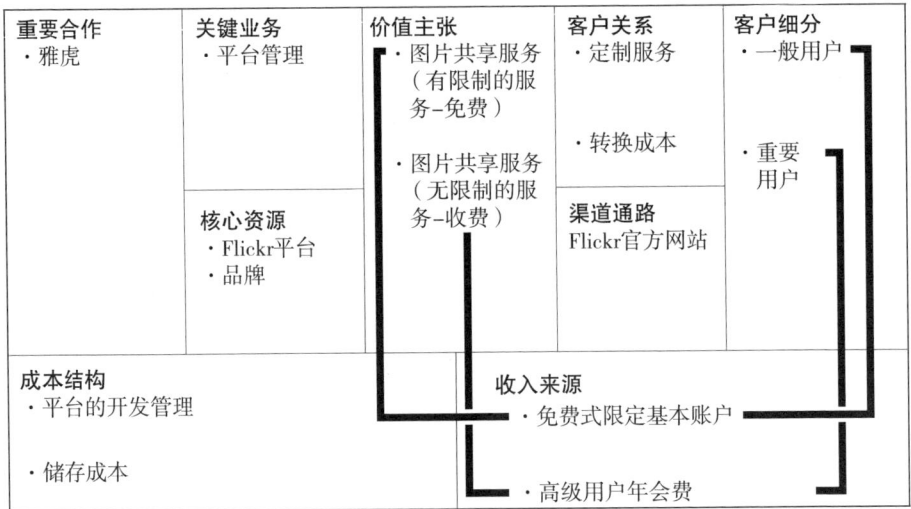

重要合作 · 雅虎	关键业务 · 平台管理	价值主张 · 图片共享服务 （有限制的服 务–免费） · 图片共享服务 （无限制的服 务–收费）	客户关系 · 定制服务 · 转换成本	客户细分 · 一般用户 · 重要 用户
	核心资源 · Flickr平台 · 品牌		渠道通路 Flickr官方网站	
成本结构 · 平台的开发管理 · 储存成本		收入来源 · 免费式限定基本账户 · 高级用户年会费		

图 2-6 Flickr 的商业模式

❖ 开放式的商业模式

这种商业模式通过把企业内部的知识资源向外开放促进创新（由外而内式），以帮助企业成长，它出现在许多案例中。软件代码对外公开的开源软件就是其中一个典型的例子。还有一种类似的模式是由内而外式，就是企业通过把自己持有的专利对外开放或对外出售提高收益。

在这里，我们主要介绍广泛借助外部知识产生价值的开放式商业模式，下面以其典型代表"创新中心"网站（InnoCentive）为例展开介绍。

"创新中心"由美国著名制药企业礼来公司（Eli Lilly and Company）在 2001 年发起（见图 2-7），是一个匹配棘手课题与解决方案的平台。比如一家企业在科研方面遇到难题时，可以在该网站上发布信息，利用互联网让各路英雄尽显神通，最后对最佳解决方案给予一定激励。在此之前，研发都是企业的高度机密，根本不会公开。"创新中心"则另辟蹊径，不再仅仅依赖企业内部的研究者，而是利用互联网平台集结了全球众多"最强大脑"。美国波音公司、杜邦公司、宝洁公司等企业都在利用这一模式。

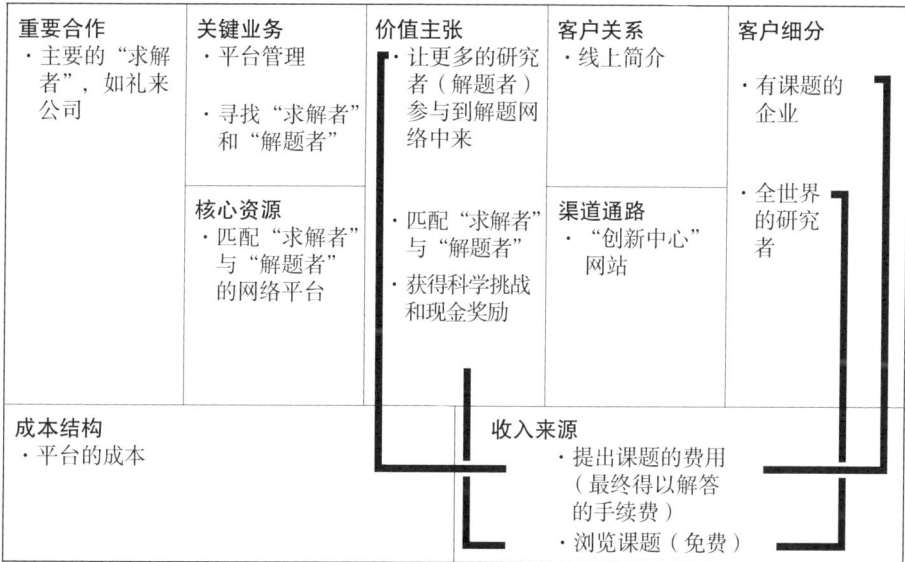

重要合作 ·主要的"求解者"，如礼来公司	关键业务 ·平台管理 ·寻找"求解者"和"解题者"	价值主张 ·让更多的研究者（解题者）参与到解题网络中来	客户关系 ·线上简介	客户细分 ·有课题的企业
	核心资源 ·匹配"求解者"与"解题者"的网络平台	·匹配"求解者"与"解题者" ·获得科学挑战和现金奖励	渠道通路 ·"创新中心"网站	·全世界的研究者
成本结构 ·平台的成本			收入来源 ·提出课题的费用（最终得以解答的手续费） ·浏览课题（免费）	

图 2-7　"创新中心"的商业模式

❖ 效用服务式商业模式

到目前为止，大多数产品都是客户先花钱购入，拥有后才可以使用。最近，通过网络管理使用状况，顾客无须拥有便可以使用的产品服务增多。

在过去的商业模式下，在不使用时，产品就会被闲置，这其实是一种资源浪费。对企业来说，使用率低的设备是造成成本上升的原因之一。如果不需要自己拥有产品，而必要的时候又能够使用，就可以将固定成本转化为变动成本，同时无须负担拥有产品所产生的维修、管理、废弃等费用，如此一来，企业就能够实现削减成本的目标。

约翰逊（2011）介绍了建筑业电动工具生产商喜利得公司（Hilti）和推动电动汽车行业发展的 Better Place 公司，这两家公司都使用了效用服务式商业模式。

总部位于欧洲列支敦士登的喜利得是一家为全球建筑行业提供高品质的技术领先产品和系统产品的跨国企业，其业务范围涵盖钻孔、切割、砂磨系统、螺钉固定系统等。喜利得曾经靠出售建筑工具为生，但随着产品必需品化，企业的效益变得不再乐观。因此，其商业模式开始从工具贩卖转向工具的出租和保养等工具管理服务。这种商业模式的创新开创了"从拥有到使用"的新潮流。

另外，Better Place 公司在探讨一种向没有安装电池的电动汽车租赁电池的商业模式。具体来说，就是企业将电动汽车以出售或租赁的方式提供给客户，为电动汽车提供电池充电和电池替换业务，并向客户收取费用。对客户来说，这样不仅可以享受摆脱化石燃料的新体验，而且能以极低的价格使用电动车，按照使用里程收费，在费用方面也具有吸引力。

计算机领域也在实践从软件和硬件的销售到利用互联网向客户提供服务的方向转移。具体来说，硬件由企业所有，客户通过互联网云计算享受各种服务。同喜利得一样，由商品销售向效用服务转变的还有松下电器在

2002 年推出的"灯光安心服务"。

"灯光安心服务"就是对于在办公室或工厂里使用的电灯（荧光灯、灯管、水银灯等），松下公司不再出售而是租赁给服务公司。使用后的电灯含有有害物质，所以需要找专门的废弃物回收公司处理。松下公司推出这项服务后，企业用户不再为电灯的废弃问题而担心，这在环境意识高的企业中尤其受欢迎。"灯光安心服务"用效用服务代替产品销售，创造了减轻环境负荷的附加价值，是对效用服务式商业模式的创新。

❖ 共享式商业模式

在共享式商业模式中，共享汽车、公寓合租等服务正呈扩大趋势。共享汽车最近在日本开始广受关注，Times24 推出"TimesPlus"，欧力士汽车集团推出"ORIX 共享汽车"，三井物产推出"CAREKO"，这些汽车共享服务正在如火如荼地展开。在这里，笔者想介绍在美国大获成功的案例 Zipcar。

Zipcar 由住在波士顿的两位女士参照欧洲汽车共享案例于 2000 年设立。她们其中一人是哈佛大学的博士后研究员，另一人毕业于麻省理工学院斯隆商学院。Zipcar 自成立以来，发展顺利，成功获得投资，虽然中途经历了管理层变动、合并和收购等风波，但还是于 2011 年 4 月成功地在纳斯达克上市。

用户使用 Zipcar 时需要先交入会费（25 美元）和年费（60 美元），再按照利用汽车的时间收取使用费。网站上会显示当前空闲的汽车的位置，用户可以在 iPhone 等终端设备上用 GPS 找到距离自己最近的车。用户只需要在网站上申请，就可以用卡启动汽车，所产生的费用从登录网站的信用卡中扣取。

该模式的便利性获得了使用者的共鸣。2011 年 8 月，Zipcar 业务扩展到美国、加拿大、英国的城市和大学校园，会员达到 60 万人，车辆数量增长到 9 500 台。

居住空间共享的公寓合租与日本的传统观念有一定冲突，日本人接受起来比较困难，这种共享服务不如在欧美普及得那么快。但是，最近日本的年轻人也慢慢开始接受公寓合租的共享服务了。

比如，运营客栈的 Oak House 公司针对国外旅客提供女性专用的合租房和带庭院的合租房，这种具有个性、体现生活态度的合租房很受旅客的喜爱。公寓合租不仅仅是共用房间这个物品，还是一种与合租人共享生活乐趣的形式。合租人之间产生联系，这种关系与社会媒体联合，是否还能推出新的服务，值得大家期待。

❖ 多边平台商业模式

前文介绍的 LULU、Flickr、"创新中心"等都是为交易者提供信息交换平台的案例。除此之外，还有以苹果公司 iTunes Store 为代表的应用程序，或者类似 eBay 这种线上拍卖网站，这些都可以归为多边平台商业模式（见图 2-8）。

但是，多边平台商业模式与其他商业模式还是有所区别的，它不提供某一特定功能，而是一种实现多功能的平台。虽然多边平台商业模式和其他几种商业模式在性质上有所不同，但都是基于计算机网络技术发展起来的商业模式，所以本书将其作为最后一种商业模式进行介绍。

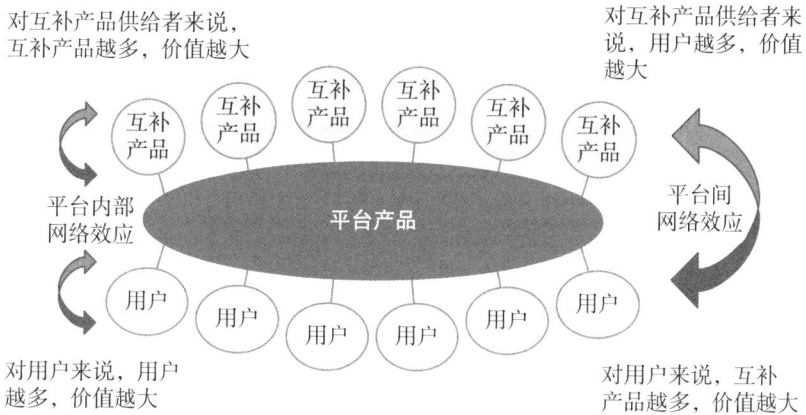

图 2-8 多边平台商业模式概念图

如图 2-9 所示，谷歌正是多边平台商业模式中的一个典型案例，这虽然有点老生常谈，但确实值得一提。

图 2-9 谷歌搜索业务的商业模式

在此重申，多边平台商业模式是为大量交易者或参与者提供交易或交换信息，并以此为主要业务的一种商业模式。谷歌针对网站的用户、广告主、广告媒体等不同的参与者，提出了"在爆炸的网络信息中，为用户匹配最需要的信息"的愿景，这就是谷歌的价值主张。

谷歌的核心资源或关键业务就是由其高精技术员工独立开发的计算程序，该程序可以通过信息与信息的关联提高检索精度，同时，谷歌还与互联网上的信息发布者（广告主、广告媒体等）建立合作伙伴关系，通过与他们的合作，形成巨大的网络生态系统。

具体来说，目标是扩散信息的广告主，可以利用谷歌的收费服务AdWords，将其信息（网站链接）放在检索结果的前几页，提高曝光率，该网站可以通过 AdSence 的服务赚取广告费。AdWords 可以根据关键词的热度利用拍卖形式自动决定价格，这成为谷歌的一大收入来源。谷歌的主要成本是技术开发人员的薪酬以及承担着巨大搜索量的服务器的维护费用。同时，这些服务器可以为网络资源用户提供云计算服务，这是谷歌的另一项收入来源。

❖ 7 大商业模式总结

上文介绍了 7 大新兴的商业模式（见表 2-2）。但是，这 7 大商业模式并非全都是 BMI 案例，有的案例也可能适用于好几种商业模式。正如本节开头所说，这 7 种商业模式不是成理论体系的一套案例，但当创新者从零起步设计商业模式或对现行商业模式进行创新时，作为雏形，这些模式兴许可以作为一种参考。

表 2-2　7 种模式的概要及对应案例

模式	新的价值主张	案例
分拆商业模式	将不同功能的组织分离，提供更专业的价值	银行业、信息通信业、电力业
长尾商业模式	为利基客户提供价值，以此提高整体收入	自助出版、网络购物行业
免费的商业模式	为客户提供的多项服务中，一部分免费	Flickr、印象笔记、多宝箱
开放式的商业模式	从组织外部引进知识流，进行更高端的研究开发活动	"创新中心"
效用服务式商业模式	所有和使用分离，提高客户便利性	喜利得、Better Place[①]
共享式商业模式	通过产品共享，降低成本，提供新体验	Zipcar、公寓合租
多边平台商业模式	让参与者的交易和交流更活跃	谷歌、网络拍卖、内容流通等

第四节　价值创造带来价值主张创新

❖ 以故事为中心的价值创造

　　商业模式的创新是为了给顾客提供新的价值，通过重新获取或替换组织的核心资源或业务流程，成立新利润方程式的过程。如果缺失了新的价值主张，即使进行了资源或流程的替换，充其量也只是流程创新或组织创新，并不能算作真正意义上的 BMI。真正的 BMI 需要对商业模式的构成要素进行创新，而沿用以前的商业模式并在此基础上开拓新市场、开发新客户或开展新业务的情况，都与 BMI 存在本质上的区别。

---

① 原表的案例与文中不符，此处按正文案例修正。——译者注

让客户认同的新价值不仅仅局限在产品本身的使用功能上。日本企业对创新的理解停留在"开发新产品或新服务",但新产品和新服务对客户而言并不意味着新的价值。换一种说法,拥有相同功能的产品或服务通过给客户提供新的使用体验,或客户通过使用产品创造了新的价值,这样就能产生新的价值主张。也就是说,产品的提供者与用户之间的关系、该产品与其他产品的关系、用户之间的关系与某一特定产品的关系一旦有所变化,该产品或服务作为一件商品的价值就会发生改变。企业通过关系的变化或者新联系的构建,就可以实现"价值创造"。

为了表明价值主张中价值创造的重要地位,本节以 VOCALOID、电动汽车、社会阅读这 3 个贴近生活的鲜活案例进行说明。

❖ VOCALOID——携手客户共创价值

在最近的一些案例中,企业开始以服务媒介作为新价值,一方面让客户通过使用产品服务创造新价值;另一方面让客户通过该媒介与他人建立社交关系,在交流中创造新产品。企业不仅仅要向客户提供产品或服务,还要为客户提供参与价值创造的产品或平台。

VOCALOID 就是一个携手客户共创价值的案例。VOCALOID 由英语单词"vocal"(歌唱)和词缀"oid"(类似的)构成,是一种人工合成音乐的软件技术,也是其相关产品的名称。它原本是雅马哈公司开发的一项技术,但真正让它广为人知的是 Crypton Future Media[①] 于 2007 年开始出售的"初音未来"。

---

① 位于日本北海道札幌市的音声制作和音乐软件制作公司,又称 CRYPTON。

CRYPTON 公司成立于 1995 年，主要面向 DTM[①] 爱好者出售 CD 或 DVD 的效果音、背景音乐等。在初音未来面市以前，CRYPTON 公司也曾经因为发售 VOCALOID 的软件而受到关注，只是在市场上没有激起多大的水花。后来发售的初音未来使用合成音的声优原声，设定虚拟动漫人物角色作为主唱，不仅受到广大 DTM 爱好者的欢迎，更俘获了大量普通用户的心。在原本年销量达 1 000 左右就被评为热门的 DTM 软件行业，初音未来发售两周，其销售量就突破了 4 000，成了名副其实的黑马。VOCALOID 的商业模式如图 2-10 所示。

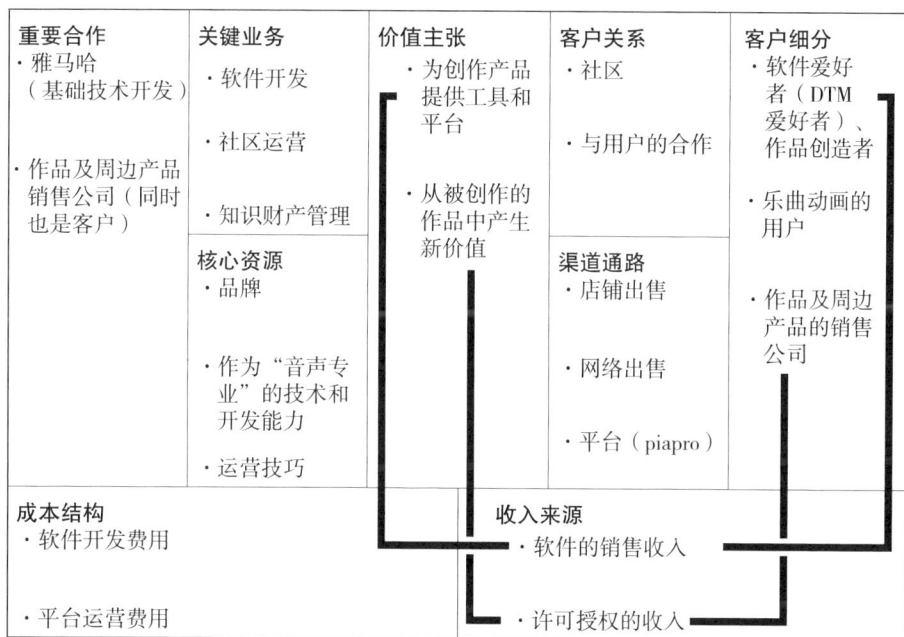

重要合作	关键业务	价值主张	客户关系	客户细分
·雅马哈（基础技术开发） ·作品及周边产品销售公司（同时也是客户）	·软件开发 ·社区运营 ·知识财产管理 **核心资源** ·品牌 ·作为"音声专业"的技术和开发能力 ·运营技巧	·为创作产品提供工具和平台 ·从被创作的作品中产生新价值	·社区 ·与用户的合作 **渠道通路** ·店铺出售 ·网络出售 ·平台（piapro）	·软件爱好者（DTM爱好者）、作品创造者 ·乐曲动画的用户 ·作品及周边产品的销售公司
成本结构 ·软件开发费用 ·平台运营费用			**收入来源** ·软件的销售收入 ·许可授权的收入	

图 2-10　VOCALOID 的商业模式

[①] 指 Desktop Music，日语词，即乐器数字接口，最普遍的音乐标准格式，用音乐的数字控制符号来记录音乐。——译者注

关于初音未来，用户自己作曲的曲目在内容共享网站上发布，听到曲子的人根据音乐制作动画并投稿，作为软件开发者的 CRYPTON 公司不进行任何干涉和参与，由用户自由合作、共同完成作品。在这种机制下，优秀的音乐作品被制作成 CD。CD 成为大热门，不仅是初音未来的软件，连同与作品相关的周边产品都会广受关注，这几乎成了一种"普遍现象"。

CRYPTON 公司通过展示指导标准授权初音未来的二次利用。2007 年 12 月，CRYPTON 公司开发了 piapro 主页，为用户提供创作平台，用户可以在平台上发布自己创造的曲子、插图、动画，他人又可以利用这些资源进行二次甚至三次创作。CRYPTON 公司用保护原创版权及为大众创作提供平台的战略，让初音未来的用户共同创造新的价值，除了发挥软件应有的价值，还成了音乐爱好者推崇的价值创作平台。

❖ 电动汽车——寻找新的价值主张

电动汽车在很久以前就已经被研发出来了，但一直没有进入应用阶段，最近电动汽车慢慢被广泛关注，缘于锂离子电池和永久磁石发电机在技术上取得的创新。以后，如果要完全普及电动汽车，赋予电动汽车新价值的商业模式创新必不可少。

首先，电动汽车的价值主张不仅仅是作为交通工具代替以前的汽车，而是在于通过使用电动汽车，石油能源短缺问题或气候变化问题从一定程度上可以得到缓解。这样的价值会获得广泛的社会共鸣，环境意识较高的消费者就是最初的目标客户。

在核心资源、关键业务、重要合作方面，开发续航时间长的电池、完备充电基础设施等，都需要电动汽车厂家与其他企业或组织展开合作。当然，汽车基本性能的技术，如良好的启动和加速性能、舒适的乘坐体验等，也是重要资源。只是，想要完全普及电动汽车，那么它必须具有燃油汽车不具备的"价值"，而且这个"价值"是多方相关者共同创造的。

例如，日产公司为了普及 2010 年发售的电动汽车聆风（Leaf），不仅在公司经销商处设置充电桩，还携手日本全国旅馆酒店生活卫生同业组合联合会，探讨在旅馆、酒店设置充电桩的方案。此外，日产公司还联合大京集团，尝试在公寓设置充电基础设施，甚至在国外的公共停车场或大型超市设置充电桩。总之，日产公司与各种各样的企业或组织都建立了合作关系。

日产公司还与住友商社合资成立新公司，为输出功率下降、无法再用于汽车的电池寻找其他用途，以实现再利用。同时，围绕电动汽车独特的价值主张进行相关的系统开发，比如通过车载通信装置收集车辆运行状态的数据，为驾驶员提供导航支持；在开车前和停车后通过手机或计算机确认运动轨迹，对电池、空调进行远程操控等。

❖ 社交型阅读——新的读书体验

最近，广受关注的新商业模式之一是电子书。随着亚马逊 Kindle、苹果公司 iPad 的普及，电子书（包括报纸及杂志等）突然人气大增。

以前所谓的电子书，无非是纸质图书电子化后的产物；最近的电子书，不仅书中配有动画和音乐，用户还可以用服务器记录读书笔记并且能与朋友共享记录。

比如，在 Kindle 上画线做记号的地方，马上可以同步到手机 App 上，用户可以将其上传到某些社交媒体上，与他人共享。另外，对于自己画线的部分，有多少人也标注过、这本书画线最多的地方是哪里，用户都可以知道。因此，电子书不是对纸质图书的简单替代，它提供了与他人共享读书心得的前所未有的社交型读书体验，这正是其新的价值主张。

说到资源、活动和合作伙伴，电子书业务不仅考验企业制造终端产品的能力，还需要它们协同处理作者、出版社、供应商等各种关系，同时担任制作人的角色，完成著作权的处理和产品定价等工作。也就是说，以电子书终端这个产品为基础，协调各种参与者之间的关系，然后将新的读书体验送达读者的能力是这个商业模型的关键。

电子书的收入来源大致可以分为终端销售和内容销售两大类。亚马逊和苹果公司，尽管对于终端（Kindle 和 iPad）和内容发布平台（Kindle 商店和 iBookstore）的重视程度不一样，但两家公司都是终端和发布平台两手抓，确保双收入来源（见图 2-11）。

对于洗衣机、冰箱、电视机、空调这些家电，日本企业都是通过提高它们作为产品的功能和性能来创造价值的。日本电器生产商到现在还局限于这样的传统思维，无法脱离以产品为中心的商业模式。比如，手机生产商都盯着手机这个产品不断地研发，并没有积极围绕"价值创造"做文章。

在这样的市场背景下，苹果公司带着终端产品 iPhone 闪亮登场，创造了一个以产品为中心，包含软件开发销售、以音乐为主的内容流通的商业模式。如果无法摆脱"产品制造"的束缚，日本电器产业将会重蹈手机产业的覆辙。

重要合作	关键业务	价值主张	客户关系	客户细分
·出版社 ·代理 ·作者（创作者）	·内容的统筹 ·与出版社的协调 ·定价 ·服务器管理 **核心资源** ·有丰富产品的平台（电子书店）和电子交易技术	·读者无论何时何地都能买到并读到自己喜欢的书 ·新的社交型读书体验	·购买记录 ·客户预览 ·实时的阅读体验 ·评论 **渠道通路** ·店铺销售 ·网络销售平台	·读书爱好者 ·新的读书用户
成本结构 ·内容统筹协调 ·硬件制造 ·服务器管理			**收入来源** ·电子书的销售 ·平台使用费（手续费） ·终端产品的销售	

图 2-11　电子书的商业模式

　　正如文中所述，电子书的新价值在于用户使用产品时获得的新体验，这个体验的价值是最重要的。这样的价值创造由谁来主导，关乎电子书业务的成败。

第五节　创造价值主张的新视角

　　笔者反复强调，BMI 的核心是创造新的价值主张。那么，创造新的价值主张需要怎样的视角呢？本节将围绕价值创造的视角进行探讨。

❖ 站在客户的角度思考价值主张

　　新的价值主张往往诞生于企业提供的产品或服务与客户的细微需求相

结合的点。企业通过理解和掌握客户自己都尚未明确的需求（即客户感到困惑、困难或想做的事情），创造新价值。只有理解了目标客户尚未满足的需求，才算是踏出了创造新价值的第一步。

相反，只要思维局限在现有的产品和服务上，无论把客户对这些产品和服务的需求调查得多么详细，都无法产生新价值。一旦摆脱现有产品和服务的束缚，与客户站在同样的立场，保持与客户同样的视角，通过积累与客户一样的经验，企业就能理解客户正面临的课题和想实现的愿景，如此一来，就能推动新商业模式的创造。

读懂客户需求是 BMI 的出发点，印度塔塔公司开发出小型汽车 NANO 就是最好的佐证。NANO，与其说它是技术创新的案例，不如说它是商业模式创新的典范。NANO 突破了汽车行业的传统价格概念，以 10 万卢比（NANO 汽车上市时售价约合人民币 1.7 万元）的低价出售汽车，其原因在于 NANO 最开始的目标就是为印度的消费者提供新体验和新价值。

说起 NANO 的开发契机，是因为塔塔集团会长拉坦·塔塔在一个雨后的傍晚看到孟买街头有很多骑摩托车的人被雨淋湿。他想，如果有售价 10 万卢比的汽车，就有很多人不会在雨天被淋湿了。而普通汽车生产商的经营者或者工程师都会有"汽车就该是这样的"等约定俗成的观念，而这些观念并不会催生出售价仅 10 万卢比的汽车。

NANO 的开发，没有局限在"汽车这个商品"本身的概念中，正是因为塔塔集团了解印度的实情，设身处地为大众着想，一门心思为他们创造价值，否则也不会有 NANO 的诞生。

拉坦·塔塔想为大众创造新价值的愿望非常强烈，基于这一愿望的领导力发挥了重要作用。为了生产出极低成本的汽车，他对汽车的样式进行了严格的限制，采用模块化的汽车复合零件提高生产流程效率，这些努力和智慧的结晶推动了 NANO 的诞生。2009 年 3 月，NANO 以 11.273 5 万卢比的价格发售。之后虽然经历过由起火事故造成销售低迷的时期，但塔塔汽车实施了一系列品质保证的对策，2011 年 4 月，NANO 汽车起售以来月销量首次突破了 1 万台，市场表现呈向好趋势。

❖ 用设计提高产品的附加价值

自 1969 年创立以来，韩国的电器生产商三星电子通过模仿三洋电机、NEC、索尼等日本电器的商业模式，企业规模不断追赶日本企业。但 1997 年发生亚洲金融危机后，三星电子不得不进行彻底的经营改革，同年削减了 30% 的员工，放弃了作为样本的日本式雇佣模式，商业模式焕然一新。

对于否定了日本企业传统的长期雇佣模式的三星来说，它无法再像以前一样把与产品制造相关的技术、技巧作为组织能力积累起来。因此，从 20 世纪 90 年代开始，三星电子把重点从产品制造向设计转移，提出"设计才能表现一个企业的哲学和文化，是决定企业优势的源泉"的宣言，开始实行重视设计的经营模式。三星电子以首尔为中心，在旧金山和米兰等地设立设计中心，拥有超过 600 人的设计团队，包揽了全世界与设计相关的很多奖项。

另外，三星电子在市场营销上投入巨额资金，例如在全世界各地机场的行李车上投放三星产品的广告，采用这种大范围、阔气的宣传方式提高品牌知名度，甚至成为奥运会的赞助商。

三星电子向以设计和品牌为中心的商业模式的转换，与产品制造的环境变化也关系密切。在电机产业，20世纪90年代之前，企业都是以模仿为主，产品的设计和生产大多是在做一些微妙的调整，再组装。那样的时代，与产品制造相关的长期的组织能力很重要。但是，随着数码时代的到来，产品逐渐模块化，零件数也减少了，通过组装标准的零部件就能制作出高品质的产品。因此，模仿式的产品制造能力就变得不那么重要了，取而代之的是经营效率、设计、品牌等。

三星电子主动抛弃模仿式产品制造的架构，将设计和品牌置于中心位置的商业模式转换，与其在技术上的大变革有很大的关系。

❖ 解决社会问题的价值创造

新商业模式的设计和实践，首先要解决"谁是客户"这个重要问题，也就是"给谁提供价值"。如果能在特定客户中不断锁定焦点，就很容易找出目标客户，但如果只看到特定客户，那么要解决的课题就会变得非常细微，无法创造更大的价值。为了实现伟大的创新，企业必须发现大课题，因此，需要超越特定人群，看到特定人群背后的社会大众。这个角度受到关注，缘于解决社会问题的社会企业的出现。

日本的社会企业中，经常被提到的是位于德岛县上胜町的IRODORI公司。IRODORI公司的业务是不太起眼的"菜叶商业"，也就是向日式餐馆出售随正餐搭配的配菜。

IRODORI公司的法人、社长横石知二在1979年被提拔为上胜町的营农指导员，当时该地正面临人口过疏和人口减少的问题。1981年1月，局部地区遭遇寒潮，该地特产柑橘的产量锐减，对农户来说，状况更是雪上加霜。在横石知二的提议下，该地区进行农业整编，开始以少量多样的模式培育蔬菜。1987 年，该地区开始开展菜叶的销售业务。最开始，连本地人也不相信这种自然生长的菜叶能有什么价值。横石社长跑遍了全日本的饭店，了解什么样的菜叶才拥有成为配菜的价值，然后建立属于生产者自己的市场信息收集网络，构建生产者公开竞价的机制，慢慢地把这个不被大家看好的业务发展了起来。

正是因为 IRODORI 公司直面人口过疏化和老龄化的社会问题，才发觉了菜叶鲜为人知的价值。这就是前文所说的"价值创造"。然后，企业以价值为中心，进行商业模式的设计和实践，逐渐开辟出解决社会问题的道路。

茨城县东南部的非营利性组织"ASAZA 基金"致力于霞浦地区的环境净化，通过与各种各样的相关者建立网络，开展新商业模式的提议和实践活动。

ASAZA 基金的前身是"让霞浦、北浦变得更好"的市民联络会议，成立于 1995 年。由 ASAZA 基金运营的 ASAZA 项目，让原本由行政管理的湖川、水田、森林等公共事业转为由当地人相互合作、共同管理，以期实现保护环境和地区活性化的双重目的。ASAZA 项目包含多种活动，比如拒绝水泥、钢筋，使用 ASAZA（一种水草）等水生植物促进湖岸的自然再生；实施市民全体参与湖水净化活动的"ASAZA 亲属制度"；甚至在小学培养群落生境（生物容易成活的空间），以增加霞浦地区的生物多样性，采用现场教学的方式对学生进行环境教育等。

如图 2-12 所示，各种组织和市民积极参与上述活动，既包含销售由自产米酿造的日本酒，又有 IT 企业开发环境监测系统，提升附加价值。这种商业模式不是站在解决个别问题的视角，而是站在地区整体的高度，将分散的课题结合起来，从更高的视角去解决问题。

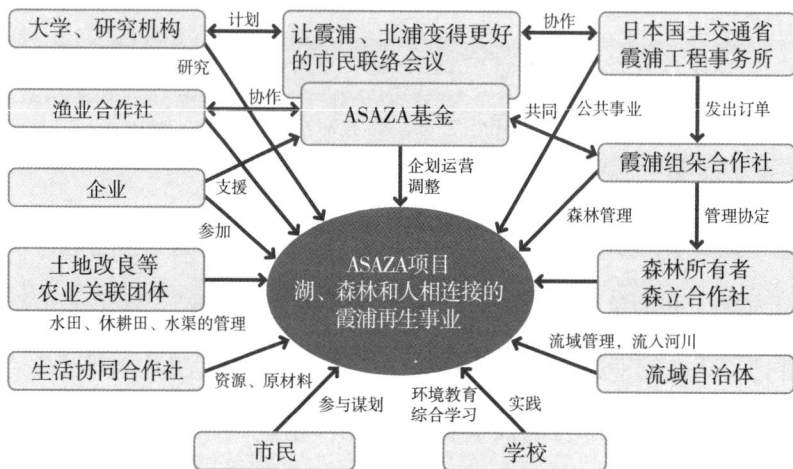

图 2-12　ASAZA 项目的网络链接

资料来源：ASAZA 基金资料。

企业拥有社会性视角，不仅能催生直接解决社会课题的社会企业，更能为与社会贡献相关的商业赋予新的意义。

例如，IT 领域广受关注的云计算，如果一开始只是为了应对"想快速开发系统""想降低系统运营的成本"等客户对于系统的个别需求，那么也只会诞生现有系统的低成本替代品，很难由价值创造带来新的价值。

在系统普及相对落后的领域使用云计算技术，就不是针对个别客户，而可能会给社会带来新的价值。例如，IBM 在"让地球变得更智慧、更智能"的未来愿景下，不断提出新能源基础设施和交通基础设施的建设方案，并在全世界开展实践。再者，富士通为农业领域提供云服务，通过积累生产技巧，为第一产业带来新的价值。

另外，在开放式商业模式中介绍的案例"创新中心"，通过云服务技术将全世界专家的智慧聚集起来；还有诸如亚马逊 Mechanical Turk 一样的"众包"，也是一个运用云计算技术的商业模型。

众包就是利用计算机的自动处理技术将难以完成的任务分派给更多人共同完成的服务，"众"就是群集、群体，与云计算的"云"意思不同。如果参与者分散行动，是无法实现众包的，只有通过云计算将与任务相关的数据在网络的服务器上共享，才能实现众包。

也就是说，云计算不仅作为系统创新业务的替代品，还要创造更高的价值，企业必须站在超越个别客户的视角，创造聚集群体智慧的价值。

第三章

政府レベルのビジネスモデル・イノベーション
——知識創造型国家をめざすシンガポール政府の挑戦

政府主导的商业模式创新：
新加坡向知识创造型国家转型

大屋智浩

第一节　商业繁荣背后的推手：新加坡政府

如果你走出新加坡的空中玄关，就是樟宜国际机场。向市中心行驶，进入滨海路地区，首先映入眼帘的是由空中花园连接的三栋大楼，它们雄伟壮观、高耸入云。这正是 2010 年才正式营业的综合性高级度假胜地——滨海湾金沙酒店。旅馆、大型会议室以及其他娱乐设施，应有尽有。在市内，公寓楼的施工现场随处可见，乌节路上车水马龙，奢侈品牌店鳞次栉比，热闹非凡。就算完全不关注经济的人，也能看出新加坡的经济呈现一派繁荣景象。

2010 年，新加坡的 GDP 相比前一年增长了 14.5%，实现了自 1956 年建国以来最高的增长率，这与 2009 年金融危机之后的负增长形成了令人惊讶的"V"字形通路。国民人均 GDP 也呈现极高的增长，2000 年是 23 414 美元，2007 年赶超日本，2010 年达到 43 867 美元，与 10 年前相比，几乎翻了一番。

新加坡位于马来半岛最南端，是一个都市国家，国土面积与日本东京两三个区的大小差不多。在经济持续向好的东南亚国家中，新加坡的经济增长和存在感都极高，是公认的国际化大都市。

新加坡如今能如此繁荣，主要得益于从国家独立到 1999 年李光耀任总理期间政府自上而下推行的经济政策。从劳动密集型产业到资本密集型产业，再到知识创造型产业，新加坡几乎每隔 10 年就会进行激烈的产业结构变革，这些举措给新加坡带来了经济的持续繁荣（见表 3-1）。

表 3-1　新加坡经济结构和政策问题的变化

	20 世纪 70 年代	20 世纪 80—90 年代	2000 年以后
课题	确保就业	用高技能增加收入	用创新带动经济的持续增长
产业	劳动密集型	资本密集型	知识创造型
参与者	• 一般企业 • 国民	• 跨国企业 • 高科技企业 • 国民	跨国企业、初创企业、投资家、高校、研究机构、研究人员、艺术家等创造型人才
需求	• 低收入劳动者 • 基础设施的完善	• 专家（技术人员、律师、会计师等） • 完备的法律体系 • 高水平的基础设施（港湾、通信线路等） • 金融体系 • 物流体系	• 充足的设备 • 高度自由的氛围 • 创业家精神 • 高生活水平
政策	• 工厂招标 • 完善基础设施 • 稳定的劳务关系	• 企业自我招商 • 各种基础设施完善 • 为企业提供税制优惠 • 对国民进行技术培训	• 建立创新平台 • 促进研发 • 发展高水平的教育 • 培育高技术人才 • 提高生活水平
相关者复杂性	低 关系简单	⟶	高 关系复杂

　　但是，各国都在快速发展，若是止步不前，新加坡就无法保住自己的优势。如何才能既维持国际竞争力，又能继续发挥区域经济中心的作用，新加坡站在了发展的十字路口。以前，新加坡通过追赶发达国家取得了喜人的经济增长业绩，这种追赶模式已日趋成熟，但如果仅靠追赶发达国家则无法驱动经济增长，新加坡将陷入经济发展困境。

　　在这样的背景下，新加坡政府于 2000 年左右开始迅速推进向知识创造型经济的转移进程，实行了一系列将新加坡建设成全球性持续创新中心的政策。本章将首先介绍新加坡关于促进创新的政策，然后分析果断迅速推出政策的新加坡行政系统的特征。

　　为了实现政府主导下的向知识创造型国家的转变，新加坡不应局限于单独的产业或研发政策，而应该让所有领域的政策有机相连，形成一个综合有机的整体；同时，还要无止境地吸收国内外的知识资源，只有当所有政策都能有效落实，才能实现知识创造型经济；而且，政府机构必须准确掌握瞬息万变的环境，拥有灵活应对的能力。因此，行政系统必须脱离以前的预算分配偏重型传统，在更高层次中达到平衡。这样的成功案例少之又少，新加坡政府算是其中一个。

　　笔者认为，新加坡政府将所有政策有机联合，并且能够灵活迅速地执行组织机制，正是形成了一个促进创新的"场"，也是"场"能发挥作用的基础。新加坡提出"向知识创造型经济转移"的价值主张，在此基础上，对政府机制（商业模式）进行改革，这可以看作一场国家层面的商业模式创新。

　　新加坡的土地和资源有限，因此，把自身改造成一个创新中心去吸引全世界的目光，被国内外的人才和企业当作创新场所加以利用，这对新加坡的发展至关重要。向知识创造型经济的转移最终促进国家经济的发展，得益于新加坡政府在其中发挥了主导者的重要作用。

第二节　知识创造型经济的转型施策（以生物医学领域为例）

　　新加坡自建国以来，经济一直发展得比较顺利。在 20 世纪 90 年代末，其经济迎来了一个巨大的转折。历经 1997 年亚洲金融危机、2001 年网络泡沫破裂、美国"9·11 恐怖袭击"等一系列事件的影响，不少国家经济发展进入衰退、萧条阶段，就连经济增长一直保持在 8%~10% 的新加坡，也不得不放缓了经济增长速度。一般来说，小型岛国通常没有内需主导型产业，它们的经济很容易受到交易对象国经济状况的影响。新加坡政府拥有超过民营企业的灵敏反应，针对变化提出了一系列新的方针政策。

❖ 时不我待，先发制人的政治主导权

2001 年，为了验证之前的经济成长战略、制定今后的成长战略，新加坡成立了经济研究委员会（ERC）。时任副总理的李显龙（后来当选新加坡总理）担任议长，该研究会在全国产学官领域召集了一大批顶尖人才。

研究会拥有一批来自政府的人才，有主管经济、财政、教育、艺术、外交、防卫、运输、通商、就业的国务大臣，他们主管对新加坡投资的经济发展局（EDB）领导层，新加坡大学校长也在人选之列。还有来自劳动工会（NTUC：全国劳动工会会议）以及来自民间的私立大学、金融机构、制造业大企业的代表等。

掌管经济活动大权的官员以及相关人员齐聚一堂，作为委员会成员，共同商议新加坡今后的发展方向。这就是新加坡制定政策的体制，先是总理自上而下地下达命令，然后委员会听取、吸收基层的全部相关信息，通过相关人员的广泛参与，制定正确的战略。

政策一旦推出，其效果令人期待。由于是主管财政的高层官员亲自参与且达成一致意见的方针，因此相关人员和各组织之间的承诺能得到很好

的保证，执行起来障碍会少很多，所以效果也值得期待。该委员会尽可能地集结所有人的智慧，不带偏见地反复讨论、斟酌，通过这些方式提炼新加坡今后的前进方向和前进道路。

在新加坡 2003 年发表的报告中，有这样一段描述："为了保持新加坡持续增长的经济成果，既要维持其长期作为物流中心和金融中心的竞争力，又要推进知识创造型经济改革，必须让新加坡成为创新中心。"该报告还强调，知识创造型经济牵引的持续性经济成长，才是提高新加坡国民教育和技术水平、确保今后就业的最大支柱。该报告的发表，说明以知识创造型经济为目标的价值主张已经在新加坡被确立（见图 3-1）。

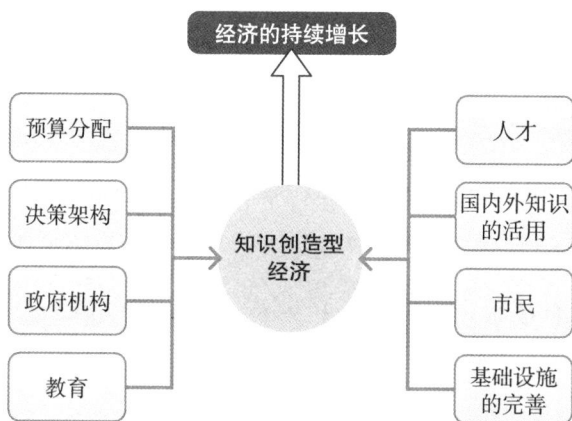

图 3-1　上下总动员，全力实现知识创造型经济

然而，国土、财政收入、人力资源都有限的新加坡，无法像经济大国美国或日本那样推行全方位的产业政策或研发政策，因此，新加坡采取选择和集中的方式，把资源集中到那些利基但有前景的领域，再实行知识创造型经济政策。这样既可以把风险降到最低，又能保持一种"承担该承担

的风险"的姿态。基于这些考虑,新加坡把信息技术开发、水力资源开发和生物医学领域视为经济增长支柱行业,并展开密集的投资。

在推进知识创造型经济改革的进程中,为了让大量的研发投资产出有效成果,也为了对大范围的研发投入进行合理的资源分配,新加坡在 2006 年成立了国家研究基金(National Research Found,NRF)(Kao,2007)。国家研究基金由总理直接管辖,负责统筹、调整。该基金会的成员是经济研究委员会及各相关政府机关的领导者。

和经济研究委员会一样,国家研究基金也是一个常设机关,并不是一次性出一个总结报告就算完成使命,它需要持续观察政策的落实情况,掌握最新动向,再决定新加坡到底应该把研发投资投向哪个领域。特别是一些日新月异的尖端领域,如果不灵活地调整投资,那么投资打水漂的概率极大。国家研究基金要负责的正是应对各种变化。国家研究基金内部也设立了由海外顾问组成的顾问委员会,对国家研究基金的政策制定提供支援。对于变化异常激烈的尖端技术领域,外部顾问的见解不可或缺。从国家研究基金由总理直接负责,就可以看出新加坡政府对推进研究开发的高度重视。

❖ 科学技术计划(2001—2005 年)

正如经济研究委员会报告中提到的那样,科学技术部门的政策目标是创造生物医学产业集群,这算得上是定了一个发展基调。回想以前的科学技术振兴政策,无外乎是先成立一个研究机构,再进行基础设施建设,同时对民营企业的研发给予一定的补助金。新加坡政府于 2001 年发表的"科

学技术计划"中提到，生物医学产业由国家主导，而且要推动该领域向创
新方向转移。为了创造新加坡前所未有的产业集群，计划的初期阶段设定
了以下 6 个课题：

- 培育国内人才，物色海外人才；
- 充实利基领域的研究开发创造力；
- 奖励民间的研究开发；
- 设立一个以研究开发为优先课题的政府机构；
- 构建技术转移（从基础研究到成品）机制体系，加强知识产权
  保护；
- 推进与海外机构的合作。

为了实现这些目标，新加坡政府提出了 2001—2005 年总投资预算达到
60 亿新元（新加坡货币）规模的政策。2006—2010 年的第 4 个五年计划，
也执行了相同的政策。当时的目标是，到 2010 年，研发投资总额要达到
GDP 的 30%。

❖ 政策实施机构和设施

支撑生物医学领域成长战略的政府机构大致有两个：经济发展局和
A*STAR。

经济发展局

经济发展局主要负责吸引海外企业对新加坡投资以及民间天使投资，
其旗下的基金也对初创企业进行投资。前文提到的 60 亿新元的投资中，经
济发展局就投入了 20 亿新元。

A*STAR

A*STAR（Agency for Science，Technology and Research）的前身是新加坡国家科学技术委员会（National Science and Technology Board，NSTB），后来 NSTB 作为专门的研究机构成了现在的 A*STAR。A*STAR 的主要职责就是执行政府内部关于生物医药领域的政策。上述 60 亿新元预算中有 40 亿新元都被划拨到了 A*STAR。

前文提到的 6 个政策课题，也是以 A*STAR 为中心对应的。A*STAR 内部设有政策制定咨询委员会，专门负责生物医药领域中更具体领域投资方案的立项；同时设有能得到海外专家建言的委员会。基于提出的战略，A*STAR 在特定的研究领域中对于民营企业很难进入的基础研究领域成立了研究所进行研发。

A*STAR 的另一项重要任务就是技术转移的中介，首先让研究成果和知识产权能够为民所用。同时，关于与海外大学和研究机构的合作、人才交流、共同研究、与民间机构的合作等，A*STAR 也是负责对接的重要窗口。在政策框架之下，A*STAR 首先构建了政策实施和内外合作的体制机制。

创新交流基地

纬壹科技城（One North）是位于新加坡中西部、面积约 2 平方千米的工业区，因为其位置在北纬 1°，所以取名为 One North。在工业区内，设计前卫的大楼林立，有种未来都市的感觉。这就是新加坡产业支柱——生物医药产业和 IT 产业的一大聚集地。除了公共部门的研究学院进驻园区，周围还有新加坡国立大学以及附属医院。

　　纬壹科技城的定位不局限于工业园和生物医药创新中心，园区内还有完善的研究人员居住设施和娱乐设施，总之，园区内的生活设施一应俱全。这些设施甚至还包括高级餐馆和酒吧。为了吸引优秀人才和创新型人才，政府不仅要完善研究设施，为研究人员提供舒适的生活环境也是很有必要的。

　　纬壹科技城在设计上重视研究人员的信息共享和跨行业交流。纬壹科技城不是简单地建一个建筑，它首先考虑的是为研究人员提供知识交流和创造的场所。就像美国硅谷和其他城市的 SOHO 式建筑，新加坡也想建造自己的 SOHO。

　　Biopolis 是纬壹科技城中与生物医药相关的设施，大多研究所都入驻 Biopolis。现在，Biopolis 已经发展成拥有 300 多名研究人员和超过 10 000 名员工的设施。Biopolis 的员工中有一半来自海外。

❖ 不达目的不罢休

　　为了实现政府主导的向知识创造型经济的转移，如果仅仅是发动民营企业、设立研究设施，那么不止新加坡政府，标榜技术立国的各国政府都可以做到。在日本，我就曾经听闻培育生物创业企业和产学合作等政策。

　　然而，如果只是停留在表面工程，用发补助金的方式诱导企业进驻，恐怕很难取得显著成果。新加坡政府着手的政策范围远不止如此。

　　如图 3-1 所示，为了实现向知识创造型经济的转移，政府面临的课题是多方面的，利益相关者的构成较以往的经济政策更加复杂。与该目标相关的所有要素，新加坡政府都亲自参与和把控，事事亲为，面面俱到。如果在政策落实中遇到问题，政府会采取相应的手段或政策去克服，总之，新加坡政府在政策执行上保持着一贯性和整体性。这一点，我们可以对新加坡政府确保人才的政策进行具体分析。

培育下一代

为了培育生物医药领域的下一代人才，新加坡政府设定了面向全体国民的奖学金，支持国民在国内外的大学和研究生院获得硕士或博士学位。而且，不限于本国国民，新加坡政府对于海外有潜力的学生也会授予奖学金，支持他们在新加坡做研究、留学，或者去国外的大学和研究生院留学。只要是优秀的人才，不论国籍，都可以得到新加坡政府的奖学金支援，帮助他们取得学位。上博士课程的学生中，1 000 多名学生获得了奖学金去海外留学。对于人口不足 500 万[①]的国家来说，这是非常突出的一个数据。

这些学生获得学位以后，就在新加坡的研究机构从事研发工作。不管是不是本国国民，只要能为新加坡的生物医药领域做出贡献，都可以获得丰厚的资金援助。这就是新加坡政府对待人才的态度。

酝酿新文化

在新加坡政府内部，其实还有一种疑虑。自新加坡建国以来，新加坡经济发展的成功让国民倾向于安稳的生活，越是优秀的人才，越不愿意冒风险。但是，要发展知识创造型经济，必须拥有敢冒风险、有领导力、勇于发起创新的引擎式人才。

---

① 该数据为原书写作时（2012 年）的数据。——编者注

新加坡大学、南洋理工大学等高校面向学生开设了培养创业家精神和创新精神的课程，也相继发起了商业计划竞赛。这些都是为了培养下一代的创业精神而费心费力的举措。

同时，为了培养包容性，新加坡的高等学府对课程设计进行了改革，鼓励学生进行课外活动。这些措施在短期看来效果可能不是很明显，但是长期来看，有助于酝酿创新文化。

从海外引进人才

为应对人才不足的现状，新加坡政府开始从海外引进人才。特别是，政府会投入大量的人力和物力去物色全球知名的研究领域优秀人才，接着就会有无数崇拜这些优秀人才的年轻研究人员慕名而来，此举可以说是一箭双雕。

为了让这个创新中心更具吸引力，新加坡政府不局限于国内人才，而是想方设法让各国的优秀人才都能把研究基地转移到新加坡来。为此，政府高官变身空中飞人，亲自飞往世界各地，带着满满的诚意说服更多的人才把研究基地转移到新加坡。

研究人员名单中最多的是在欧美从事尖端研究的顶级科学家。不少日本人对伊藤嘉明教授（京都大学医学院病毒研究所原所长）把研究所迁往新加坡的做法大吃一惊。新加坡不仅为研究人员提供最新的研究设备和丰厚的研究资金，而且将研究团队内部的研究方针和认识等也全权交付给他们。对于那些从事尖端科学研究、需要大量研究资金的研究人员来说，这些都是非常诱人的条件。而且，就像前文介绍的 Biopolis，这类机构提供的生活设施非常贴心和人性化。

另外，新加坡完备的法制制度对顶级人才具有极大的吸引力。

而且，新加坡对治疗实验的实施也先于其他国家，对于国际竞争非常激烈的领域，新加坡的研究人员具有一定的优势，这也是在新加坡从事研究的一大优点。新加坡重视知识产权的保护，一早就制定了完备的法律，构建了保护研究人员权利的体制和机制。

新加坡引进海外人才的政策远不止这些，还包括为研究人员和家人提供高水平的社会及文化生活环境。为了让研究人员的家人能够安心生活，政府不仅提供治安保障，还为其配备了高水准的医疗机构。在闲暇时间，研究人员可以开展各种丰富的活动，新加坡有以综合剧场为代表的艺术设施，一流艺术家的公演、国际体育赛事等应接不暇。总之，多措并举，确保研究人员享有丰富的业余生活。

在购物方面，创新中心配备了在一般超市无法买到的产品，不管是中式的还是西式的，各种类型的餐厅一应俱全。虽然新加坡人口密度比较大，但是城市规划、公园建设、绿化计划等措施保证在城市中随处可见绿色，让人感觉新加坡"花园城市"的称号名不虚传。关于小孩的教育问题，创新中心有高水平的教育机构和教师资源。

新加坡为了留住优秀人才而实施的一系列政策，让优秀人才觉得在新加坡居住似乎成了一种不错的选择。除了科学技术振兴方面，新加坡还有完全迎合研究人员喜好的综合性政策，吸引优秀人才把研究基地迁至新加坡。就这样，新加坡政府实施的政策有机结合，产生相乘效应，共同推动知识创造型经济的实现。

第三节　灵活迅速的行政机制

国家的竞争力不是赋予了何种优势，而是国家能否为企业活动提供良好的营商环境。企业高效运转、持续性创造，能提升自身的竞争力，然后推动生产力的提高，如此循环。而国家能否为企业提供这样的环境正是关键所在。（Porter，2008）

政府为了保持活力，在制定政策时，需要看准潮流动向、准确把握现状，把他国的教训当成自身经验。学习、执行、创新，通过不断努力推动改革。（Neo，2008）

新加坡生物医学领域几乎从零开始，到2011年，经过10年的技术积累，新加坡一跃成为该领域技术领先的国家之一。而背后主导者——新加坡政府，在政策制定和执行方面的效率，也让人眼前一亮。

对于是否营造了一个能促进持续创新的环境，现在回答这个问题还为时尚早。但为了实现这个目标，新加坡政府接连不断地出台了各项政策，这是不争的事实。在大刀阔斧地开展BMI计划之后，它们并没有就此草草了事，而是以最快的速度确定了执行计划必要的各项措施和政策。

那么，新加坡政府到底是如何推出并执行政策的呢？当然，确实存在因国家规模小所以政策执行起来比较容易的优势，但当然不止如此。政府的体制机制和独特的用人制度，这些都成为政策制定时的支撑要素（见图3-2）。

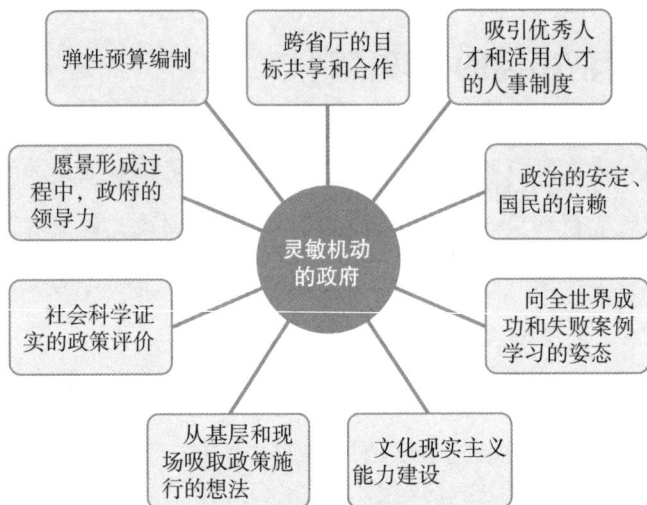

图 3-2　支撑灵敏机动的政府的要素

❖ 弹性预算编制

2008 年，新加坡医疗费用在 GDP 中所占的比例为 3.9%，这在发达国家中确实非常低。但是，一旦被确定为战略需要的领域，新加坡政府就会对该领域集中投资，这是非常灵活的预算编制制度。

新加坡政府不遗余力地推进生物医药领域的研究开发工作，就是一个很好的例子。多年度预算计划在大框架中立项之后，还会反映在单年度预算中。如果单年度预算有盈余，还可以累积到下一年度继续使用，无须在年度末进行不必要的预算消化。另外，如果单列社会福利、年金、国防等政策，那么政府各部门分配的额度大致以 GDP 占比决定。当然，在编制预算时，为了获得更多的预算，研究人员需要和财政部进行谈判。但由于最开始大致意向已基本达成，所以就算进行预算谈判，其流程也和日本的增量预算不太相同。

分配到各部门的预算，其使用权限归各部门。因此，如果能有效地使用预算，各部门内的预算盈余就可以优先用到他们想落实的政策领域。也就是说，个别政策的内容由部门自己把握，这在制度上是可行的。

这让各部门有动力以更少的预算去执行和落实政策。这在民营企业是可以理解的，但对于倾向于获得更多预算去产生更大规模政策效应的公共部门来说，实属非常理性的预算利用。而且，对于前一年度的预算盈余，各部门可以结转到下一年度，但是如果财政部认为这笔资金没有留在自己部门的必要，就会收回。因此，各部门都会有意识地防止预算资金闲置。

新加坡对于财政资金的使用有非常严格的规则。内阁在任期中，原则上禁止用上一任期政权运营的财政盈余来填充当期的政策执行。这些盈余资金会被投放到主权财富基金（Sovereign Wealth Fund）[①]等领域，只有在特别紧急的情况下，得到总理的认可，才能作为预算使用。这样就防止了大选前，官员为了获得选票而将资金用于不必要的政策实施。

❖ 流畅高效的政策制定与落实

政策制定执行自上而下和自下而上的融合

一般来说，当社会中实际发生问题时，一些政府才制定相关政策。新加坡政府则很擅长未雨绸缪，它们会对未来进行严格（但不悲观）的预测，然后基于预测制定相关政策。也就是说，对于未来会发生的各种问题，新

---

① 与私人财富相对应，指一国政府通过特定税收与预算分配、可再生自然资源收入和国际收支盈余等方式积累形成的，由政府控制与支配的，通常以外币形式持有的公共财富。——译者注

加坡政府都在事前做好了准备。

前文介绍的经济研究委员会就是一个典型的案例。一旦行有余力，总理就会自上而下决定今后的发展方向，例如，提出未来愿景的大框架就是政府的职责。另外，关于个别政策的内容和落实情况，政府会重点关注现场的判断和反馈。实际在现场负责政策落实的人员会将现场感受和想法收集起来，并向上级传达，这样就足以应对不断变化的状况。

政策与弹性预算相结合，非常有助于行政的高效运转。而且，政府给予现场人员酌情处理的权力，在政策执行阶段，这样也能够尽早发现问题、解决问题。自上而下和自下而上的流程相融合的方式，在新加坡政府内部发挥着重要作用。

不得不提的一点是，新加坡政府提出的政策不是单一或者单独存在的，是各项政策的有机结合。以前各部门单打独斗时，有很多无法实现的政策课题，现在，政府通过自上而下的方式制定大致方针，各部门基于国家层面的方针，就会不断地趋同，共谋大局。

这种策略在经济领域取得的效果尤为显著。比如，关于推动生物医药领域研发的政策，虽然由 A*STAR 主导，但也需要与各大学展开合作，这就需要教育部进行政策调整。而使用先进技术的医疗领域需要卫生部的政策配合，为了与生物医疗企业达成合作，还需要新加坡可持续发展和环境部的支持。

这些复杂交叉的政策，确实会带来部门之间的摩擦，但只要自上而下提出了确切的愿景框架，各部门的政策主体也会向共同目标倾斜，从而实现各项政策向高层次的有机联合。结果是，各种各样的政策作为一个整体发挥协同效应，为新加坡提升竞争力助了一臂之力。

虽然愿景大架构是自上而下提出的，但落实现场的决策很重要。新加坡政府相关部门在讨论政策的详细内容时，也采用了自下而上的政策协议。

另外，官员组织扁平化也有助于自上而下和自下而上的流程保持畅通。政府部门内部管理层级比较少，从副常务秘书到基层职员，中间只需要经过两层管理职位的情况不在少数。也就是说，政府上下的意见传达非常顺畅。常务秘书层级的人事权由司长或部长掌握，这也有助于适时、适宜地委任人才，帮助上下信息保持顺畅流通。

减少政府各部门之间的摩擦、消除组织壁垒

在行政运营中，各部门之间不可避免地会产生争议和摩擦，新加坡政府认识到这个事实，并极力设法避免发生摩擦。部长级官员和副常务秘书每两周开一次例会，对发生的事件进行讨论，交换意见。会议不限于自己负责的政策课题，也会涉及其他部门负责的政策课题，以此达到上层主导的全员问题意识共享。

针对特定的政策课题，就像 A*STAR 的内部委员会一样，相关人士和副常务秘书担任委员，召开政策协议会，进行利害关系的调整和协作，而关于具体事务性工作，则需每日召开例会与上级沟通。如此一来，从决策到执行的跨部门意见的沟通通道就被打通了。毫不夸张地说，新加坡政府内部的人员几乎都相互认识。

新加坡的部长级官员进入政府系统后，要么是短期内在不同岗位轮岗，要么是在特定岗位作为专家深耕。官员轮岗时，不限于一个部门，常常辗

转于各个部门。

因此，这些官员就不会产生想为某个部门争取利益的想法。通过频繁的工作调动，他们会认识很多不同部门的人员，这会让官员们能够站在对方的立场思考问题，因此，政策协议落实也会变得更加容易。笔者从一位原政府高官处听说了一个有意思的故事，某财政部长和国防部长针对预算展开了激烈的口舌之争，都不肯妥协。当尝试着让财政部长和国防部长互换官职后，预算会议进展得很顺利。这件事情之后，新加坡开始实行政府部门官员之间的轮岗制度。

正如上一节指出的，新加坡政府在制定政策时，会积极地向智囊团、民营企业家等寻求意见，听取他们的建议；而且会把他国的制度和失败经验，活用在自己制定政策的过程中。

这说明不是所有事情都要靠自己独立完成，而要选择向走在最前端的人学习。我们可以看到，新加坡政府非常重视和海外人才及机构的联系，擅长取他山之石为我所用。比起面子，新加坡政府更在意如何让政策落地、开花、结果。

不仅从国外招聘人才、获得建议，新加坡的官员们还亲自去世界各国学习制度、技术、想法。有这样一个故事，在建国之初，为了改善新加坡的绿化效果，官员们飞到世界各地，寻找适合新加坡的植物种类，最后终于在南非找到了，新加坡也因此成了世人津津乐道的"花园城市"。

客观的政策评价和人事评价

以营利为目的的民营企业使用销售额、利润、资金周转率等设定数值目标，虽然这很容易观测，但对政府机构来说未必可行。然而，新加坡政府实施的政策，从计划阶段就必须设立明确的数值目标，这被称为 KPI。当无法预测直接的政策效果时，新加坡政府利用社会科学、经济学的理论，设定一些与政策有因果关系的指标。

各部门中有专门为政策设定 KPI 的机构，为了避免形式化、没有实际意义的目标设定，在政策评价的过程中，该机构妥当地嵌入了社会科学的分析手法。在政策实施后，中期评价或者可以作为下次政策制定的基础资料，在政府内部保留、积累。设定 KPI 时，经济学者和公众卫生领域的专家们都会积极参与，并利用最新的学术研究成果。

在政策评价的 KPI 之下，每位政府职员都有 KPI，这被用于人事评价。个人表现和政策效果的测定都按照相同的标准，所以个人和组织为了达到目标，都会付出十足的努力。同时，保守而甘于现状的人则可能被降职或解雇。

新加坡的公职人员和民营企业的职员一样，都执行严格的目标管理制度。虽说每个人都有 KPI 的压力，但是公职人员在执行任务过程中的权限比较大，这从自上而下和自下而上的融合中可以看出来。每个人都可以根据自己的目标寻求技术和知识，最后将归纳出的智慧运用在政策运营中。

因为是重视结果的评价体系，所以各部门不再单打独斗，而是选择相互合作、共同行动的方针，这也是 KPI 的评价内容之一。而且，新加坡政府一直把经济增长作为最优先的政策课题之一，GDP 的增长和公务员的奖励紧密相关，这促使公务员有意识地积极执行有利于经济增长的相关政策。

❖ 培育和聚集优秀人才

要想灵活、机动地实施和运用政策，优秀的人才不可或缺。新加坡政府采用的是优秀人才从早期培养的选拔制度。政府会对优秀的学生提供奖学金，支持他们到名校留学。

这一做法是为了让这些被政府看中的人才接受高质量的教育、获得留学经历、感受新的价值观，也有助于他们与国际优秀人才建立人际关系，日后在政府运营中予以借力。新加坡政府对这些学生寄予厚望，他们毕业后成为政府官员，是新加坡政府的核心力量。对于少数精锐，政府通过让他们长时间担任级别很高的职位，培养他们。

新加坡政府官员的待遇也很高。在新加坡，就算是公务员，也无法保证被终身雇用。如果一个人被认为能力不足，那么他随时可能被解雇。当然，如果遇到了非常好的岗位，公务员进入民营企业也很常见。

随着新加坡经济的持续增长，民营企业的薪资水平超过了公务员的薪资，20世纪80年代开始出现优秀人才向民营企业流动的趋势。虽然新加坡政府断断续续地在提高公务员的薪资待遇，还是没能阻止人才的流出。1994年，新加坡政府启动了彻底的薪资改革，就是设定一个随新加坡国内民营企业最高薪资水平联动的指标，导入公务员薪资联动民营企业薪资水平的制度：经济形势好的时候，民营企业职员的工资上涨，公务员的待遇也上涨；经济形势不好的时候，民营企业职员的工资下降，公务员的待遇也下降。

获得政府奖学金的学生，只要足够优秀，投资银行和咨询机构会重金聘用他们。如果政府不导入同水准的工资体系，待遇跟不上，就无法留住优秀的人才。

这些公务员薪酬比某些国家首脑的工资还高，惹来不少非议，但这些高工资人才推动了新加坡的经济增长，从结果来看，对整个国家有利，所以大多数人还是比较支持这个体系的。

新加坡政府对这些公务员的提拔遵循一套独特的体系。根据公共服务委员会的规定，所有公务员的审定都必须跨部门执行。

该委员会是独立于政府的组织，委员会成员大多是副常务秘书等级的官员和有副常务秘书工作经历的人员。现任上层官员对接班人的中长期审定都不归所属部门管辖，审查内容除了 KPI 的完成情况，还包含上司和下属的评价，以及委员会每一个官员的审查。公务员的潜力也由委员会加以数值化。这种独立的审查标准，从长期来看是对干部候选人的审定和培养进行一体化管理，也就排除了短期且政治意图明显的、对升职升迁的人为干涉。可以说，这是一个更加公平的、注重能力的机制体系。

基于评价结果，新加坡政府会优先让有潜力的公务员作为领导候选人，到主要岗位轮岗积累经验。这种把优秀人才集中到现场的做法，就是为了培养人才的现场掌握能力、快速思考能力和判断能力。民营企业实施这种审定制度似乎是理所当然的，一个国家对官员实施这样的制度，说实话，是非常少见的。

❖ 政府内部文化

不管怎样的组织，都有其独特的文化。新加坡政府的运营文化，有特别明显的 3 个特点：实用主义、能力主义、高压反腐。

笔者接触的从副常务秘书到基层一线人员，都像事前约定好了一样，不假思索地提出这3个关键词。我觉得各层级的政府人员都能很自然地说出同样的话是一件很有意思的事，我认为这3个词非常贴切地代表了新加坡政府的运营文化。

实用主义

新加坡官员经常说新加坡没有政治形态。言外之意就是，只要对国民和经济长期有益，不论怎样的理念和思想，都会被吸收到新加坡的制度当中。可能这会被认为是不成熟的做法，但这种直面现实、谋求必要手段的思考方式，恰恰成了新加坡政府有效施策的思想基础。前文所述的留住人才的方式，也是不论国籍，都积极将顶尖人才招入麾下。新加坡政府施政策略的高明之处也能从这个做法中窥见一斑。

能力主义

新加坡政府对终身雇用和年功序列这样的制度毫无兴趣，他们执行的是靠能力说话的制度。KPI 的考核制度最能说明问题。只要是优秀人才，早的话 35 岁以后就可以升任副常务秘书，且高层官员中不乏女性。这个做法可以让优秀人才尽早地接触更多的岗位，为培育以后的领导者打好基础。

高压反腐

不管政府如何高效地制定政策，如果在政策落实过程中收受贿赂的腐败现象蔓延，那么政府的职能就无法发挥作用。在很多国家，由于腐败问题，政府部门不能有效运转，甚至失去了国民的信赖。

自建国以来，新加坡政府一直致力于反腐，对公务员行贿受贿行为严惩不贷。对于捐赠品，公务员也需要进行正式的申报。2010 年，在一项针对政府反腐的国民满意度调查中，新加坡位列第一。对公务员的审查，不仅包含能力审查，还包含是否值得信赖、是否做过内心有愧的事情等人物品行方面的审查。事实上，和公务员见面一聊天，就会发现他们中的大多数人在人格方面都很成熟。

❖ 政局稳定的国家、国民信赖的政府

政治的稳定，有利于政策长期、稳定地执行。长期政策带来好的结果，国民对政府的信赖感和认同感又会提高，如此即可良性循环。而国民对政府的信赖，营造了政策被国民积极接受的氛围，有助于政策更加顺利地被落实。

❖ 向国民传达信息

不管政策如何，最终还是要落实到国民身上，所以如果政策无法得到国民的同意，就很难被有效推进和实施。新加坡的政府官员有很多机会向国民进行政策说明。特别是在每年召开的国庆群众大会上，总理会通过演讲向国民说明新加坡当下面临的课题和政策方向。

国民知道总理的演讲涉及与自己的生活息息相关的问题，所以都会认真听演讲，领会发言精神。有些政策可能在短期内会加重国民的负担，需要国民更加努力，但是长期来看，政策的受益者是国民自己，这时，官员就需要非常慎重和详细地对国民说明情况。对于一些复杂的政策，实施过程会变得很长，其效果也无法让国民直观地感受到，这时如果不认真地进

行说明，就容易陷入短视的迎合主义。政府的做法就是一边进行细心的沟通交流，一边对国民传达信息。

为了让国民能够基于说明进行合理的判断，新加坡政府还需要结合经济原则进行说明。例如，高中生的教材里引用了经济学的基本原理对新加坡的经济状况进行说明，引导国民做出理性的批判，进而培养国民的逻辑思维能力。

新加坡政府还注意培养国民的危机意识。经济好的时候，新加坡政府会频繁地向国民释放一些其他信号。

"新加坡是小国家，资源贫乏。新加坡必须推行知识创造型经济政策，开发人力资源，勇于创新，引领国民教育和技术水平向更高的水平发展。除此之外，别无他法。像大国一样保持中流意识的做法，在新加坡是行不通的。"

这好像有点危言耸听，但正是通过向国民传达这样的信息，他们才能保持危机意识，支持政府政策，勤勉好学，保持上进的势头。

第四节　国家主导的 BMI

本章就新加坡建国以来的经济增长和向知识创造型经济的转型，以生物医药领域为例进行了介绍，同时对有助于政策推进的制度、组织、文化一一进行了分析。如图 3-3 所示，新加坡政府通过统合纷繁复杂的政策，实现了 BMI，通过 BMI，创造了实现知识创造型经济的"场"。

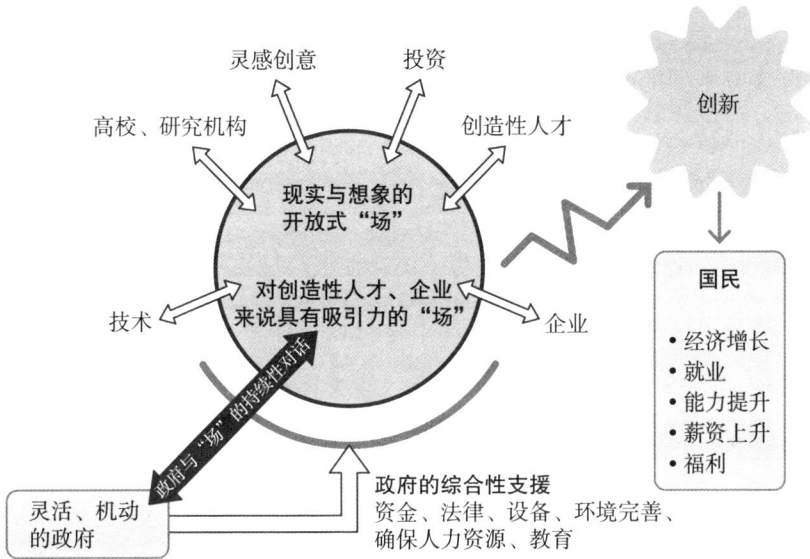

图 3-3　新加坡政府主导的创造创新的"场"示意图

　　不仅是生物医药领域，新加坡政府也在其他领域积极推行向知识创造型经济转型，为了让新加坡成为世界首届一指的创新型国家，新加坡政府不遗余力地推行着各项政策。

　　国土有限、资源匮乏的新加坡，只有通过聚集知识，创造孕育创新的"场"，才有可能保持经济增长的态势。只要稍不努力，就会立刻失去如今的繁荣局面。新加坡政府时刻怀有这样的危机意识。

　　而且，创新的主角并不是政府，而是利用政府创造出来的"场"进行创新的人或者企业。在全球化高度发展的当下，引领创新潮流的人才在全世界游走，寻找最适宜创新的"场"，若是政府能提供这样的"场"，则能吸引更多的人才。

　　新加坡有其特殊的国情，上面介绍的 BMI 经验，日本不能完全照抄。

但是，新加坡在地方层面推进创新，还是有很多值得我们参考的地方。

由政府主导的创新需要认清现实，广泛吸取他人的经验，在此基础上形成具体的政策。政府应汇聚国内外的智慧，制定适合本国的政策，在施策的过程中，要根据环境的变化随时调整。这听起来不是什么稀奇的事情，最重要的就是让所有政策措施融为一体，在更高层次达到平衡。

不断高效推动各项政策实施并千方百计地让各项政策有机结合，这让新加坡熠熠生辉。这个年轻的国家今后能否再续辉煌，与如今正在施行的知识创造型经济政策息息相关。笔者今后也会持续关注该国出台的政策。

第四章

社会インフラ事業モデルの構造と戦略展開
——ナレッジエンジニアリングの視点

社会基建事业模型的构造与战略展开
（基于知识工程的视角）

⋮

旭冈壑峻

第一节　社会基础设施的变化

发达国家经过高速成长期，其社会基础设施基本完备，如公路、铁路、机场、港口、给水排水系统、电力、燃气、住宅、医疗设施、教育设施、通信网络、金融服务、行政服务等，这些社会基础设施共同构成了产业和社会的基础。随着近代全球政局的相对稳定，全球经济迎来大发展，国家基础设施建设也得以快速完善。

但是，从工业化社会进入信息化社会，再到知识型社会，企业为了应对新的市场竞争，不得不通过开发新的服务内容、扩充物流服务范围、扩大服务网络等业务形态的改革，构建所谓的上层建筑与服务业务相融合的综合性业务基础，这也正在成为社会基础设施建设（以下简称"社会基建"）的一大课题。

特别是当下，环境—资源—能源问题、经济全球化与人才的跨国流动问题、新兴国家的社会基础设施不足问题等，各种矛盾凸显，仅靠现有的基础设施根本不足以做出应对。同时，随着通信网络技术的发展、软件和服务技术的进步，以及各种功能材料、纳米技术、生物技术等新技术的爆发式兴起，运用这些新技术的社会基建事业也在悄然展开，比如社会基础设施配套事业（太阳能开发、环境循环型都市）、聚焦未来产业发展的未来城市开发事业（研究之都、设计之都）、发达国家的智慧城市（smart city）开发、可持续社会的城市系统重建等。

关于新的社会基建事业，相关实证研究已经开始。根据经济合作与开发组织（Organization for Economic Co-operation and Development，OECD）

的调查，预计全世界的社会基建事业在今后会形成超过 40 兆美元的市场。

随着环境技术的发展，人们逐渐重视能源的最优化利用，并在该理念的基础上提出了一些新概念，比如拥有太阳能发电系统、电动汽车技术的智慧城市；提倡低能源消耗的紧凑型城市；开展水资源供给和运营业务的综合型城市等。

从国家培育产业的观点来看，这些领域都是国家经济成长战略的新支柱，也是国际竞争的焦点。同时，这些领域响应了"知识型国家的社会基础建设"的号召，与国家层面的愿景不谋而合。

比如智慧城市，并非单纯地将过时的各种设施重新组合后再次利用，而是通过基础设施的重建和有机结合（高效、循环、最优）解决未来课题（宜居、安全、克服环境问题、解决老龄化问题、产业集聚和就业增加等），从而构建一个新的城市构造和机制。换句话说，全新的社会基建事业，将通过"以人为本的综合视角"进行新的空间创造，以此解决社会问题。

反观日本的社会基建事业，长期都不太重视居民生活的丰富性、居住者的附加价值和功能。而且，截至目前，很多发达国家（特别是日本）的城市基础设施都是以产业集聚为中心的，重视产业效率，忽略居住者的多样性需求。

这种以产业为中心的社会基础设施显然已经落后，当下全世界正在积极探索迎合知识型国家的以人为本的基础设施建设。因此，各国的当务之急是转移焦点，构建各个系统之间的高效连接。值得庆幸的是，日本已经开始着手这项工作，各种项目也在相继展开。这将有助于新型创造人才的培养和知识产业的集聚，也将成为日本未来成长战略的基石。

第二节 事业环境

❖ 社会基建领域的竞争

社会基建事业对于国家的新战略来说意义重大。目前面临的环境——资源—能源问题、水资源问题、食品安全问题、人口老龄化问题、健康问题、安全问题、就业问题等，不管在哪个国家都居于国家战略的中心位置，亟须解决。发展社会基建事业不仅有助于国家解决这些问题，还有可能成为该国向世界输出解决方案的一张名片。

今后的社会基建事业，意味着一整套能够"持续创造新价值的系统、制度或机制"。由此可见，在今后的国际竞争中，社会基础设施的构建能力是各个国家或城市之间竞争的重点。

如此看来，对聚焦产业发展的社会基建模型进行改革势在必行。特别是发达国家，在对现有的社会基建模型进行改革的同时，在社会基建事业输出方面，当输出对象在全球化经济中极具发展潜力时，如果不能对其社会基建事业提供有力的援助或紧密地参与其中，那么，该发达国家今后的国际竞争力将令人担忧。以往的观点认为，在对外输出社会基础设施时，只要具有尖端的环境技术就能获得竞争优势。但是如今，仅凭单一的技术优势只能成为外包企业，长久下去会逐渐失去竞争力，向其他国家输出社会基建的品牌设计更无从谈起。

在这样的背景下，对一个国家来说，重要的是对社会基础设施综合性概念的提案能力和构建能力，以及基于囊括了这两种能力及其运用的"基建篮子"（infrastructure package）而展开的未来愿景和世界战略。

所谓未来愿景和世界战略，是指结合社会基础设施的顶层设计，将构建新的社会基础设施与更替旧的社会基础设施带来的内需相结合，引领居民生活形式和生活习惯的改革；同时，以实质性成果为基础，形成国际化产品，从而推动社会基础设施的包装与输出。这一创新之举将极大地提高一个国家在社会基建竞争时代的国际竞争力。

❖ 由单打独斗到全民一体化

随着社会基础设施领域的竞争加剧，世界顶尖企业的危机感骤升，它们需要迅速了解并掌握社会基建事业的特点，并以此确立相应的战略。有趣的是，大家最后得出的答案一致——共创。

对企业来讲，想在规模庞大的社会基建事业中一枝独秀的难度很大，几乎不可能。伴随着经济全球化进程，在业务重组、企业并购、业务统合、业务合作等新业务模式的驱使下，企业不仅要学会快速、高效地展开行动和实时调整，还要积极招徕和培养创新型人才。

对那些在社会基建事业中取得成功的企业稍加观察，我们就能发现，除了推行全民一体化和业务一篮子化，这些企业还以新的未来价值为目标，由领导者亲自主导创新，不断强化组织架构和人才培养。而且，为了获得全球化资金和人才资源，这些企业都在积极推行经营构造改革，实行高效的决策机制。

通用电气是从很早以前就开始培育和强化社会基建事业的企业。早在2005年，通用电气就提出了"绿色创想"（eco imagination）计划，进一步强化社会基建事业。"绿色创想"计划源于该公司之前实行的"突破想象"

（imagination breakthrough，IB）战略，后来其业务集中在绿色生态（与环境相关的课题）领域。因此，企业定位改为向世界提供环境产品的企业。通用电气的业务转移如图 4-1 所示。

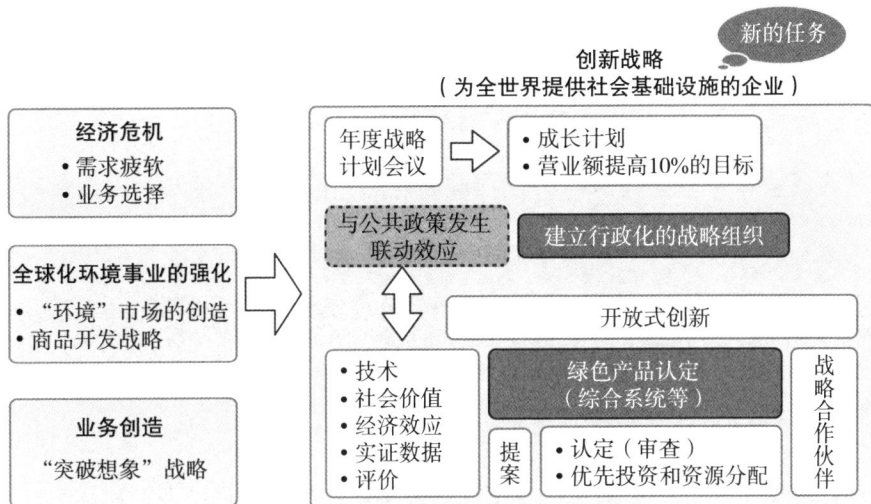

图 4-1　通用电气：业务转移

- "绿色产品的认定"优先进行资源分配的业务：让各组织提出绿色产品的备选方案，以技术特性、创造的价值、经济效果、实证数据等作为主要评价项目，由审查委员会对业务内容进行严格的审查，对绿色产品进行认定。某款产品一旦被认定为绿色产品，就会优先获得投资和资源分配。

- 与战略合作伙伴的合作：在推进特定业务时，尽早选定全球化战略合作伙伴，并与战略合作伙伴合力推进该业务。

- 开放式创新：一边吸取日本先进的环境技术，一边与其他厂商形成合作共创关系。在这个过程中，发挥通用电气对先进技术的独特见解，构建能够筛选最优共创企业的机制。

- 治理单元：社会基建事业，应该有意识地与国家公共政策紧密联动，构建治理单元这样的国际化机构，从而可以迅速地与国家项目和国家预算的动向相联动。

- 年度战略计划会议：这些绿色产品及相关体系，是企业年度战略计划会议中成长计划的核心，也是企业的商业目标。

构筑系统化流程，公开宣扬环境友好的共同善，以在全世界构建新的社会基础设施为目标，在此基础上构建企业内部体系，这就是通用电气推进商业模式创新的前提条件。

值得一提的是西门子的战略规划。西门子提出"未来蓝图"（Picture of the Future）战略，旨在构建涵盖全球社会科学家、未来学者、自然科学家、建筑师、艺术家的人才网，结合多领域视角描绘未来画像。

例如，"人人享有能源：能源可持续供给的解决方案"（Energy for Everyone：Solutions for a Sustainable Energy Supply）、"数字化助理"（Digital Assistants）、"虚拟制片"（Virtual Production）、"分子医药"（Molecular Medicine）、"可持续发展都市"（Sustainable Cities）等，以综合且高超的视点，通过制定未来画像将未来具体化。在此基础上，全球的研发中心纷纷制订相应的技术和系统开发计划，不断强化研发和创新活动。

像这种提出未来画像的做法，不仅可以将今后的研发主题和价值创造相结合，还有可能通过报纸、杂志、网络等公众媒体的宣传，引领未来的社会战略方向。

实现未来画像的开发计划，包含了全世界研发中心的信息共享和技术探索，以及实现条件的迅速完善。当然，研发和运营不限于企业本身的技术开发，在展开商业版图的同时，还可以进一步明确对国家基建设计的支援能力，为国家提供解决方案。社会基建事业核心技术的一体化，还有利于加强全球化战略合作伙伴之间的合作，如图 4-2 所示。

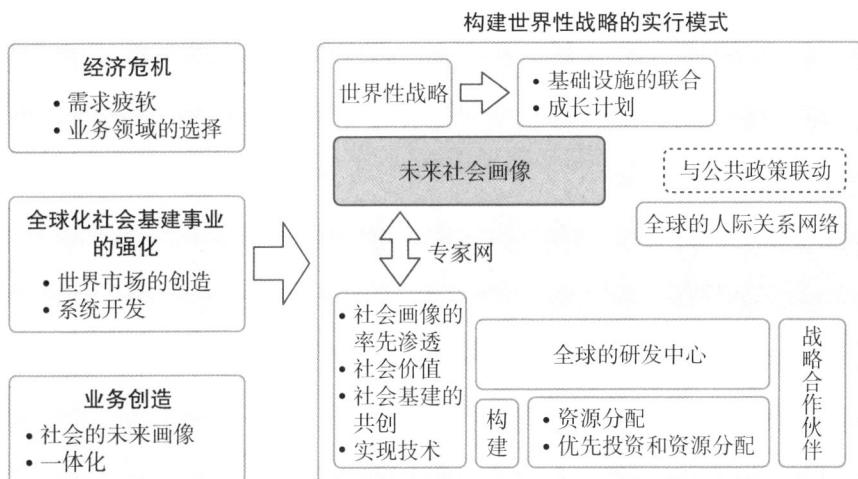

图 4-2 西门子公司：率先提出未来画像的战略

另外，IBM 公司在创造智慧城市的社会基建业务中，特别是能源应用领域，已经积累了大量的实证研究和实践成果。

比如，IBM 公司向工业区、医院等硬件设施及交通系统保证电力能源的多样化供给（火力、电力、太阳光、太阳热、风力、水力等发电设施）；同时，为保证家庭的稳定供电，IBM 公司推出电力最优化和能源可视化的解决方案。除此之外，针对电动汽车的蓄电装置，IBM 公司在必要的地区建设蓄电设施，并提供基于供给、管控和安全等数据的高精度运营系统。

由于发电量会因气象条件大幅波动，为了精确地预测发电量，IBM 公司进行了大量的实证研究，积累了不少经验，比如运用高性能计算机进行高精度的计算处理，将日照、风向等作为发电设备的预测参考依据等。在此基础之上，IBM公司通过云计算网络提升跨地区数据运用技术，利用庞大的数据处理和运用技术，为最终的解决方案提供软件和系统支持。

当然，如此大范围的开发，仅靠一家企业是无法完成的，需要多家企业携起手来共同推进，形成社会基建一体化格局。构建这样的新机制，不仅能够强化人才培养体系，还有助于促进相关企业之间构建有效的联系（见图4-3）。

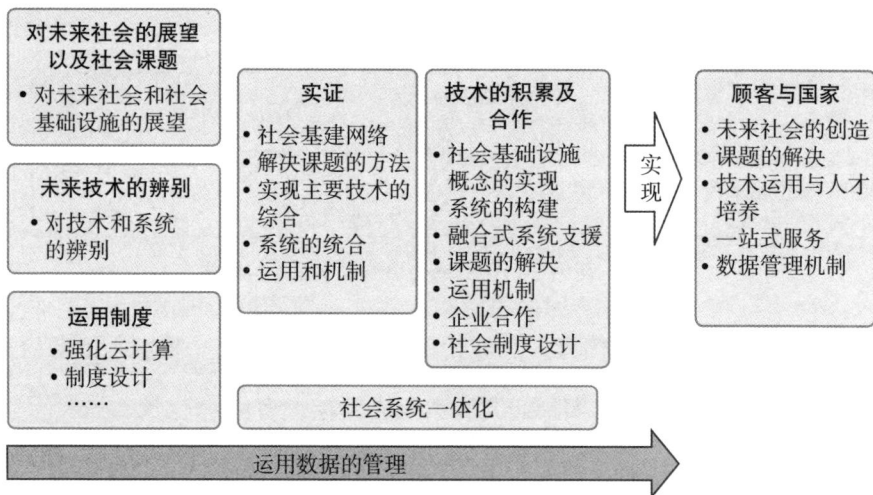

图 4-3　IBM 公司：构建智慧城市的数据运用

在日本，掌握大规模社会基建系统构建和运营技术的事业体都是分离和分散的，所以日本正着力推进多家企业联合和国家级项目落地，以此强化国际财团式（consortium）的业务模式。

目前，在日本，能够做到系统构建、设施建设、供给、运营全部一体化的企业屈指可数，而且日本政府也疏于对这些企业的培养。东芝、日立等企业是拥有构建大规模系统经验的企业，它们一方面通过设立"企业统合部门"统一协调各业务部门；另一方面将系统技术专家的部门进行综合，以此加强对社会基建事业的应对能力；还有的企业成立负责国家级项目的新部门，负责面向新兴国家的业务输出，积极参与输出对象的社会基建事业，将行政服务纳入一体化管理之中。

在效率和价格竞争中，因成本高涨，企业必须把成本调整和系统设计纳入一体化工作。当然在此过程中，企业不可避免地会遇到一些困难。

虽然日本企业所拥有的国际领先的环境技术、高性能产品和零部件，能够为其带来一定的竞争优势，但在可预测的未来，日本企业仍然需要构建社会基建事业的业务母体，加强系统一体化人才的培养（见图4-4）。

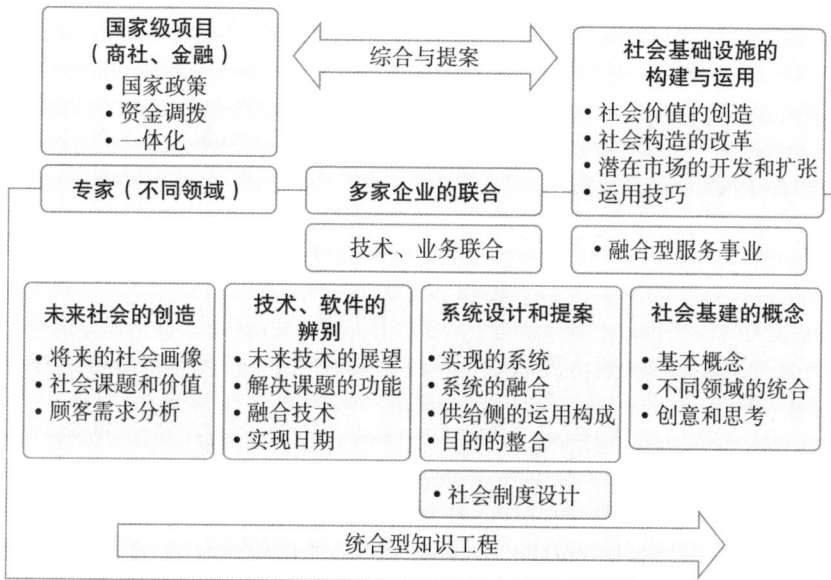

图 4-4 日本企业：国际财团式

未来的社会基建事业，不仅包含以工业或产业为中心的构建视角，同时，扎根 21 世纪的共同善目标、立足于可持续化社区的以人为本的生活方式，即"构建知识型社会"的视角也会变得格外重要。在这样的视点下，能在世界范围内构建未来社会的企业正在成为人们追逐的对象。

第三节   社会基建新模式及其构造

近年来，社会基建事业为企业的长期成长战略指明了方向，企业加强社会基建事业的同时，还应积极参与新兴国家的社会基建。在新兴国家市场，社会基建事业与国家战略紧密相连，企业通过在这些国家接受订单和开展实证实验，实现社会基建领域的全民一体化战略。如此一来，企业的国际化战线被拉长了，这不仅加速了制造基地和研发中心的海外转移，还加剧了对全球化人才的争夺力度。

从这个角度来看，日本企业在 2008 年以后的海外转移加速，并非完全是企业为了生存下去或保留市场的无奈之举，而是在全球重建社会基础设施的背景下，企业对未来价值的全球化竞争的主动参与，它是一种积极的战略转移的开端。毫不夸张地说，面对如此大规模的商业模式转移，能否真正参与社会基建事业，关系到一个企业或一个国家能否完全适应和有效利用全球化趋势。我们应该清醒地明白，日本企业仅仅依靠产品制造无法在全球化的潮流中立足。

因此，走在潮流前端的企业，都希望尽早构建新的社会基建事业模型，抢占世界市场，以此作为成长战略的支柱。日产公司没有止步于单纯的汽车销售，而是联合了全世界近 80 个国家和地区，以电动汽车为轴心，立志于构建零排放社会。

这一举措的重点在于，公共投资拉动的内需与社会基建事业产生联动效应，以此创造出新的社会价值。创造价值所必需的产品和系统就是生产研发的重点，而要实现业务模型转移，就必须开发新需求。企业为世界各国及地区提供社会基础设施，系统自不必说，涵盖运营技巧、资金支持等要素的综合战略才是成功的关键。

规模如此巨大的商业模式创新所必需的要素很多，企业能在世界范围内对这些要素实行一体化管理的能力非常重要。通过企业并购引发更大的交易成为企业获取这一能力的一大战略要素。同时，为了在新时期推进社会基建事业，确保推进要素的丰富性和竞争力，企业集团化和寡头化的倾向也会逐渐增强。

- 与国家政策加深关联，为解决社会问题，不断吸收孤立的系统，形成一个综合系统。
- 由于单打独斗无法实现目标，因此企业应建立经营资源的全球化战略合作伙伴关系。
- 为扩大全球市场份额，形成企业联合体，强化针对每个国家和地区不同消费方式的对应能力，拓宽销售渠道，构建保养服务系统。
- 构建开放式创新组织，聚集全球信息技术和人才，让构建社会基建事业成为可能。

这些措施所构建的系统具有以下特征。

- 使社会价值的创造和经济效应的发挥成为可能。
- 孤立的技术能得到广泛的评价，分辨技术优劣的硬件、系统、软件等迅速普及。
- 经营性资源的战略性分配成为可能，同时加深与公共政策的协作关系。
- 连接纵向业务，加强组织解决横向问题的能力和对创新型人才的培养。

当具备以上条件，"未来价值创造"的新商业模式将初现雏形。它的特征具体如下。

- 拥有向全球化课题挑战的组织架构，该组织架构能实现知识的集聚。
- 为了实现超越未来业务和产业框架的价值，企业进行了技术积累和客户渠道变革。
- 为了构建崭新的社会基建事业，成为拥有动态化知识的集团，企业能够为此实现系统和架构相关的技术及软件的统合与融合。
- 企业领导者能够通过技术鉴定和业务鉴定，做出不拘泥于惯性的判断，选出真正有潜力的技术，进行资源分配和人才配置，并且迅速采取行动。

也就是说，社会基建事业不应局限于现存的框架和想法，引领创造和创新的知识创造能力也必须融入商业模式之中（见图4-5）。

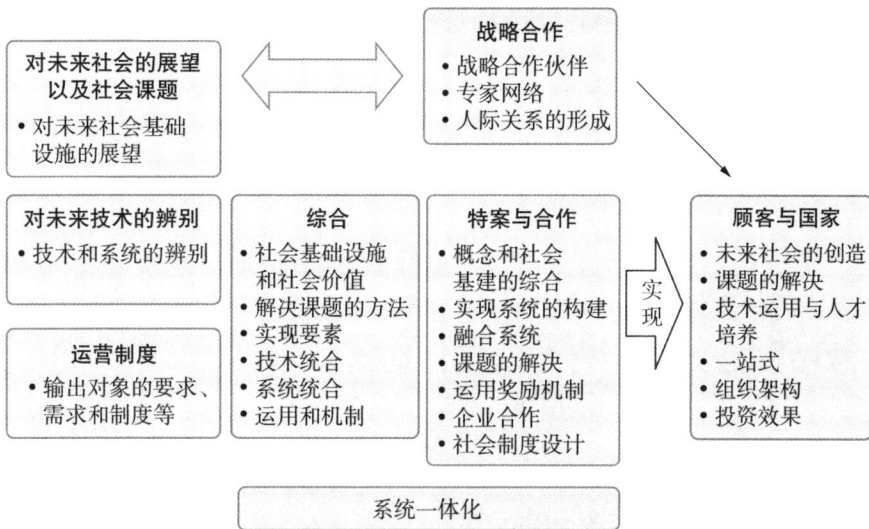

图 4-5 社会基建事业模型

正如我们所看到的，社会基建事业模型是为了解决社会课题而存在的。它能与公共政策联动发力，拥有统合各个专业系统的综合系统，而对这个系统和架构贯穿始终的运用是成功推进该事业的关键。只有这样，才能打破社会基建事业既得利益者的权限，从而创造真正的未来价值。

第四节　业务竞争优势的构建过程

❖ 社会基建事业的构建过程

为了应对激烈的全球化竞争，企业不惜赌上前途和命运，也要不断地进行产业模型的创新和转移。其目的不是获得价格优势，而是实现社会制度和生活方式的变革。社会基建业务的构造过程，也可以说是一种构建新知识的"知识工程"体系化过程（见图 4-6）。

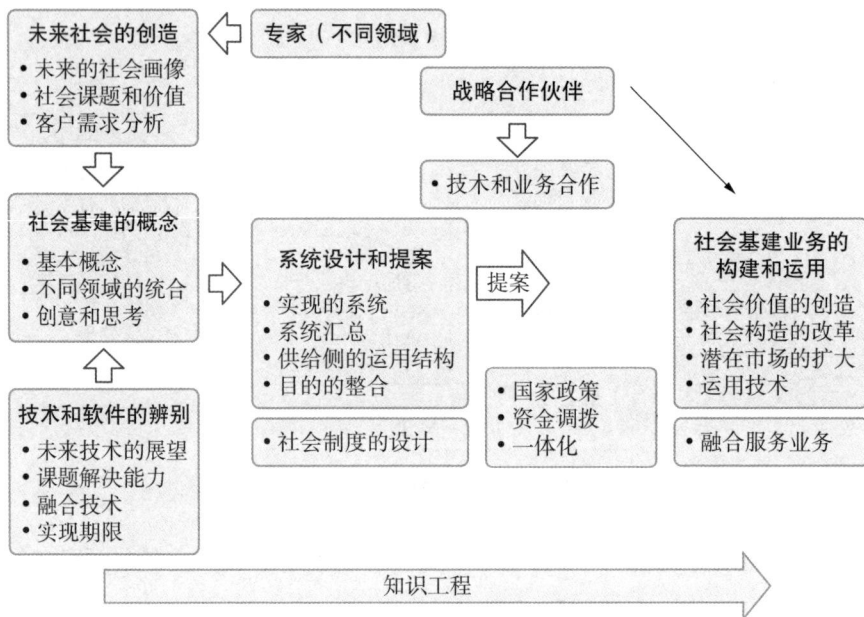

图 4-6　社会基建事业的构建过程

- 提出未来社会的画像：广泛动员自然科学、人文科学、社会科学
  等领域的力量，提出未来社会画像。

- 分辨出能够为实现未来价值发挥作用的新技术：以未来科学技术
  的预测来分析和探讨应该建立怎样的社会系统，从不断取得突破
  的新技术中选出能实现未来价值的概念或系统，用心研究。

- 战略合作伙伴和国际财团的形成：社会基建事业由单独的企业来
  实现难度很大，需要企业间达成战略合作协议，以此形成企业群
  或国际财团，共同推进。

- 实现制度设计创新：社会基建事业是为了实现适用于未来的系统

和服务，所以要彻底改革旧制度，那么符合实际情况且谋求创新的制度设计显得非常重要。而且，改革必须有丰富的实践智慧保驾护航。

- 系统一体化：社会基建事业，需要聚集全世界的技术和软件。因此，以高精度的分辨力选出素材、零部件、软件、系统、内容、服务等并进行统合的一体化过程是关键的一步。

- 与未来价值的联动效应：未来的基建事业，不是对以往的经营模型进行小打小闹的变革，而是在剧烈变化的环境中，发现问题的本质，创造性地解决问题，因此立足于未来的真正的创新不可或缺。

如此看来，社会基建事业的商业模式创新应重视以下几点。

- 掌握事业环境的变化及其本质。

- 能够迅速将科学技术和未来价值相结合。

- 对具有未来价值的事业进行孵化。

- 具备未来价值的国际竞争力的验证。

- 对未来价值的持续性创新的投资。

- 对现状的把握、对价值构造和既得利益者关系的分析。

- 对客户需求变化的因果分析和预测。

- 技术的预测与未来价值的结合。

- 愿景的设定。

- 通过现场实践分辨出解决问题的方向。

以上提到的种种，包括明确未来价值目标以及克服理想与现实的差距，都是社会基建事业模型所必需的基础能力。作为经营架构来说，导入创造未来价值的战略流程、把握业务环境、辨别核心技术、联合战略合作伙伴、评价关键活动和核心资产以及建立初入市场时的支援机制等，都是非常重要的。

战略推进与构建业务模型要双线并行，一方面强化经营基本面，如市场验证、知识统合、实现条件的完善（国际化标准等）、核心技术（融合技术）的强化、资源的延展和整合、综合系统的高附加值化、实施项目的整合等；另一方面，应对开发流程、生产制造流程、销售服务方法实施改革，有序推进与目标相关的新项目落地实施。

社会基建事业模型是动态化的、大胆的、关于未来价值创造的构想，它与旧式的积累性经营管理完全不同。未来价值创造的基石，其本质是知识的集聚和相关流程的再设计。

创造未来价值，就是将全世界的知识重新集聚起来，找出最合适的未来课题，进行关系的重建，因此找准方向很重要。同时，构建起战略性人才的跨组织集结和活用机制，是创造未来价值的基础。重整经营资源，形成一个经营资源的"文件夹"，其中的要素可以随时取用，这样的组织和流程在支撑战略灵活性方面作用显著。

通过设计新的流程，让那些创造性人才有足够的机会去现场实践和体验，达到用优秀的实践智慧来培养社会基建人才的目标。

如果日本能通过重建社会基础设施实现创造未来价值的经营，那么，不仅在日本国内，就算在国际社会，日本对未来价值的创造都会做出巨大的贡献。日本企业目前所急需的是能推动社会基建 BMI 的机制和人才，以及想去创造未来价值的雄心壮志。

❖ 社会基建事业模型的竞争

社会基建事业，关系到多种多样的社会基础设施的建设。社会基建模型的竞争是一个丰富多维的概念，它涵盖了实证、构建、运用、保养等一系列业务领域的竞争。因此，社会基建事业面临来自个别部件、系统结构、系统建构、系统应用等方面的压力，在大多数情况下，它必须与战略合作伙伴达成技术融合。从全世界范围来看，只有少数企业能做到以上这些。

日本企业同样如此，仅仅依靠某一个单独的系统或者单一的创意，无法在世界竞争中占据竞争优势。针对之前开展的社会基建工作的经验进行简单的归纳是行不通的，而应该站在全球化的高度，迅速完善社会基建事业所必需的构成要素。如果想要成为高附加值的产品输出，还需要进行战略化的包装。现在，日本企业已经到了不得不从产品制造向价值创造转移的时刻。

在表 4-1 中，我们结合社会基建事业的案例介绍了其对应体系。

表 4-1 社会基建事业的案例及其对应的系统

案例	
低能源消耗、资源最优化社会基建事业	尖端技术产学集聚型社会基建事业
食物自给自足型社会基建事业	安全防灾类社会基建事业
废弃物处理等循环式社会基建事业	机器人等能力支援型社会基建事业
与智慧城市相关的事业	知识数据管理型社会基建事业
与人口老龄化相关的事业	模拟应用型社会基建事业
医疗、保健综合服务型社会基建事业	人才培养能力开发支援型社会基建事业
行政服务社会基建事业	研究集聚型社会基建事业
酷创意（突破时间、空间界限）社会基建事业	

（续）

对应的系统	
综合问题点、可视化系统	自我修复功能系统
减少失误和事故的系统	安保系统
最优化操作支援系统	编辑检索系统
综合性双向评价系统	认知感应系统
远程监控操作系统	临场感表现系统
真实和虚构可以相互转换的系统	知识娱乐系统
画面综合诊断系统	风险监控系统
稀有金属等资源的回收再利用系统	计算机搭载器系统

　　企业将资源集中在上述体系之下，就形成了构筑国家竞争优势基础的"附加价值之源"。同时，企业还必须站在客户需求的角度，对战略功能进行明确的设定。

　　还有一点非常重要，在对这些社会基建事业进行 BMI 时，企业应在重建模型过程中抢先融入成功条件，然后持续不断地开展下去。正因为这一招能为社会基建事业带来冲击力，所以企业管理者更应该抢先一步提出愿景，提取出成功条件并细心推敲，并且要为实现这些成功条件执着地推进经营。这一过程不仅能使企业的潜力得到充分的锻炼，还能培养出其他企业所不能比拟的准确判断力和快速行动力，有助于企业形成坚韧不拔的经营体质。

　　抢先占有成功条件的方法，就是企业管理者提前提取出成功条件，同时把已经成功的目标作为现实参照物形象化，然后战略性地展开。只有让梦想中的目标先行一步，播撒希望的种子，才能激活动力去解决理想与现实之间的差距，摸索出全新的方法，实现创造性经营。这种构造是顺应时代的产物，需要企业管理者对复杂的环境进行辨别，能在现场迅速且创造性提出解决方案。

这个方法通过制定现实中不太可能发生的成功条件，深化大局观和整体观，进一步强化企业的信息收集能力和行动的韧性。在制定战略后，再对实践能力进行提升，明确组织和个人的优先顺序，可以引起全体员工对迅速推进事业的共鸣。

当下，日本企业在国际竞争中的问题是决策的低效率化。只有提高决策效率，企业管理者才能尽早发现和及时解决业务开展过程中的偶然因素或预料之外的状况。而且，这同样有助于提出解决方案、改革企业文化和强化目标实现能力。

第五节　战略的推进和展开

❖ 社会构想力的综合视角

前文中已经提到，在社会基建事业的推进和展开过程中，为了应对未来社会的改革，企业需要拥有对未来社会的洞察力和综合性视角。但是，综合性视角往往被人们忽视，各企业或组织习惯单打独斗，甚至一部分专家团体也喜欢采取单人作战的方式。

但是，未来的社会基建事业，必须与自然科学、人文科学、社会科学等领域相关联，因此企业必须从多元化的视角进行系统设计。也就是说，企业必须将各领域的专业知识进行统合，以俯瞰式视角对新系统有一个整体的愿景。

比如，在探讨未来环境城市的时候，就需要从以下视角进行思考。

- 与环境相关：对自然资源的保护、计量环境污染的监控、环境恢复的构造、环境负荷的减小、循环机制、环境净化装置的配置、给水排水系统等。

- 与能源、电力相关：能源或电力的供给系统（集中、分散）、应对风险的替代系统、高效率系统、需求和供给的可视化以及最优化控制、在紧急时刻的自动分散方式、贯穿一体的机制和数据网络等。

- 与生活相关：节能住宅（节能技术、节能素材、节能住宅构造）、垃圾等废弃物处理、与自然和谐共生、自立自助式组织机制、看护与养育的互助服务、地方社会的关联性、地震和海啸等风险的回避机制、生活物资的确保、高龄者共存构造、大范围合作、紧急避难生活支援机制、家庭看护、居家办公等。

- 与公共设施相关：行政服务（行政机构的配置、公共信息的传达、个人数据的管理应用保护、服务效率等）、公共交通网络（随时可用的公共交通、无缝切换的交通系统、紧急状况下的交通机制、停车场及其配置、事故多发地点的警报系统等）、医疗服务（医院与家庭医生的合作、医疗效率、前沿医疗设备导入机制、医保制度设计、健康数据电子化、再生医疗等新的医疗技术的应用、地区医疗、健康管理维持系统等）。

- 城市娱乐中心：城市生活娱乐设施（博物馆、美术馆、音乐厅、图书馆等），文化交流、传统活动仪式、休憩场所、历史遗迹与

信息中心、饭馆、酒店等配置，还包含景点设计、居民与游客的
对应、安全治安系统等。

从硬件到软件的多元化视角，一经融合，就会产生极具魅力的创意提
案和实现的可能性。

这种战略性推进方式，不再像以往仅仅对某单一领域的经验进行简单
积累，而是系统性地分析未来社会将面临的课题，不断凝练出创意和想法，
然后通过综合性分析提出未来社会画像。

就日本目前状况而言，社会基建事业的综合性视点还比较薄弱，产业
与学术研究之间的知识断裂比较严重，还无法描绘未来社会画像。企业内
部充斥着内包式发展倾向，联合外部专家共同制定未来蓝图的能力很弱。
但是，社会基建事业是全球化的事业，企业必须从多元化视角对未来社会
进行描绘。这种对未来系统愿景的构想力，要结合企业内外的智慧不断
发展。

为了勾勒出未来社会画像，企业必须积累社会基础设施领域的技术和
智慧（这种智慧在知识网络中的影响力不可或缺），关注大学、研究机构、
其他企业等对新技术的研发，强化信息收集能力，一旦有新动向，就要快
速出击，抢占技术制高点；同时，不能放松对人才的招徕和培养。遗憾的
是，日本企业这在一方面做得远远不够。也就是说，强化对尖端技术的识
别能力和加强对全世界研究者的联合，都是非常重要且必要的。

与社会基建相关的技术，范围很广，具体包含循环型社会基础技术、
环境保护技术、安保技术、图像声音识别技术、网络管理技术、数据库检

索技术、控制系统、系统构建技术、移动追踪技术、认证技术、城市再生技术、医疗保健技术、能源综合管理技术、食品安全技术、宏观画面技术、机器人技术、风险解析技术、废弃物与危险物处理技术、自然共生技术、沟通技术、手机技术等。其关键之处在于，企业能在多大范围对这些技术进行灵活运用。

❖ 一体化进程

当下，日本也将社会基建事业的海外出口作为国家战略，正在着力推进。然而，企业很难在海外的基建事业中一枝独秀，需要各企业联合或者组成国际财团，构建从供给到运用全部流程一体化的企业群。因此，企业必须尽早加强培养协同力和共创力，即一体化的能力。企业一体化能力的提升，意味着其在社会基建事业领域的国际竞争力的提升。那么，形成一体化能力又需要克服哪些课题呢？

① 应对社会基建系统的本质变化

- 把握知识时代的新课题（未来社会的概念基础）。

- 从新的视角对日本社会基建系统进行再编。

- 通过附加新的功能和技术构建从供给到运用的一体化系统。

② 社会基建系统的构建

- 强化应对融合领域扩大的能力和体制（课题解决型领域融合的汇总、构建）。

- 理解融合领域、培养系统一体化人才。

- 从依靠分散、独立的系统及其简单组合来解决问题，向以系统融合为基础的问题解决方式转变。

③ 国际竞争的课题

- 根据输出对象的需求确立系统概念。

- 克服国际竞争的脆弱性，包括顶层外交（技术外交和人际关系外交）和面对复杂环境的果断决策，统合性地推进体制，综合技术，通过竞争条件的形成和知识的集聚强化竞争力，纠正人际关系和信息的不对称，改变销售方式（向国家政策浸透或者结合交易对象的未来计划进行整合）。

④ 社会基建事业系统的战略课题

- 针对社会基建事业目标进行附加价值开发。

- 构筑方法（系统功能向重要功能集中——成为"战略功能"的焦点）。

- 经验的积累方法。

- 价格竞争的应对（系统概念和功能的优势）。

⑤ 社会基础设施的运用以及运用相关的制度设计

- 社会基础设施的运用经验改革。

- 彻底适应数码时代的设计思想。

- 实现社会基建事业的制度设计。

以上所提到的，正是日本企业不擅长的综合化和一体化的智慧，日本企业必须借助某方面的优势（如素材、零部件、附属系统等），尽早掌握这些能力。

❖ 推动国家与地方的合作

　　日本的产业构造以产业为界相互独立，各产业依靠个别优势业务支撑。但是，社会基建事业是一个包含运用和制度的系统性工程，必须积累贯穿于供给到运用的一体化技术。截至目前，社会基础设施都是由国家或自治体的个别企业垄断，因此在系统设计方面，日本企业比较欠缺系统的咨询能力和运用技巧，图4-7是社会基建事业的框架，包含让社会愿景先行，与国家政策联动，将关联业务和企业培育具体化，通过产学官一体化加强制

美国和欧洲国家，是战略计划、愿景先行；日本的计划是单独积累型，整合性、综合系统的推进和产业培育都比较弱。

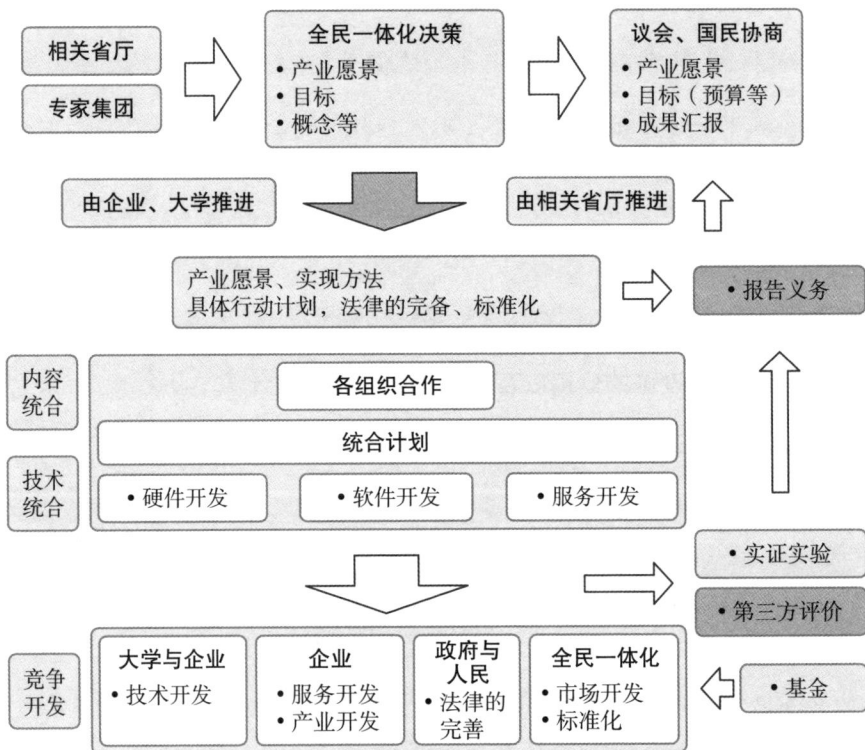

图 4-7　社会基建事业的架构（包含国际比较）

度设计和统合，制定国际化标准、建立互相支援的关系（投资资金的连续性、人才培养的持续性）等。上述都是日本企业今后顺利推进社会基建事业的必备条件。

融入智能电子管技术的智慧城市是社会基建事业的试金石，它到底能走多远还有待考证。社会基建事业与各国的地区开发和当地产业紧密相连，随着智能电子管的实证实验在国内外的开展，社会基建事业应该会打开新的经济圈，形成新的产业集聚。另外，太阳能发电，不仅有国家宏观层面的系统性支援，包括公共采购、补助金等，地方上也在积极推进太阳能环境城市、防灾城市的开发，自助分散性机制正在形成。日本企业在这些方面的积极行动，能否克服其本身的缺陷是一个值得关注的问题。

❖ 横向重建和创造知识的主力：社会基建事业模型

在社会基建视野的商业模式创新中，如何构建复杂的关系性决定了该模型的综合和应用技能的优势。

发达国家为了应对社会基础设施老旧问题、解决环境—资源—能源问题以及人口老龄化问题，提出建立未来都市的政策，其背后必然有大量的投资。新兴国家也在大兴基础设施建设，环境—资源—能源问题、用水问题、食品安全问题、交通网络、沙漠化问题、通信网络、产业集聚等，覆盖了国计民生的方方面面。社会基础设施体系一旦构建，接踵而来的就是新产业的创造以及新体系的应用问题，因此，新兴国家也在以长期的视角培养和集聚人才。

全世界的社会基建事业都在向前推进，处于领先地位的企业积极响应，推动 BMI，国家则是不遗余力地支持。社会基建事业是国家未来战略的重要一环，其本质是追求知识型国家全民一体化的世界性知识总动员。

知识在再编和创造的过程中，离不开社会构造的变革、融合型—统合型—可持续发展型国家及城市的建设战略、全球范围内的人才流动，更不能缺乏其背后的知识运用和积累。

这不仅仅是技术上的创新，在以信息和知识管理技术驱动的价值提供和产业开发中，它还倡导跨领域的合作共创。在面对环境等制约因素时，为寻求和解，知识工程视角的解决方案变得尤其重要。

为了取得社会基建事业的成功，日本企业不能仅仅停留在系统的综合上，而是要以洞察未来社会（社会的意识改革、社会关系改革、为导入新技术而发起的生活样式改革等）、构建新的社会基础设施为目的，在全球范围内收集信息。在实现的过程中，不仅要解决社会问题，而且要将持续发展、螺旋上升的人才和文化成长机制逐渐内化其中，这才是更重要的。

企业以前的经营手法，以分析为基础，重视理性的方法论，而社会基建事业的经营，不仅要为了解决社会问题进行准确的判断，还要针对理想社会条件达成一致意见。这个形成一致意见的过程不可或缺。也就是说，必须重视在反复试错过程中形成的实践智慧的方法论。

社会基建事业模型缩短了为社会提供价值的距离，它既是一个能迅速运用最新技术的系统，也是一个能迎合理想未来社会的需求的系统。因此，想在社会基建事业中大显身手、为社会做出贡献的企业，不应故步自封，而应该对未来社会报以强烈的好奇和问题意识，以此赋予自身充沛的创新动机，积极投身于系统的创建和组装。在这个过程中，企业领导层必须时刻思考：如何将创造社会价值作为经营的基础和轴心，以及如何让社会和一线员工一直保持共鸣和同感。

　　另外，企业必须养成这样的经营风气——对于未来需求的变化，能够敏锐地察觉，并迅速地做出调整。在未来经营中，除了重视科学技术，企业还要深入社会科学、人文科学等领域，将洞察力与真诚的经营方式相结合，培养能创造性解决问题的人才。

第五章

ビジネスモデルとデザイン思考
——ビジネスモデル・イノベーションの実践知

商业模式的设计思考：
商业模式创新的实践智慧

⋮

绀野登

第一节　商业模式的根基：设计智慧

❖ 21 世纪的商业模式

服务型经济给商业模式带来的冲击

商业模型创新包括产品、服务和业务流程的创新。由于商业模式创新带来的经济效应很大，因此备受关注。IBM 在《全球 2006 报告》中，比较了实施产品创新、流程创新（生产方法和业务流程）、商业模式创新的 3 类企业在过去 5 年中的营业额增长率，前两种类型企业的营业额几乎是零增长，而实施了商业模式创新的企业营业额平均增长率为 50%。

这种对比的背后，是从"产品经济时代"到"价值和知识经济时代"的背景大转变，也可以说是服务被经济化的时代。虽然这并不意味着制造业的终结，但确实是造成日本企业凋敝的原因之一。在发达国家的 GDP 中，服务业的占比很大。制造业发达是日本产业的一大特点，但制造业创造的产值也只占了 GDP 的 1/4。日本一直标榜制造业立国，讽刺的是，制造业的营业利润常年都呈下降趋势。比起制造产品，日本企业确实不擅长管理和战略，这也是日本企业一直被诟病的一大短板。然而，对日本企业来说，简单的战略制定和高附加值的产品制造治标不治本，日本企业必须充分利用其优势，脱离制造业的商业模式，寻求适应价值经济和服务经济的产业。简单来讲就是，日本企业要理解知识的价值，结合产品找到新的知识方法论。

随着经济全球化，人们对地球环境和社会问题愈加关注，不再热衷于产品的量产和市场占有率。可持续化，即社会和经济的持续增长将会成为政治、经济和经营的目标。为实现目标，价值和资源需要被重新组合。思考商业模式，就是思考在知识社会经济中如何产生利润。提出价值主张，创造"场"，在"场"中融入产品和技术的智慧，由此产生的价值会与以前有很大的变化。站在客户或现场的角度，打破以往的关联，重新形成新的关联性，这叫"知识的设计"，也是商业模式创新的本质。

第一代商业模式

下面就商业模式的发展过程做一个简单的介绍。首先声明，这不是用箭头连接信息、资源、资金的动向，并试图达到利益最大化的商业的图解式介绍。

20 世纪 20 年代，通用汽车公司提出了"模式转型"的概念。当时，拥有流线型样式和艳丽颜色的旧式产品变得过时，为了唤起人们替换旧产品、购买新产品的欲望，通用汽车公司发起了这场"制造业商业模式"的转型。

人类第一次有意识地把商业模式纳入经营范畴是在 20 世纪末，互联网和电子商务开始兴起之时。日本国内也一时兴起了"电子商务模式""商业模式特许"的热潮，但没有激起多大的水花。相反，进入 21 世纪，日本企业还沉浸在"产品制造"的经营之中。然而，日本企业，特别是制造业的活力再也不复当年，如何摆脱出口依赖型的制造业商业模式成了一大课题。

当初，商业模式在日本没能得以普及的原因主要有以下几个：第一，企业领导者的注意力几乎集中在以 IT 为中心的信息供给机制和收益上，无暇顾及以"顾客价值"为核心的关联性设计；第二，商业模式当时给人的印象，就是为了提高销售总额而利用的一些小手段，或者网络上开展的金钱游戏等。另外，企业都各自为营，眼光局限在本企业的收益上，没有重视客户或者合作伙伴的共创关系。

美国的安然（Enron）公司就是这个时代的象征。安然公司在能源交易和 IT 商业上取得了成功，被《财富》杂志评为"最具创新精神的公司"，最后却因巨额财务造假而破产。安然公司的网上业务"Enron Online"涉及的业务板块有电力、天然气、石油、铝、造纸、塑料制品、气候、网络宽带等。安然公司自身既是买家又是卖家，营业额和利润都在急剧增长，但没能一直保持下去，因为它的商业模式以自我为中心，忽视了来自社区和合作伙伴的力量。

第二代商业模式

第二代商业模式与第一代在本质上存在巨大差异，它是以知识为基础的商业模式，不是第一代的更新或者复活。其最大的特征是以人为本、以顾客为中心的思考方式，最终目的是实现社会的共同善。而且，它不局限在单一企业的框架中，而是重视同多个合作伙伴协同合作，以形成开放式"知识生态系统"，由此创造利润。

第二代商业模式的出现，与 20 世纪的企业轻视社会性关系和地球环境不无关系。其出发点是"三重底线"（triple bottom line），即除了企业活动的经济效果，还要从环境或者社会方面进行评价。第二代商业模式，从知识资本、社会资本和自然资本中寻求关联的智慧，是以可持续发展为前提的思考方式。

美国办公室专用地毯厂商英特飞（Interface），通过为办公室提供地毯保养服务，构建了独特的商业模式。按照传统的商业模式，地毯厂商都是隔几年一次性更换全部地毯，英特飞公司采取的方式是只更换被弄脏的部分地毯。这种服务方式，不仅可以让客户常年使用到干净、崭新的地毯，也无须更换使用频率既不高也不怎么脏的地毯，这样既能减少库存量和生产量，也可以减少资源的浪费。同时，英特飞公司在地毯的图案设计上也很用心。

因此，英特飞公司给顾客提供的不再是地毯，而是保持办公环境时刻舒适的"价值"，以"价值"为起点和其他商业要素进行关联。也就是说，与其他"物品交换"的商业模式相比，英特飞公司的商业模式是以生态环境为背景的，为顾客提供"持续的服务"。（Hawken，2001）

社会创新的展开

第二代商业模式与非营利性组织等社会企业的创新联系密切。

只是，第二代商业模式远远不止狭义的社会企业，以社会价值或社区利益作为商业模式基础的设计思想，正在成为全球化趋势。英国合作银行（Co-operative Bank），在很久以前就不再投资与破坏环境、动物实验、武器制造相关的企业。美国善意资本（Good Capital）创投基金只针对以消除不平等和贫困为目标的社会企业进行投资。

社会创新，原本诞生于社会企业界，现在也逐渐成了创新的主流。以前，创新是为了让企业获得利润，甚至有时会不惜以社会和环境为代价。进入 21 世纪以后，"可持续"成了关键词，在复杂的环境中如何保持自身的可持续发展成了企业经营的课题。

❖ 商业模式只能在设计流程中产生

商业模式在产业领域的变化

商业模式在不断地变化和进化，商业模式创新发生在所有产业中。从宏观上来说，21 世纪的产业从工业社会进入知识型社会，各产业纷纷向以知识为基础的商业模式转型。面对大环境的激烈变化，如果没有独特的愿景，不进行自我改进，企业很快就会被时代抛弃。各位读者所在的产业，相信也在发生相应的变化。

- 在音乐界，一直是唱片公司居于主导地位，现在逐渐演变为音乐人（内容创造者）直接向听众提供作品的模式。CD 不再流行，网络收听成为主流，以演唱会等大型活动为基础的商业模式开始受到关注。但这些仍然在变化之中。

- 随着电子出版的兴起，出版业也正在经历业务转型和模式变化。亚马逊是其中的佼佼者。

- 新闻业，近 10 年来发行量急剧减少，在广告和配送收入之外，收益源正在向线上商业转移。

- 时尚业，ZARA、H&M、GAP、优衣库等制造零售业模式，以及快时尚（fast fashion）模式成为主流。

- IT 业，"云计算"技术带来了剧烈变化，不是单纯的"所有到使用"的变化，而是信息和媒体本身的范式转换。好比观众从观看电视转移到登录视频网站上一样，企业的信息系统，也从一级集中型向自律分散型转移。

- 在汽车行业，电动汽车的发展带来服务的进化以及模块化生产的比率提高，这将很有可能促使相关企业从以前的以装配工厂为中心向零部件厂商和其他产业的转换。

- 家电产业，就像美国的 Vizio 将自身的精力集中在产品设计上，而将生产外包给合作伙伴一样，这种模式正在从根本上动摇垂直统合型的日本企业生产模式。

- 在航空服务业，低成本航空公司的出现，让航空业全体经营模式都发生了变化。

陈旧的商业模式会带来产业的衰退、淘汰和消亡。美国 ABC 报道，以下产业正在快速消失：唱片店、简易住宅经销商、电话业务、纤维工厂、报纸印刷、服装厂商、DVD 及游戏租赁、照片冲洗、礼服出租服务。

为进化而生的设计

看到身边发生了这些变化，我们可以很好地理解它们。但是，这些变化的方式无法靠理论分析进行预测。纸上谈兵的想法和计划不会产生实践中的商业模式。第二代商业模式带有社会创新的特质，正因为其进化过程是社会性流程，所以伴随着无数次的调整和试错。

其中的关键是应对的速度和灵活性，以及巧妙的设计。让我们想一下达尔文的进化论，进化论提出"适者生存"的法则，它并不是指商业跟随环境变化进化成最适合环境的样子，更多的是强调能针对环境的变化发生突然变异。只有这样，企业才能在各种环境变化中不被淘汰，繁荣发展下去。谷歌和 Facebook 也不是一蹴而就地制定好了成功的战略。

比如谷歌，现在为谷歌带来大量收益的广告收益模型，并非一开始就有的。1998 年，谢尔盖·布林（Sergey Brin）和拉里·佩奇（Larry Page）创建了谷歌，虽然谷歌从天使投资基金那里获得了融资，但是当时几乎没有收益，只是一味地强化检索功能。过了一段时间，谷歌才从其他企业那里学来了"收费性广告"的模式，并于 2000 年开始了广告服务 AdWords，也就是说，用户检索的关键词会自动匹配广告商的产品。这种广告收益模式，比起先实行的其他企业，更适合谷歌。

苹果公司的 iPod，其商业模式战略也不是一蹴而就的。最初只有 iTunes（2001 年 1 月），而且它是专门给苹果计算机 iMac 配置的音乐播放软件。iTunes 的导入在市场上获得了很好的反响，因此苹果公司加快研发，在当年就推出了搭载 iTunes 软件的音乐播放器 iPod。

苹果公司原本瞄准的是光盘市场，中途将 iTunes 的定位从计算机转移到 iPod 的管理软件。这个市场一直被索尼的随身听牢牢占领，因此苹果公司推出了索尼无法进入的 iTunes Store，专为苹果用户的音乐内容下载软件。iTunes Store 于 2003 年 4 月面世，2005 年进入日本市场，由于索尼公司当时没有在音乐产业深耕，因此一直在犹豫是否进入 CD 以外的音乐内容流通领域。

仅仅过了 3 年，苹果公司就完成了 iTunes、iPod、iTunes Store 三位一体的商业布局。这其中确实存在偶然因素，但也不全是偶然。企业应提出多元化的假说，在实践中获取反馈，就像在变幻莫测的天气中驾驶游艇一样，向着想要到达的地方不断地试错。这种方式区别于最开始就知道应该做什么的 PDCA[①]，它是一种以客户价值为中心，对组织架构和相关资产进行综合的过程。这就是所谓的"设计路径"（design approach）。

第二节 设计"相关性"

❖ 三层构造的商业模式

三层构造的设计是关键

第二代知识型商业模式，可以用图 5-1 中的三层构造进行展示。

① 客户价值
② 产品、服务
（物品、信息、资金）
③ 能力、资产、资源

① 与客户的关系以及客户经验的价值层
② 服务（产品或价值）的提供以及财务性（资金）关系层
③ 支撑业务或这些关系的能力、资产、资源层

图 5-1 三层商业模式的思考

第一代商业模式就是中间层②，也就是主要关心自家产品和与服务相关的物品、信息和资金。企业大多采取竞争性战略，通过与交易对象的关系和业界内的竞争获取竞争优势，追求的是利润最大化。

---

① 质量管理循环，Plan-Do-Check-Act。——译者注

但是，商业模式不仅是关乎物品、资金和信息的组织架构，而且是企业利用自身所拥有的资源、资产、能力、客户资源以及合作伙伴的资产等要素，创造出与客户价值的"相关性"，这也是商业模式的前提。可以说，商业模式是包含了战略论、组织论、市场、财务等多方面经营知识的综合体。

位于最上层的是客户价值（customer value），即客户价值主张（customer value proposition），它不仅是有形物品的性能或经济效应，也是一个无形的概念，客户能从内心感受到其价值的概念。这需要通过观察客户或者与客户对话才能发现。从某种程度上讲，客户价值也体现了组织的信条和该企业所追求的共同善。

联邦物流为客户提供的价值就是快速、准确的配送服务。虽然其费用比 EMS 等要贵很多，但是因为它能为客户带来很大的便利性，因此客户也愿意为它的服务买单。这就是以价值为基础的价格设定（value-based）。不仅如此，如果寄出方选择联邦快递，会让收件人感觉到对方的诚意、用心以及专业。这样的客户价值在 B2C 业务或者 B2B 业务中同样重要。

以客户价值为起点思考组织架构

在第二层，考虑的课题是企业以怎样的形式向客户提供自身的产品和服务，通过价值链等架构如何产生财务上的成果。

企业将客户群与客户价值相关联，并提供各种各样的价值，比如品牌化、客户组织化、流通渠道等，所有这些必须在一致的世界观和逻辑下进行关联，否则会自相矛盾。

计算机的订单驱动生产模式（build to order，BTO），即所谓的"戴尔模式"，是独特的组织架构中的代表模式。企业首先从客户那里获得订单，然后根据客户需求迅速组装，再交付产品，主要通过定制和效率提高客户价值。相反，如果客户等待的时间变长，其价值就会降低。客户定制的高效实施与客户价值相关联，这一点戴尔比谁都清楚，比谁都走在了前面。那么，让 BTO 真正落地实施的生产平台就是商业模式的核心。

最后，我们关注第三层，对现存商业背后的组织架构进行变革、限定或者删减，以创造新的价值流，也是可行的。

例如，SEVEN 银行的业务就是在全日本的 7-11 便利店和伊藤洋华堂设置自动存取款机（ATM 机）。然而，大多数客户都没有 SEVEN 银行的存折。即使这样，由于它提供 24 小时服务，因此仍然对客户具有价值。普通银行的存折服务和 ATM 服务是分离的。每次交易的手续费只有 100~150 日元，为了从手续费中获取利润，银行必须彻底控制内部成本。普通金融机构的ATM 业务都是常年高额赤字，因此 SEVEN 银行通过限定机器功能，把操作简洁化，把成本压到了普通 ATM 机的 1/3，因此可以尽早回收成本。还有一点是 SEVEN 银行的组织瘦身，即控制人事费用，在创业之初，该公司只有 119 名员工。

能力、资产、资源与合作伙伴

第三层包含支撑整个商业构造的经营资源，即企业本身拥有的资源和资产，最主要的是知识资产与能力、提供价值的路径、独一无二的价值以及合作伙伴。在以知识为基础的商业模式中，人际关系和知识网络都不可或缺。

企业在向客户提供价值的过程中，不仅涉及表面的信息、资金、物品的流转，其背后需要怎样的资产和能力支撑，还需要对现实的关联性进行考察。如果企业只关注自身的商业模式，就无法具体化。不管怎样的商业模式，如果不能与他人建立良好的合作关系，最终都无法长久。比如，苹果公司的 iTunes Store，一方面是相对于音乐内容的客户价值基础上的价格，另一方面是对于音乐能够进行网络销售的判断思维的价格，必须把这两种价格之间的差作为利润进行思考。如果这一点做得不好，那么 iPod 业务的整体模式就无法正常运转。

从新视角创造关联

企业通过与以前被忽视的方式——与客户建立独特的关联，也可以创造出新的商业模式。比如，Skype 和 R25 等被称为免费模式的商业，通过免费获得客户资源，将客户群体本身作为资产加以利用。

Skype 软件（2011 年 5 月被微软收购）由本部位于卢森堡的 Skype technology 提供，其业务就是利用 P2P 软件免费拨打网络电话。只要是计算机用户，家中实现联网，利用计算机配置的麦克风和扬声器，不管是谁，在世界的哪个角落，都可以随时进行免费通话。

Skype 的国际通信量在 2008 年达到了 330 亿分钟。国际电话通话量达到最大，Skype 实际上成了最大的电话服务商。然而，Skype 的业务规模和组织都不大，截至 2010 年 6 月 30 日，有 788 名员工，还不到通信大企业的 1/10。2010 年上半年，Skype 的营业额是 4.06 亿美元，纯利润达到 1 300 万美元。Skype 与普通长途电话服务商的商业模式对比见表 5-1。

表 5-1　Skype 与普通长途电话服务商的商业模式对比

商业模式的三层构造	普通长途电话服务商	Skype
客户价值	国际电话的用户（有限制的）	• 网络用户 • 国际电话用户
产品、服务	国际电话（以高价、高收益为目标）	免费（全世界可用）
能力、资产、资源	企业自身开发的、作为资产的网络基础设施	• 由网络用户构成的 P2P 网络（免费的基础设施） • Skype 软件开发 • 本地业务与合作伙伴

但是，Skype 提供免费通话为什么还能获得利润呢？该公司不像普通的电话公司，几乎没有通信硬件设施（交换机或海底光缆等）。事实上，Skype 的基础设施就是客户。只要免费下载软件，就能和拥有同软件的用户通话。当超过某一阈值，"网络外部性"机制被激活，用户数量就会激增。也就是说，在自己连接的世界中，网络用户的计算机就是通信的基础设施。Skype 是一个把客户网络（客户关联性）作为资产进行运作的商业模式的典范。Skype 最独特的能力就是供人们使用的软件的开发能力。但是，如果这个也免费，那么企业将不复存在。

事实上，该企业的利润来自除计算机用户之外的手机用户，通过向那些想要拥有网络号码的网络用户和重度依赖用户出售使用权获取利润。2010 年，Skype 的会员登录人数达 5 亿 ~6 亿人，付费用户有 8 100 万人，其中活跃用户达到 6.5%。也就是说，Skype 的商业模式是以大多数免费用户为基础的，通过收取使用费（年平均 96 美元）获取利润。

Recruit 发行的免费杂志 R25，在日本首都圈 30 千米内的车站免费发放，发行数在一都三县达 50 万本。"25"的意思是 25~34 岁的男性是目标客户群，针对读者层的广告收入是其基本收入。据说该杂志的年销售额高达 20 亿日元。该杂志与内容提供者（雅虎日本等）也积极展开合作。杂志内容也会发布在网络上，因此网站上的广告也会带来收入。

商业模式的变革，不是画大饼，如果只是描绘出美好蓝图，那么也只是停留在想象中。真正的商业模式变革，有时必须面临企业内外的架构变化。当谋求外部的资源、资产、能力时，合作关系就会产生变化，甚至会遇到业务外包或内包、导入新的财务框架的状况，抑或是为了快速形成新的商业模式而活用外部平台的情况。这些都涉及企业对现行战略的前提进行变革。

❖ 关于设计路径

商业模式的起点是客户。企业应通过现场观察客户或者从社会趋势中洞察客户价值，然后创造尽可能多的原型，通过试错过程将业务具体化。之后，如果存在变化的余地，仍然需要不断地试错和改进。这是设计流程、设计思想的根本。这种观点和理论分析式的流程与 PDCA 都不一样。

具体来说，其观点如下所述。

- 从现场感知客户价值（ethnography design）。
- 认识到业务变化的原因（非决定论式）（scenario best design）。
- 创造为客户提供价值的资产和能力的关联性（business model pattern language design）。

企业应一边使用这些设计工具，一边完成设计流程（见图 5-2）。

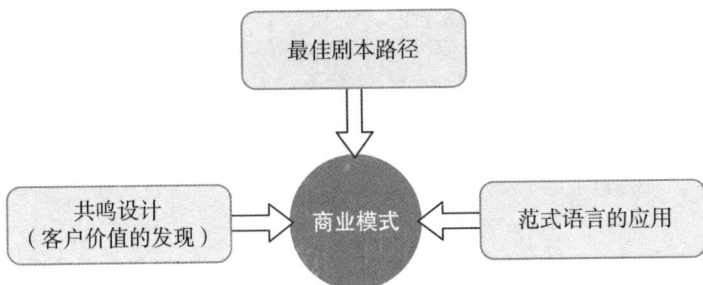

图 5-2   设计路径带来的商业模式的综合

对客户价值共鸣的设计

从现场感知客户价值的有效方法是"移情设计"（empathic design），更具体的是"共鸣设计"（ethnography）。"共鸣设计"就是在商业模式设计中引用文化人类学的研究方法"民族志"。民族志，原本是对特定人类群体的生活和文化进行描述的研究方法，也可以指描述社群文化的文字或影像。

共鸣设计，是指企业首先要倾听用户内心的声音，观察和分析他们的真实看法和感受，基于观察加深理解，提出用户真正期望的创意；然后，通过与用户进行交流找出解决问题和创造价值的方向。

客户价值的共鸣和发现，既是所有商业模式的起点，也是核心。但是现在，当我们重新创造商业模式时，就必须认真思考自己生产的产品和服务，是针对怎样的客户群体，以及能给他们提供怎样的价值。只有把控好这些细节，我们才有可能从客户价值中找到各种资源和资产之间的关联。

当然，理解客户价值不是一件容易的事。当企业被问到"你们的客户是谁"时，"我们的客户是所有人"这种回答让人感到意外，却不在少数。还有一些问题，诸如"客户为什么必须买你的产品呢"，很多企业也无法清楚地回答。如果企业没有明确这些问题的答案，那么它们的客户很有可能就会流失。因此，首先要思考的问题是，客户为什么以及怎样购买和使用本公司的产品。

最佳剧本设计

共鸣设计的缺陷就是，企业可能被束缚在特定的客户群体、有限的信息或者自身的观察经验当中。我们倾听客户的声音，很可能被单一的声音埋没，而忽略了其他各种各样的可能性。因此，最佳剧本设计（scenario best design）的思考方式就变得很有必要，它首先要设定不同的场景，其次思考不同的方向性，最后把要追求的最根本的东西作为价值凝练出来。

其中之一，就是"剧本计划"（scenario planning）的思维方式。美国的智囊团 SRI、皇家壳牌集团等企业的经营计划部门都在使用这种方法，具体就是先找出对企业来说重要但不确定的因素，描绘出完全不同的世界，模拟其中各种状况的对应方式，考察变化的方向。

剧本思维的妙处就在于企业能够洞察不确定因素背后的深层原因，在未来和现实中不断往复穿梭，提出面向未来又可以解决当前问题的假说。因此，描绘剧本不是最终目的，重要的是通过展开各种愿景从未来的角度考察现实问题的思考过程。

设计思维的思考方式是什么？

首先要澄清一下，这里所说的设计不是物品形状的设计或者产品设计之类的。当然，这些也是设计的一个方面。然而，设计的本质意义和价值，是某个概念或者产品、服务的各要素之间形成关联的形成力，即组织化的能力。即使看到形式上的东西，也可以称之为设计。设计是完美利用人类力量创造价值，并且符合时代发展要求的思考方式。正如福布斯网站上所宣扬的"欢迎来到设计的时代"（2012 年 5 月 31 日），设计是现代商业的根本。

20 世纪的设计，既是工业社会的设计，也是产品的设计。但是，如今是知识型社会，设计最重要的对象正朝着价值、经验、知识、商业模式等方面转移，可以称之为右脑思考、直观思考或是形象思考。形象思考不是单纯地用图解来说明某样东西，而是用右脑思考或者使用形象和意象对复杂的问题进行多元化思考。

❖ 商业模式的范式

否定树形思考方式

正如前文提到的，商业模式的设计就是创造出独特的关联性。这样的关联性可能是无穷无尽的，但从某种程度上讲，也存在一些共通的模式。而且，现实中的商业不是靠单一的模式创立的，通常是几种模式用独特的方式组合而成的。因此，我们把"商业模式的范式"作为一个词汇使用，通过这些模式的组合设计商业模式。

范式语言（pattern language）的思考方式，是基于奥地利建筑师克里斯托弗・亚历山大（Christopher Alexander）提出的城市和建筑的设计方式。克里斯托弗・亚历山大所说的范式语言是一个系统，其中包含了多种样式，就像堆乐高积木一样，与用户一起推进设计的进程。

为什么克里斯托弗・亚历山大会去尝试做这件事情呢？大家都知道，

近代的都市设计，由于过于复杂，已经超出了设计者的知识范畴。因此，设计者就采用容易理解的线性思考进行流程设计。但是，如此一来，被设计出来的城市就变成了机械的"树形构造"，毫无趣味和生机可言。而人类居住的自然都市（如威尼斯的街道）涉及复杂要素的交叠重合，是非树形的。要想设计出这种多层构造的都市，就需要借助相互关联的模式进行设计思考。

这些模式不是单纯的形容词，它们意味着某种关联和存在。比如，在都市设计中，"容易区分的近邻"这个模式，就代表对人们来说自己所属的小规模社区的个性很重要。

范式语言不是分析式或系统性的设计方法，而是在实践中不断摸索前进的方法，具体流程就是在现场观察，通过各种层面的模式理解人与人以及人与空间的关系，把这些进行组合，以便形成有机联系的空间网络。

范式语言已经被运用于软件开发（Agile Scrum），它同样适用于商业模式（绀野，2008；奥斯特瓦德，2012）。软件、硬件、服务、商业模式进行一体化的设计方法论就是"范式语言"。

下面介绍几种商业模式，其中有一些在第二章中已经提及。

商业模式的范式语言

在实际的商业模式中，可以观察到几种模式。当然，这不是研究分类学，而是为了理解商业模式的组合、设计过程。其中不乏一些新的模式。利用这些模式，把硬件、软件、服务、知识资产进行组合，就可以设计出产生新的经济价值的商业模式。

（1）模型转换的商业模式：这是通用汽车社长阿尔弗雷德·斯隆（Alfred Sloan）实践过的一种模式，就是因旧样式过时，企业推出能唤起顾客购买欲望的新模型。这种模式通常适用于汽车、家电、住宅等领域。具有魅力的新模型或模型升级，可以很好地锁定顾客。顾客出售的旧产品依然能在二手市场流通，因此回收模式（recycle model）是这种模式的补充。苹果公司也在使用这种模式。

（2）无修饰的商业模式：将低价进行到底，以低价格提升客户价值。其做法就是把现存商业模式中的附加价值部分全部丢掉，比如无餐食、无娱乐设施的低价航空，只保留最基本功能的胶囊旅馆，10分钟1 000日元的快剪门店QB house等。为达到无修饰化，有的企业切掉中间的流通部分，采取直销形式，比如廉价航空就可以直接在网上订票。

（3）鱼钩和鱼饵的商业模式：首先让客户免费试用样品，在这个过程中向客户销售产品或者零部件。吉列（Gillette）公司低价出售剃须刀，通过持续出售替换刀片大获成功。还有的企业低价出售打印机，把销售墨盒作为收入来源。把移动终端和服务登录权绑定，低价出售网络图书也是这个思路。下面介绍的免费模式，正是来源于此。

（4）免费的商业模式：这是由克里斯·安德森（Chris Anderson）提出的。通过免费建立基础客户群，把这个作为资产与其他受益者连接，或者向享受更优质服务的部分会员收费以获得收入。广告播放、谷歌的检索与广告服务、Skype等通信服务、以Facebook为首的社交网络服务（SNS）等都是这种模式，它们通过向大多数用户免费，向少数用户收费来赚取利润。

（5）长尾商业模式：这也是克里斯·安德森提出的，就是通过出售很多不畅销的产品产生集聚效应，以此获取经济收益。这是很多利基产品的模式，如电子印刷、网店（亚马逊）、乐高数码设计师软件（根据玩家设计的模型可以购入一些必要的零件）等。一般来说，畅销产品的销量可以占全体销量的80%，那些销量小的产品所获得的利润加起来可以占到总利润的20%，所以长尾模式就是提议为这些商品构建一个共同平台，一方面可以满足客户细微的需求；另一方面创造可观的利润。

（6）分拆商业模式：这是约翰·哈格尔三世（John Hagel III）等人提出来的。该模式是指把绑定在一起的商品或服务分解开，针对客户群重新组合，实现价值链的分解和重组。这种模式的逻辑就是通过聚焦客户需求提高收益，具体来说包含客户服务、产品创新、基础设施业务等方面，比如金融业的私人银行、电力公司发电和输电的垂直分离、远程通信的长距离固定携带分离、半导体的fabless[①]（设计和制造分离）等。分拆商业模式与规制缓和带来的竞争、市场开放等政治经济系统的关联较大。

（7）效用服务式商业模式：当场支付，产生多少费用就支付多少（在日本有点接近富山配置药的销售模式[②]），即按量付费。南美的电器公司AES因布宜诺斯艾利斯的非原住居民偷电问题备受困扰。但实际调查后才知道，他们其实很想享受电力供给，但由于收入不稳定，没办法每月支付固定的费用。所以，AES就发行电力代金券，在必要的时候可以购买电，

---

① fabriaction+less，减少制造厂家，只进行附加价值高的开发与设计。——译者注
② "富山配置药"是由卖药郎在客户家中先免费设置药箱，日后再访的时候，就所使用的那部分药品收取费用的一种形式，也被称为"先用后利的商业模式"。

由此问题得以解决。

（8）按需定制的商业模式：可以随时根据客户的需求提供产品和服务，比如戴尔模式、电影的按需点映、按需定制出版等，还有根据客户要求运营的"按需运营公交"。

（9）等价交换的商业模式：价格或价值相等两部分相互交换，如土地和空中权 ①、环境贡献和环保点数等，把不同体系的物品或指标进行交换。比如重新开发东京车站的时候，为了把 Maru Building 修得更高，作为"特别容积率使用区域"获得空中权，对因开发被破坏的自然环境，通过在附近区域复原相似环境进行等价交换。

（10）源代码公开的商业模式：一方面保护软件或技术的所有者知识产权；另一方面通过许可的方式公开源代码。通过许可传播，很多人可以在这个生态系统中提供应用和解决方案，比如 Linux、Red Hat 等，甚至还有一些"开放代码硬件"。比如照相机通用的镜头卡口，事实上也是开放代码的一种。

（11）开放式的商业模式：这是由亨利·切萨布鲁夫（Henry Chesbrough）提出的。这种模式不局限于企业内部的技术，通过联合外部技术和创意创造产品和服务。它是以企业内部实力为基础，打开封闭的大门，与外部伙伴携手，灵活运用企业内外的资源进行创新。目前 IBM、宝洁公司、创新中心网站等都在利用这种模式。

（12）多边平台商业模式：这是由安德烈·哈久（Andrei Hagiu）提出的。该模式是指在一个平台对不同的客户提供价值。iPad 及其应用程序、

---

① 具体是指将土地的上部空间加以水平区分，以供建筑利用的权利。——译者注

nikoniko 动画等，收听或购买内容的用户和创作内容的用户都在同一个平台上。再如，谷歌也是一个面向多样用户的平台。

（13）社会创新模式之一：议题模式（cause model）。这是一种以达到共同善为目标的社会创新的商业模式，其焦点在第二代商业模式三层构造中的"客户价值"。这种模式没有营利和非营利的壁垒，是在社会价值和经济利润相互作用下产生的，案例包括 Salesforce 网站的"1% 模式"、太阳马戏团的非营利性活动以及营利企业 Coupling 等。

（14）社会创新模式之二：自律分散模式。这种模式兴起的背景是 20 世纪市场的恶性竞争对系统的破坏和创造，以及反全球化趋势。它的焦点在第二代商业模式三层构造的中间层"产品、服务"。比如针对一级集中型的能源系统，实施分散发电；针对长供应链的领域，采用分散自律性网络等。

（15）社会创新模式之三：地区根源模式。这是根据某个地区的特质或该地区居民的知识、社区等，作为地区性资源而形成的商业模式。其焦点在第二代商业模式三层构造的底层"能力、资产、资源"。比如非洲贫困地区的女性网络平台与二手自行车修理技术传授相结合的 Afri-bike 项目、micro economy（地区货币）、slow money（为地区发展设立的专项投资）等。

第三节　从概念到实践

❖ 商业模式的设计立足于实践

我们首先应该有一个认识，那就是教科书上讨论的商业模式与实际中的设计、落实及具体化不是一回事。因此，试错过程不可或缺。

商业模式就是在概念与现实之间的来回试错，在原型的持续开发中才能得以诞生（见图 5-3）。

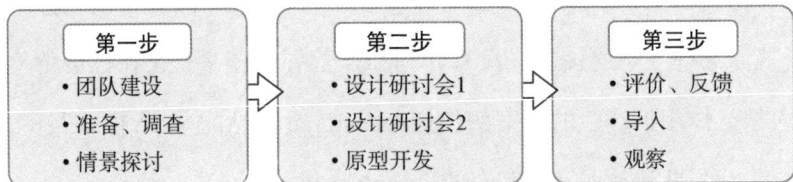

图 5-3　商业模式的设计步骤

原型开发

第一步，设计团队不仅通过设定和准备、对客户的采访（共鸣调查）、情景探讨等，对商业模式形成的各种影响因素进行调查，同时还必须利用案例分析的方法。这些因素包括客户需求、法律环境、竞争、社会环境、技术进展等。情景探讨有时也可以单独作为一个项目。

在商业模式设计中，企业首先要弄清楚自身所特有的资源或者与自身所处境况相符的资源，并且能够很好地加以利用。与一开始就大量投资相比，企业通过与客户和合作伙伴保持良好的关系，慢慢推进的实践过程更重要。因此，企业需要实地调查自身拥有的资源。而且，这个调查最好一直持续下去。

商业模式画布

第二步，确定实际设计商业模式的方法。可以想象的是，项目负责人，即接受这个任务的推动者会召集相关人员开无数次研讨会。

　　首先，团队或者小组要掌握设计工具。本书作者推荐的是《商业模式新生代》中所介绍的框架。

　　到目前为止，创造出商业模式的企业，都是在暗中摸索进行的，它们所采用的工具可能比较混乱，有的甚至需要完善。商业模式涉及战略论、组织论、市场营销、财务等方面的知识。我们研究这些商业模式是如何诞生的，就能得到商业模式画布（见图 5-4），这也被称为 "BMG Canvas"。这个设计工具不仅参考了竞争战略的框架，也吸取了克莱顿·克里斯坦森（Clayton Christensen）、克里斯·安德森等人关于商业模式的思考。实际上，商业模式的设计是由与此相关的 470 名实践家和研究人员，通过线上合作发挥集体智慧完成的。

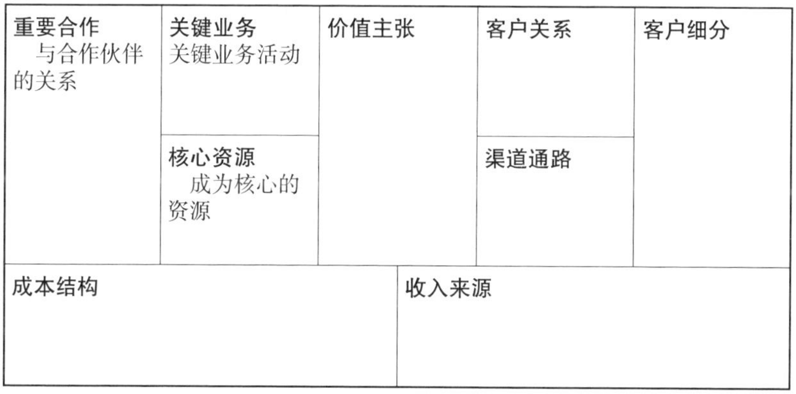

重要合作 　与合作伙伴 的关系	关键业务 关键业务活动	价值主张	客户关系	客户细分
	核心资源 　成为核心的 资源		渠道通路	
成本结构		收入来源		

图 5-4　商业模式画布示意图

资料来源：参考奥斯特瓦德、皮尼厄（2012），部分删减。

　　顺便说一下，虽然这个商业模式画布是开放资源，但是如果没有标明资料来源，也是不能使用的。

　　这个工具已经相当成熟和标准化，已被全世界广泛使用。笔者从数年前到研究生院做项目和咨询就开始使用它了。第二章也介绍过这个画布。在这里，我想再介绍一下要点。

商业模式画布由 4 个领域和 9 个要素构成。这个画布之所以能得到人们的高度评价，原因在于它把与商业模式有关的知识和技巧都浓缩在一个很紧凑的结构中。虽然不是什么独特的理论，但因为比较适合设计者使用，所以在各种研讨会上都被提及和使用。

上述 4 个领域包含以下内容：①通过产品或服务提供的客户价值；②客户群、客户关系、价值提供的渠道等与客户的连接点；③实现客户价值提供活动的资源（资产）、合作伙伴、主要的业务等经营基础；④收入、成本等财务结构。上述领域分别应对表 5-2 中的问题。

表 5-2　商业模式画布的构成要素

产品 / 服务	客户价值：对客户来说，价值是什么
与客户的连接点	• 客户细分群：客户价值所针对的对象 • 价值提供路径：将价值送达客户的媒介、媒体或流通渠道 • 客户关系：与客户之间建立怎样的关系
经营基础	• 主要的组织能力：本公司能将商业模式付诸实践的基本能力是什么 • 主要的企业活动：作为价值源泉的企业活动是什么 • 与合作伙伴的关系：与其他公司的连接网等，有哪些关键合作关系
财务结构	• 收益流：如何产生收益流 • 成本结构：能使本企业成功开展业务的成本结构是什么样的

商业模式画布的实践

下面我们使用商业模式画布来分析荷兰会议服务商 Seats2meet 是如何诞生的。

这项服务来自荷兰乌得勒支车站内的租赁会议空间，主要以"自由经理人"（free agents）为目标客户设立。它是以旧式的饭店会议服务为基础，通过锁定目标客户群设计的一款服务（见图 5-5）。

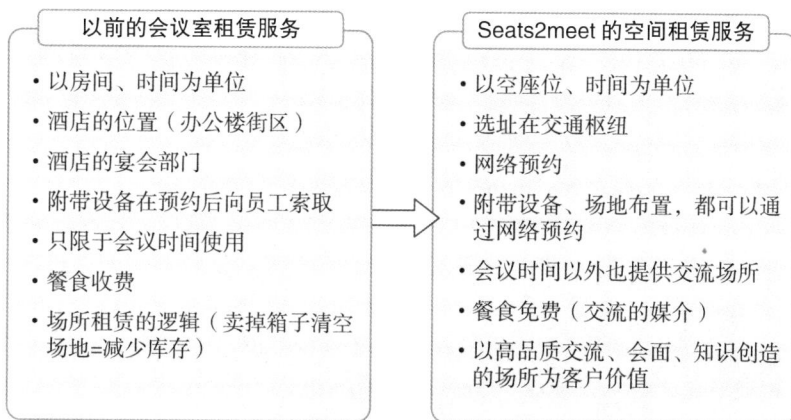

图 5-5　租赁空间服务的客户价值变化

发起者是酒店的宴会经理。他经常看到企业在饭店召开会议的情景，总觉得"非常无趣"。企业的参会人员西装革履，不太可能产生任何创新的想法。而且，当时正值全球经济低迷，宴会生意越来越困难，业绩不容乐观。

凑巧的是，当时荷兰正在推进"自由经理人社会"。比如一个酒店经理不再被某一个企业束缚，可以在不同的企业任职，可以自由进行交流。在这样的背景下，"Seats2meet"诞生了。

以前，酒店的宴会厅都是租赁房间。而 Seats2meet 是租赁座位，就像飞机的座位一样，一人一座。通过 Facebook 和 Twitter 等社交媒体，在会议开始前，主办方联合合作伙伴设置好会议场景。因此，当人们聚集在一起时，就可以立即进入正题，共享信息，不用浪费时间。甚至在会议结束时，大家的讨论还意犹未尽，这样又可以形成其他连接。

这种模式完全颠覆了酒店的宴会服务。一般酒店的宴会是，服务员要时刻出现在客户周围，帮忙点单或回应客户的其他需求。而 Seats2meet 可以在网上完成预约，并且免费为来参加聚会的人提供餐食。这也是这个模式吸引人的原因之一。旧式的宴会餐食必定是收费的，而且会另外收取场地费。事实上，酒店是可以靠收取餐食费盈利的。

用商业模式画布展示 Seats2meet 的商业模式，如图 5-6 所示。

重要合作	关键业务	价值主张	客户关系	客户细分
• 办公楼所有者 • 从业人数多的企业用户 • 内饰设计师 • SNS	• 会议场所的运营 • 以经销方式展开 **核心资源** • 用户网络 • 用户社群 • 独特的空间	• 灵活、随时待命的会议服务 • 交流的场所 • 刺激创造性的空间 • 餐食免费	• Seats2meet 的品牌 • SNS 上的沟通交流 **渠道通路** • 网络 • 空间利用	• 自由经理人 • 商人

成本结构	收入来源
• 办公室租赁 • 系统构建、运营费用 • 餐食费用 • 人工费用	• 作为使用费（空座位越多越便宜） • 备品等的租赁费 • 网络上的广告收入 • 经销收入

图 5-6 Seats2meet 的商业模式

我们把这个画布再划分一下：

• 中间（是什么）；

• 右边（给谁，通过怎样的方式）；

• 左边（有怎样的能力和组织架构）；

• 下面（怎样的收益结构）。

　　所以，这个工具实际上遵循以下使用顺序。但是，它也需要进行很多次的实践。

　　（1）从客户群的设定和客户价值的定义开始。客户群，比如"（不断追求音乐体验的）中等收入人群的子女而且是大学生群体"，必须与客户价值相对应进行定义。把他们想象成"必须使用本公司的产品和服务"的人，或者那些将会成为核心的用户和消费者。在多边平台商业模式中，也可能存在不同的客户群体。

　　企业必须明白客户价值，即本公司的产品和服务所提供的核心价值，必须弄清楚这个价值的本质是什么。通常，客户群和客户价值无法通过市场调查得到，因此，企业需要通过与客户的现场交流和共鸣培养，由此才能真正找到客户发自内心需要的价值。

　　（2）为了实现这个价值，企业需要思考与客户保持怎样的关系或关联（比如通过品牌或者会员制），以及通过怎样的渠道提供这些价值。这需要丰富的想象力。这些内容体现的是图 5-6 的中间和右边部分。

　　（3）画布左侧是与合作伙伴的关系和核心资源。如果企业没有自己的资产，就必须找到合作伙伴。日本企业的事业计划特点就是"一社完结型"或"垂直统合型"，因此日本企业更倾向于自身开展更多的业务。但是，需要注意的是，本身什么都可以做，并不意味着是一个好的合作伙伴。因此，企业应从这个观点出发考察自身资源，明确企业的核心活动，比如软件开发、对客户需求的反应速度、设计等。这些是理论思考需要完成的任务。

　　（4）下面的区域，也就是如何获取收益、有怎样的支出等。画布越往下越具体，而且如果左右两边的平衡掌握不好，也无法获得持续的收入。

❖ 商业模式研讨会

商业模式画布的制作不能纸上谈兵，最好是小组或者团队通过多次召开关于设计思考的研讨会，大家共同讨论得出。一般集中研讨会是 1~3 天。笔者以自己的研讨会实践为例向大家介绍。

（1）目标的明确化。研讨会上有很多可以讨论的目标，比如，现存商业模式的改善、业务创新或业务扩张、全新的创业企业等。所以，企业首先要确定目标和主题。主题不同，参加讨论的人也会不同。如果条件允许，企业应尽量邀请外部专家或者能带来灵感的人员参加研讨会。

（2）认识现状。企业应弄清楚目前的商业模式，以及想改善的业务、有问题的业务或者准备开发的新业务。总之，企业要认清自身现状，不要一开始就用语言或者文章记录，可以使用形象思维、借助漫画等帮助思考。

（3）客户价值。企业开始围绕客户价值主张、客户群设定展开讨论。在进行这个步骤的同时，企业可以提前完成客户采访和客户观察，针对客户关于产品或服务的真实体验和想法，最好采用民族志的方法加以记录。（绀野登，2010）

（4）商业模式的头脑风暴。参会者可以对现行的商业模式进行评价，以新客户的价值为中心，针对客户关系、组织能力、合作伙伴、财务结构等方面展开头脑风暴，也可以分组讨论商业模式画布上各区域的内容。

（5）范式语言的应用。此时，参照作为参考的其他商业模式是一个有效、可行的方法。这时，企业不要局限于某一种模式，而应该尝试各种模式的组合。

（6）细细咀嚼对商业模式产生影响的"力量"。为了使讨论更加深刻，企业应对画布周边的因素展开讨论，如业务环境的变化、企业能力、合作伙伴等。这也是对事前收集的信息的一种再利用。

（7）排好优先顺序。企业可以一边参考各种模式，一边进行浓缩凝练，排好优先顺序，进行选择。

（8）原型开发和实践。在这个环节，企业进行评价，讨论实践方案。

❖ 从商业模式的评价到实践

最后，企业对创造出来的商业模式进行评价，并以创造出来的几个模式原型展开实践。（这也就是第三步）

各要素的"压力测试"

如果企业使用商业模式画布作为工具，形成了商业模式创意，则还需要针对九大要素，使用"SWOT"（优势、弱势、机会和挑战）工具一一进行分析。比如，对于"客户价值"这个因素，就需要评价它是否与现实中的客户需求相吻合，客户满意度是多少，有没有替代产品和服务等。如果有新的发现，就可以作为创意添加进去。

原型创造的反馈

经过原型创造，把商业模式视觉化和形态化，接下来就可以对商业模式进行评价。这时可供使用的方法有很多，如绘画、模型、故事演绎、展示、模拟等。

商业模式的评价

不仅是针对商业模式，只要是被设计出来的对象都可以进行评价。不要使用 100 分或满分这种结果性评价，最好使用"哪里再修改一下会更好"这种建议式评价（绀野登，2007）。同时，企业管理者还应该随时记住，商业模式是在各种关联中产生和发展的。

首先，企业管理者要认真思考以下问题：模式是否与客户价值相吻合，是否可持续，从更高视角来看它是否满足社会价值的要求。

其次，企业管理者应考虑该模式是否具有独特性。比如难以模仿、有独特的知识资产或客户关系、是否开展特别的活动等。

最后，财务评价无法在商业模式的设计阶段深度挖掘。但是，在商业模式画布中，需要提出收入来源和成本支出等，所以企业管理者对资产负债表这些基本内容，还是可以大概假设一下。

接下来，就到了直面现实的时候。

研讨会结束之后要做什么呢？如果只是用耳朵听一下就结束了，很有可能会陷入理论分析的世界，而不断实践才是破解这个困境的法宝。原型创造，正如经常说的"尽早失败，尽快失败"（fail early and fail fast）。也就是说，为了避免完全开始后的大失败，不如有一点进展就迅速检验，尽早、尽快失败，才能获得及时的反馈。

直言不讳地说，日本企业的新业务项目都是雷声大雨点小。有人常说，"如果是新业务，就应该怎样""如果是新业务，就需要留意哪里"等，听起来分析得头头是道，但是毫无实际行动。然后，当他们被问到"这个问题，到底能不能解决"的时候，就变得非常痛苦。为了改变这种现状，就算完成度很低，也要先经由客户和市场的检验，尽早得到反馈，就可以尽早完善模式，即"尽早失败，尽快失败"。

　　当企业完成了商业模式的原型创造后，首先需要与客户对话，问他们"是否真的能感觉到价值"，再根据反馈改善模式。如果能得到客户的关注，就要寻找能使之实现的资源。然后，创造更接近现实的原型。第一批业务模拟，重构企业组织，这时，不要忘记情景探讨这件事。最后，进行第一批客户导入。

　　从知识型商业模式的观点来看，笔者更希望大家能够思考社会问题的解决之道，以及该模式是否创造了客户真正需要的体验价值。新的商业模式登场，可能给产业带来收益结构的根本性变化。

第六章

ビジネスモデル・イノベーションを阻む「しがらみ」からの脱却
──ハードルを超える実践アプローチ

挣脱商业模式创新的"羁绊"：
克服阻碍的实践法

木村雄治

第一节　失败原因探究

过去 20 年，日本的商业模式创新一直失败的原因是什么呢？2010 年 6 月，北极星资本集团通过对 541 名日本经营者和职员的调查明确了两大原因：人才不足和企业内部障碍（见图 6-1）。

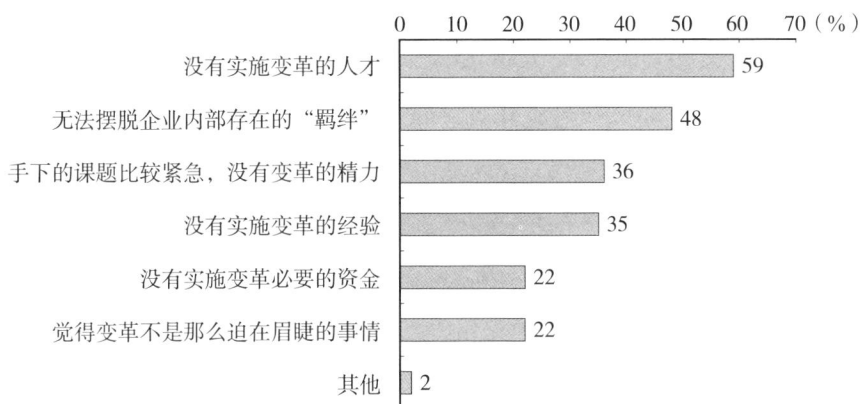

图 6-1　察觉到经营变革的必要性但是仍没有着手变革，
以及变革不彻底的理由（复数回答，N=541）

资料来源：北极星资本集团，2010 年 6 月。

这些来自经营者的声音，与我们常年从事企业重建和从企业成长案例中所获得的经验不谋而合。在人才招聘和人才培养方面表现不佳的企业，以及无法与相关者建立正确关系的企业，最终都因为无法制定出企业战略而停滞不前。

以上原因中，特别是"企业内部存在的羁绊"，是日本企业根深蒂固的毛病，也被认为是日本经济长期低迷的主要原因之一。

在序章中，野中郁次郎教授已经提到，日本企业在技术创新和流程创新中拥有世界一流水准。但同时，它们又被自己一手建立起来的"羁绊"束缚，造成无法自我变革和成长的结果。因此，这不是现场的问题，而应该是经营者和企业内部的问题。

第二节　何谓"羁绊"

本章中提到的"羁绊"，是指无法产生利润反而会带来负债的关系或关联性。比如，主要客户介绍或者指定的、被迫进行的交易；被母公司强制安排任务，比如维护已经没有利润的老客户；曾经因困难无法实施而被一直搁置的公司规定改革等，各种出于职场政治或习惯原因而不得不继续保持的各种关系，就是所谓的"羁绊"。

在很多情况下，企业向大客户提供的产品或服务的优惠力度极大，再综合各种交易条件，我们会发现，虽然面向大客户的销售量很高，但企业从中获得的实际利润率很低，基本无法超过盈利线。利润率无限下降，而且今后也没有成长空间的业务，在每个企业都会存在。然而，即便如此，企业管理者还是很难做出把这些业务缩小或者淘汰的决定。可以说，这是一种关于既存业务或者面子的"羁绊"。

企业经营中的"羁绊"问题有一些共通之处：①该关系本身就对企业无利益可言；②如果没有这个关系，现存的业务有消失的风险（或者被这么认为）；③从很久以前就维持的关系，已经成为公司内的常识。另外，这些"羁绊"不仅来自客户，还可能来自母公司、银行、员工、竞争对手、交易对象之间的关系。

有关"羁绊"的研究，作为经济学中外部不经济性的一部分，一直被讨论至今。外部不经济性，是指某些企业或个人因其他企业和个人的经济活动而受到不利影响，又不能从造成这些影响的企业和个人那里得到补偿的经济现象。外部不经济性作为企业经营中的实际问题，图 6-2 给出了具有代表性的描述。特别是那些无法独立解决的关联性问题，就可以被称为"羁绊"。企业所有创造价值的行为，如果都建立在与周围相关主体间的关联之上，一旦这些关系不能自由变更，那么它们很可能转化为"羁绊"。

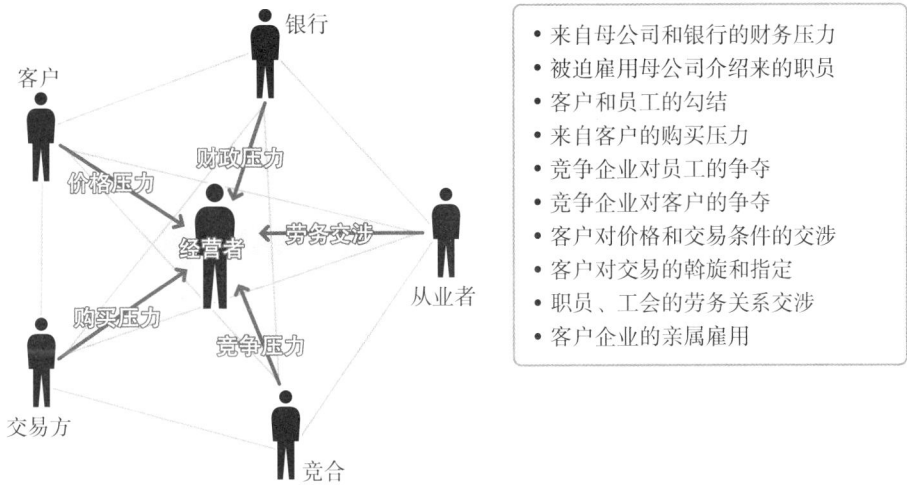

图 6-2　经营者的外部不经济性案例

接下来，我们以相关主体为例来解释外部不经济性成为"羁绊"的情况。

- 客户（与买方的交涉能力）：竞合的转换、购入规模及购入量带来的压力、历史因素带来的束缚，造成无法做出正确决策判断的"羁绊"。

- 交易方（与供给侧企业的交涉能力）：通过合作共享的隐性知识多、相互之间的互补关系深厚，以至于替换成本过高，造成被历史原因或向供给方跳槽的前辈和后辈之间的关系束缚而无法做出正确决策判断的"羁绊"。

- 竞合（企业之间的斡旋）：无意义的差异化竞争、简单的同质化竞争等短视的经营氛围，无视合理性的感性化经营、非理智的冲动性决策等非理性竞争的习惯，这些判断所产生的"羁绊"。

- 经营层、从业人员：人事评价制度对思考和行为的规定、工会与政治权利的关系、借贷关系、来自退休人员的隐形压力、与前辈后辈的关系、企业内部的派系斗争、企业内部常识等，无意识形成的壁垒，这些可以说是作茧自缚形成的"羁绊"。

- 母公司、股东（管理层的权利关系）：股东对自由决策的束缚、不亲自参与经营的股东或机构投资者的无理需求、对短期成果主义的应对，这些决策带来的"羁绊"。

如上所述，在与各利益相关者建立的关系中，企业面临很多方面的"羁绊"，经营者和员工的自由决策常常有被侵犯的危机。

第三节　为何被"羁绊"束缚

作为"羁绊"的反义词，我们可以想到"自立"这个词。从企业经营者长年累月的经验中，通过思考"自立"，也许可以弄清楚"羁绊"的含义。

比如，冯·哈耶克在其著作《通往奴役之路》中写道，一个人为了获得真正的政治自由，首先必须先达到经济自立，然后才会有自由。也就是说，非理性的相互依存关系正是因为那些主体没有获得经济自立，才形成了"羁绊"。

为什么企业会被"羁绊"束缚，长期陷入不产生利润的关系泥潭之中？对于缺乏成长性和收益性的业务，即使在客观上已经很明确了，为什么企业管理者仍然无法做出缩小或者淘汰该业务的决定，反而造成资源选择和资源集中的失误。我们认为，这是因为企业弄丢了自我创造的独特价值。

正如野中教授在本书中所叙述的一样，如果企业能够提出明确的愿景和价值主张，并且能够将之转化为收益结构中的一部分，那么这家企业是不可能被那些所谓的"羁绊"束缚的。为什么呢？因为这样的企业能自己创造价值，也能在利益相关者关系中正常表达自我的观点，并且能够让人信服。同时，因为这些企业的立场很明确，避免了陷入不透明且非理性的相互依存关系之中，因此，它们把自己置于"羁绊"中的必然性几乎为零。

也就是说，为了摆脱"羁绊"，企业首先必须提出明确的价值主张，并且以此为轴心坚定不移地实行下去。如果做不到这一点，企业就会逐渐被各利益相关者行使的权利弄得分崩离析，最后被迫屈服。如此一来，企业的创新变革便会遥遥无期，更别提商业模式创新了。

北极星资本集团最开始做的一件事情，就是让经营者摆脱"管理者的权力网"，获得真正的自由，并且由高层明确企业的价值主张。员工对企业的价值主张产生共鸣，而且确信这是可以实现的，即使是基金，也要邀请没有"羁绊"的投资者加入经营，只有这样，才能让企业的"羁绊"自行解体，也才能推进企业做真正想做的事。

因此，日本的经营者要想获得真正的自立和成长，能否通过重新定义明确企业本身的价值主张，是最大的试金石。因为一切始于此。企业只有通过明确自我的价值主张，让围绕在企业周围的"羁绊"解体，才能推进商业模式创新的进程。

企业的商业模式创新，既离不开与"羁绊"做斗争的顶层领导者，也离不开知识的创造。从这个意义上讲，北极星资本集团非常重视知识主导型的BMI，在BMI过程中，亲力亲为型的日本式私募股权基金的作用不容小觑。

第四节　挣脱"羁绊"，获得自由

第三节已经讲到，企业经营者为了可以自由地做出经济合理性的决策，必须首先明确企业的愿景和价值主张，并且以坚定的信念和勇气坚持下去。这是挣脱"羁绊"时最重要的一点。

我们在与被投资企业面谈时，不仅要调查对方的业务构成、社会评价，也会留意其经营层是否有足够的信念和勇气。如果企业经营层没有这份信念和勇气，很可能会因为各方面的"羁绊"而将来之不易的商业模式方向带偏，结果成为不被市场和社会认可的企业。

综上所述，羁绊是指，对企业来说不产生收益的关系或关联。企业之所以无法摆脱这些关系，大部分是由于经济上没有达到自立。也就是说，比起企业自身的价值，它更倾向于依赖各种关系，渐渐地被这些关系束缚，甚至陷入宁愿放弃经济价值也要维持关系的恶性循环中。为了不被"羁绊"束缚，企业要明确自身的价值主张，并且坚定地执行下去。

我认为，所谓"失去的二十年"，就是大多数企业无法摆脱"羁绊"的状况和结构造成的。为了打破这种闭塞和萧条，各企业必须回到原点，重新思考自身的价值主张，找到新的成长引擎。

在此基础上，让过去的"羁绊"解体，在新的关系中重新定义自我。多家单个企业变革成果的积累和重合，将会带来日本产业结构的整体变革。而这个过程的加速器，正是当代的私募基金。我认为，促进日本产业结构变革，是引领日本式私募股权基金的北极星资本集团的职责所在。

第五节 衡量经营自立程度的 11 个项目

说到这里，请读者回忆一下本章开头提到的一项调查。在这项调查中，我们通过以下 11 个项目对日本企业的"经营自立程度"进行了测定。在我们与被投资企业交谈的过程中，这 11 个项目是我们非常在意的要点（见表 6-1）。如果读者有兴趣，也请应用到你们的企业中。企业基于自身的愿景，构建价值主张，这些项目可以作为衡量愿景和价值主张能否得以实践的代表指标。

表 6-1　经营自立程度的评价项目表

序号	评价项目
1	过去 3 年，收入和利润都增加

（续）

序号	评价项目
2	计划性经营的实施
3	价格决定权、交货决定权，相对交易商来说处于主动地位，拥有健全的关系
4	新客户开发顺利进行
5	追求品牌力量和信赖度
6	预测未来，从而做好当下经营
7	有与竞争企业差异化的能力
8	与股东建立良好的关系
9	时刻注重诚信经营和危机管理
10	重视人才培养
11	不被"羁绊"束缚，应对变化的能力很强

表 6-1 中的前 5 项可以作为评价显性知识的指标；后 6 项在评价现场执行力和隐性知识时比较重要。

调查结果中，评价项目符合 5 个以上的企业有 22.7%。我们把这些企业的经营者称为"自立层"，我们认为他们的经营可以自立，并且不被束缚。

与此相对应的是，年收入 10 亿日元以上且从业人员达到 100 人以上规模的大企业和中小企业中，八成左右的企业只符合 4 个评价项目。从这一点可以看出自立层的数量之少，这从反面印证了被"羁绊"束缚的企业数量之多。

对日本经济和社会来说，这不足八成的企业能否摆脱"羁绊"，在自立中创造价值，是日本经济今后发展的关键。特别是面对 3·11 日本地震后的经济复兴重任，地方企业的责任重大。但是，这些企业面对资本的压力、地方关系和人际关系的束缚、因为管理水准低下而对过去惯例的依赖，所有这些形成的"羁绊"很有可能拖住地方企业前进的脚步。

在这样的状况下，日本政府应该站出来，主动为这些企业扫清障碍，为它们提供滋生创新的土壤。如果日本政府还是走老路，以"补贴菜单"为中心，袖手旁观地做做样子，那么不仅不可能催生出冲破"羁绊"的新知识，反而会造成整个社会效率的低下。在"羁绊"中温水煮青蛙，还是自我独立地创造出被市场接纳的价值，豪不夸张地说，企业的选择决定了日本今后的命运。

如图 6-3 所示，自立层和一般层的企业，其经营能力天壤之别。请大家仔细看一下两个图的对比。

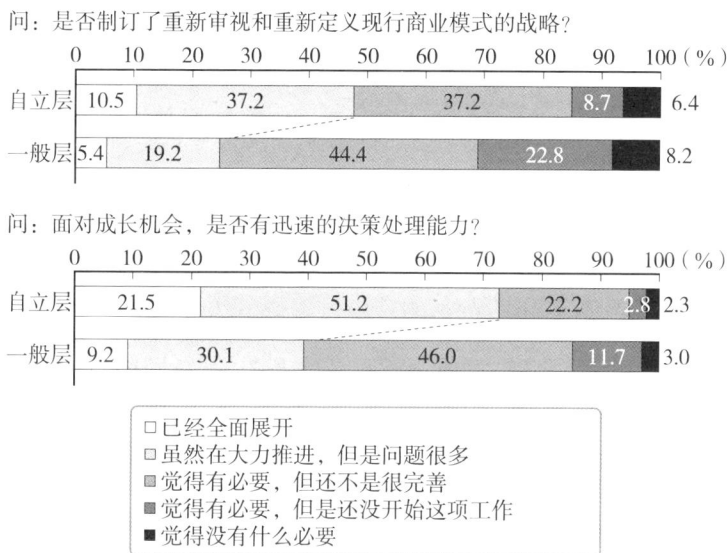

问：是否制订了重新审视和重新定义现行商业模式的战略？

	0	10	20	30	40	50	60	70	80	90	100（%）
自立层	10.5		37.2				37.2			8.7	6.4
一般层	5.4	19.2			44.4			22.8			8.2

问：面对成长机会，是否有迅速的决策处理能力？

	0	10	20	30	40	50	60	70	80	90	100（%）
自立层	21.5			51.2				22.2	2.8		2.3
一般层	9.2		30.1			46.0			11.7		3.0

□已经全面展开
□虽然在大力推进，但是问题很多
▨觉得有必要，但还不是很完善
▤觉得有必要，但是还没开始这项工作
■觉得没有什么必要

图 6-3　自立层和一般层的企业经营能力比较（复数回答，N=541）

资料来源：北极星资本集团，2010 年 6 月。

如果自立层能积极地修正或者变革商业模式，为了获得成长机会，其决策效率远远高于一般层。通过持续不断的变革，它们能实现从"羁绊"中挣脱的自由。正因为如此，我们才能将其称为自立层。也就是说，自立层的经营者，不是在思考如何"维持和存续"现有的商业模式，而是一直在思考如何"变革和重新定义"商业模式，他们认为这才是真正的经营。因此，在获取成长机会的行动中，自立层的企业也远比一般层的企业表现优秀。

目前，全球业务环境正在经历大变革，面对商业全球化、新兴市场的快速崛起、日本市场的萎缩等现状，只有能持续应对变化的企业才能活下去，只有这些企业才能灵活运用成长潜力。经历过失败的企业，反而能从低收益构造和赤字体质的危机中重获新生。而只有不断进行商业模式变革的企业，才能获得持续的可能性。

虽然摆脱"羁绊"是 BMI 的前提，但在实际的企业经营中这并非易事。那些被束缚的企业，往往能在复杂的"羁绊"中建立巧妙的平衡，单纯地斩断这些关联性就意味着"硬着陆"。

这也是当代经营者和实业家的窘境。领导者大旗一挥，冷酷无情地推行变革，一旦有所疏漏，很可能触碰到企业业务的"动脉血管"。而且，在变革的过程中，企业还要面对来自母公司和股东的财政压力、交易方的购买压力、客户的价格交涉压力，以及对员工的意识重塑，为了解决以上问题，需要在利益相关者之间进行不断的协调和解释。走错一步，有可能满盘皆输。然而，如果什么也不做，那么这些复杂的利害关系会慢慢腐蚀企业的活力，变成"羁绊"和束缚，这些不会带来收益的关系性负债，会像滚雪球一样越滚越大，最终让企业自我毁灭。

如今，大多数经营者都被这复杂且庞大的"羁绊"阻碍，甚至无法推进立足于业务价值的成长战略。为了让"羁绊"解体，需要新的成长战略，而为了推进成长战略，又会遇到"羁绊"的瓶颈。如此反复，结果就如图6-1所示，经营者往往以"人才不足""内部羁绊"为由，一边深感变革的必要性，一边陷入什么也做不了的困境。

但是，从更长远的眼光来看，日本企业拥有 BMI 的 DNA，也一直在向"羁绊"挑战。何出此言？因为没有哪一个国家拥有像日本一样多的长寿企业。根据光产业创成大学院大学的后藤俊夫教授的研究，在创业 200 年以上的企业中，日本有 300 多家，占全世界同类型企业的四成。这些延续至今的企业之所以能长寿，实际上就是因为它们能够应对时代的变化，不断地进行商业模式创新。

比如，岐阜县的灯笼制造商 Ozeki，创建于 1868 年，是日本最大的灯笼制造和销售企业。曾经因为战争，所有工厂和设施都化为灰烬，之后该公司制造和出售由野口勇先生设计的新款灯，才得以重振。在战争后的经济复兴期和高速成长期，Ozeki 作为照明工具不断开拓市场，现在已经成功地打入国际市场。

以前，人们对白色灯罩的认识是，不用于日常生活，只在盂兰盆节或者葬礼中使用。据说为了颠覆这样的思维定式，Ozeki 提出的新价值方案花费了相当长的时间才获得地方上素材供应商（和纸、竹简）的理解。

Ozeki 选择的路径是渐进式地更新过去的"羁绊"。传统工艺是扎根于地方上的产业，为了在新时代的商业市场中占有一席之地，Ozeki 投入了大量的时间去构建与野口勇设计师以及国外商家的关系。这个案例，不仅对于传统工艺的企业具有借鉴意义，对很多企业来说，其价值主张的重要性和可能性以及 BMI 的路径，都是一个很好的参考。

第六节   日航是如何败给"羁绊"的

没能摆脱"羁绊"，被羁绊压倒的案例，至今让人记忆犹新的是日本航空公司（以下简称"日航"）。如今回想起来，在构建关系上，似乎没有哪个企业能够超越日本人的骄傲——日航了吧。被众人艳羡的飞行员和空姐、忠诚度极高的客户、维持良好关系的运输省，总之，日航构建的关系网几乎是完美的。

然而，完美的关系带来的"羁绊"也是事实，比如支付给退休人员的高额企业年金，给客户提供的里程服务等高附加值服务，为配合运输省扩大地方机场政策而开通的地方路线，为配合国家外交关系而不得不开通的国际路线等。这些"羁绊"不断侵蚀、压迫日航的业务，最终导致其破产。

虽然日航无法摆脱这些"羁绊"有其内部原因，但站在旁观者的角度来看，其问题出在它没有提出能摆脱"羁绊"的价值主张，也没有及时进行 BMI。当下，超低价航空的商业模式席卷了全世界的航空业，而对于超低价航空这个航空业新星，一直到现在，日航的企业再生支援机构都没有提出，针对超低价航空独特的价值主张。

日航深知自身存在的问题，但是由于无法对摆脱过去"羁绊"提出强有力的企业愿景和价值主张，最终导致该企业停滞不前直至自然死亡。

那么，日航到底应该如何变革商业模式呢？这个问题的答案，从日航破产后接任的稻盛和夫会长所实施的一系列变革中可见一斑。稻盛和夫会长导入了以"阿米巴经营①"为首的各种企业战略和经营制度，明确了追求知识主导的高附加值服务的价值主张，对以往的关系进行了重新定义和灵活利用。

首先，日航无法成为超低价航空。在这个前提下，日航打出的旗号与超低价航空截然相反，是彻底地追求高附加值服务，这与超低价航空所擅长的竞争领域划清了界限。也就是说，日航的目标客户是经常出差的人群，并不是为了放松很久才乘坐一次飞机的乘客。忠诚度很高的出差型客户，本来就是日航大量持有的关系资源。

换个方向思考，频繁乘坐飞机出差的客户，其实本身并没有选择超低价航空的动机。超低价航空提供的乘坐 10 次可免费一次这种单纯的客户关系管理，完全是以游玩观光旅客为对象的，而日航提供的细微精致的服务项目，是超低价航空所无法相提并论的。

通过锁定经常出差的人群为主要目标客户后，日航像往常一样大量购入大型客机，然后用票价打折的方式吸引客户提高乘坐率。只要销售额和市场占有率数据可观，就能实现摆脱低收益率的目标。

事实上，以前日航在往返美国的路线中使用波音 777 客机，座位比旧机型少 25%，利润率上涨了 25%。也就是说，通过减少座位，日航提高了钟情于高附加值服务的忠实客户的比率。

而且，高附加值业务不限于运输和移动服务。日航正在内部探讨将其

---

① 以各个阿米巴的领导为核心，让其自行制订各自的计划，让每一位一线员工都能成为主角，主动参与经营，并依靠全体成员的智慧和努力来完成目标。——译者注

检修部门的工程师进行外派的业务。他们能获得没有航线的机场经营权，作为日航工程师的检修服务据点，还可以为超低价航空等其他航空公司的飞机提供检修服务。

如果这个目标能够得以实现，检修部门的知识就会转化为价值，之前的成本支出中心就会成为利润中心，将会给整个日航的经营打上一针强心剂。之所以可以展开探讨，是因为日本政府在 2011 年的关于 PFI[①] 的修正案中提出，国家或者自治体拥有公共设施的所有权，但是其运营权可以通过特许的方式向民营企业出售。这个想法能从现场萌发，得益于稻盛和夫实施的组织变革以及与员工的交流。

日航的新轴心，就是追求知识主导型的高附加值服务。虽然日航在很久以前就提出了这个愿景和价值主张，但是没能一心一意地做下去，因此它反而成了 BMI 的阻碍。如今，日航踏上 BMI 的征程，之前面临的"羁绊"，在新的价值主张下解体并重组，形成新的关系网，为共创美好时代贡献了不小的力量。

第七节　打破枷锁，推行 BMI 的站探

BMI 作为摆脱"羁绊"、解放业务的方法论，能够将技术创新和流程创新的收益最大化，是支撑企业经营的根基。而且，在产业和企业结构变革中，BMI 也是一个强有力的方法论，发挥着重要作用。例如，对于大企业

---

① 私人融资活动（Private Finance Initiative，PFI）。

中的非核心业务或者无法带来价值的业务，应果断地分割、淘汰。

2011 年 3 月上市的交通信息服务公司——站探，原本是东芝的一个部门，当时的责任部长通过经理层融资收购将其独立出来。站探实行的是免费的商业模式，会员数和销售额在短期内急速增长。如果在东芝内部，这是无法做到的。"免费"是指基本的服务不收取任何费用，只针对高附加值服务收取费用。这在互联网企业中比较常见，但是在以制造业为中心的企业中则很难实行。

北极星资本集团于 2007 年 10 月对站探进行了投资，用经理层融资收购的方式使其从东芝分割出来。站探于 2011 年 3 月在东京证券 MOTHERS 市场①上市。站探的主要业务是为客户提供换乘指南、列车时刻表、地图等出行导航服务。

站探原本是东芝企业内部的一个创新业务，专门提供火车换乘检索服务，因此掌握着铁路检索系统的核心技术。现在，站探增添了步行路线导航，点对点的检索系统不断优化升级。手机端换乘指南服务的收费是其收益来源，除此之外，站探提供技术支撑的应用服务，以及靠广告收入运营的 PC 端换乘导航服务也在全面展开。关于客户规模，手机端收费客户大约有 90 万人，手机和 PC 的免费用户每月大约有 300 万人，法人客户超过 100 家，其业务规模在业界首屈一指。

接下来，我们引用第一章中提到的"三板斧"来详细剖析站探的案例。

---

① 也被译为玛札兹市场，又被称为保姆板，即日本的创业板。

❖ 价值主张的再定义

站探在东芝企业内部并不是作为成长业务而被积极投资的对象，虽然没有实现互联网企业的成长速度，但是为了全面发挥出它的潜力，在经理层融资收购以后，经营层和北极星资本集团大胆地投入了大量的人力和物力。经过全体员工的努力，其营业额达到每年平均两位数的增长，整个企业的利润额在两年中实现了翻倍增长。

站探原本只提供每月 100 日元的服务菜单，并没有区分免费服务和收费服务。针对如此单调的服务内容，北极星资本集团开始瞄准目标客户，新设置了面向大众的免费服务和针对核心客户的收费服务（200 日元 / 月）。结果，目标客户的价值被重新建构，付费会员数和服务费用都提升了，这也为站探改革的成功奠定了基础。

同时，站探对目标客户的属性和爱好进行分析，将分析结果融入服务之中，而且在服务的过程中，持续地进行效果验证和改良，这也是站探吸引客户的一大原因。以前日本式的产品制造，虽然能够灵活运用先进技术制造出领先的产品和服务，但能否吸引客户并没有得到很好的验证。

站探通过彻底面向客户，将价值主张进一步明确，以此达到精准提供附加服务的目标，这是价值主张再定义中最大的成功因素。而且，在价值主张的基础上，站探导入免费的商业模式，直面互联网企业需要面对的经营风险，这些都得益于经营层和北极星资本集团能够明确价值主张并且坚定执行的信心。如果没有这份信心和勇气，站探根本不会做出向月收费 100 日元的付费客户提供免费服务的尝试，因为这伴随着风险。

❖ 关系的重建

站探在东芝企业内部并不是核心业务，其潜在活力也没有得以充分发挥。站探通过经理层融资收购从东芝独立，业务和员工真正成了主角。在东芝中比较艰难的投资判断，站探如今能够遵从本身意愿自由决定。但是，站探必须自己承担责任和风险。换句话说，独立带来的自由和责任会给员工带来有形或者无形的压力，能促使他们对待业务的态度发生根本性变化。

例如，在经理层融资收购之前，站探并没有做过市场调查和客户分析，现在为了将客户的需求具体化，把握整体情况，不得不开始这两项工作。而且，针对客户需求提出的价格、功能、促销手法等方案，都在持续进行定量效果分析。虽然这样做的工作量增大了，但这确实拉近了站探与客户的距离，有助于该公司找到满足客户需求的服务。

由于东芝是电机生产商，很多员工对于互联网业务知之甚少。为了摆脱这一困境，站探雇用了一批互联网人才，也就是进行了笔者所强调的"关系再构筑"。事实上，新遇到的合作伙伴、中途雇用的员工，都会为企业带来新的信息和视点，这些都可以运用到业务企划和开发当中。

❖ 实践智慧进程的螺旋上升

即便如此，在 BMI 的过程中，站探还是出现了很多问题。经理层融资收购后，业务独立出去，之前在东芝的负责人成为站探的主管人员，完全不懂经营管理的技术人才在年功序列制度下成为管理层，这造成了站探业务上的意识不清和能力不足。因此，站探果断地实行了人事改革，将职能与职位相分离，不再拘泥于年功序列制，让能胜任的管理人才担任管理层。

另外，站探在企业组织架构上也存在一些问题。因为是从东芝分离出来的系统一体化组织，组织结构主要按照功能（企划、开发、运用）进行划分，从而忽略了客户的需求。因此，组织架构改革也在同时进行。为了方便以服务单位进行业绩管理，各组织按照服务流程进行划分，改编成混合体制，每个组织分别设置定量目标，几乎成了互联网企业的组织架构。同时，站探对工程师的人事评价制度进行改革，让工程师也面临用户数量增长目标的压力，依次推进企业一体感的形成。当然，这个策略也遭到现场员工的强烈反对，这时，北极星资本集团担当了恶人的角色，将这些反对的声音压制了下去。

在人才培养与组织制度改革并行中，值得一提的一件事就是，与员工的目标共享。全公司以上市为目标，设计了让全体人员拧成一股绳的目标管理制度和激励制度。对于那些时常"想回到东芝"的借调员工，站探将他们转籍成为正式员工，以此形成企业一体感。价值主张向一线渗透，知识创造的机制被迅速建立，最重要的是这个过程在不停地螺旋上升。就这样，站探从硬件和软件两个方面推动彻底的组织改革，促使 BMI 早日实现。

第八节　日本式私募股权基金在 BMI 推进过程中扮演的角色

我们在很多案例中都在极力推进 BMI，在这个过程中，我们经常有以下思考。商业模式在各个领域都是独一无二的，其面临的"羁绊"也不尽相同。因此，为创新商业模式所制定的战略和方法论，无法像一般的操作手册一样用文字叙述出来。在独特的关联中,包含着每个人独立的思考和利害关系,要构想新的商业模式,重建关联性,可以说并不存在指导这一实践的方法论。

我们所面临的是与纸上谈兵的战略论相距甚远的现实世界。商业模式是有生命的经营,因为在实现愿景的过程中,不仅需要基于数据和理论的设计,追求真善美的感动和共鸣这种感性要素也同样重要。其中,不仅有经营层的思考,也有员工、客户甚至合作伙伴的思考。这些思考能否被领导层接受并付诸实践,决定了这些关系最终成为负面的障碍还是正面的牵绊。

对人们的洞察和爱,以及对日本社会再生的强烈愿望,是日本式私募股权基金运作的原动力。我们时而被迫应对严峻的问题。但是,作为国家产业融合的专业人员,我们有能力将这些声音传达给被投资企业和投资家并与其共享。

北极星资本集团投资了一家青菜汁制造企业,名叫"Q'sai"。2006年11月,北极星资本集团在所有权继承型的非公开经理层融资收购时对其投资,Q'sai在2010年10月被Coca Cola West收购。在日本健康食品企业中,这家企业首次确立了以电视广告为中心的网络销售渠道模式,最终取得了飞速发展。在经理层融资收购以前,该企业在创始人引领的所有者经营下,错综复杂的关系为企业持续经营造成了很多障碍。

但是,Q'sai如今已经改头换面,BMI引发了Q'sai的第二次创业,并助推其成功地进入新的成长轨道。这是北极星资本集团作为参与者融入企业内部,为企业注入力量的一个典型案例。

不管是 Q'sai 还是站探，其 BMI 成功的背景都是经营层与基金形成了良好的关系。只有从经营者和投资者的两种视角做出最合适的决定，才能推进计划顺利进行。企业内部的领导者有脱离"羁绊"的意识，加上"羁绊"外部的私募股权基金融入内部，作为专业人员协助企业重建商业模式，这种合作模式为企业带来了创新。

关于商业模式的调查和立案，不仅咨询公司、银行、证券公司在做，企业内部的经营企划或业务开发部门也在做。然而，前者无法与当事人融为一体，后者本身就存在于"羁绊"之中，让他们来担任冲破障碍、推行 BMI 的角色不太合适。

能填补这个空缺的只有日本式私募股权基金。笔者认为，真正的私募股权基金以知识主导型的业务成长和企业价值提升为目标，会在投资中分担风险，会作为内部人员亲力亲为地参与经营改革。如图 6-4 所示，进取型基金（activist fund），比如绿票讹诈 ① （green mailer）就处在比较对立的位置。

我们再把目光转移到近来很消沉的新上市企业市场中，把新兴企业源源不断地送到上市市场，离不开提升经济活力的 BMI，更离不开其中的催化剂——私募股权基金的贡献。从这个意义上讲，日本所谋求的是有志于通过 BMI 实现事业再编、再建和全球化以及日本产业结构改革的基金。

---

① 绿票讹诈是指投机者大量购买公司股票，企图加价出售给公司收购者，或者是以更高的价格把股票卖回给公司，以避免这部分股份落入公司收购者之手。——译者注

重视业务的潜在意识

基础设施
投资型基金

创投基金

并购基金

完全不参与型

亲力亲为型

进取型基金

重视业务的显性价值

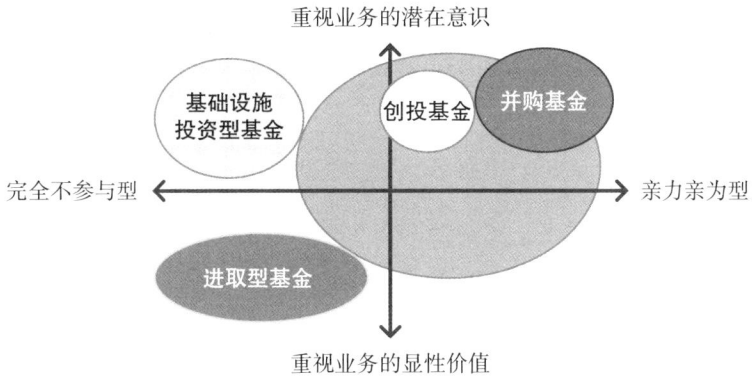

图 6-4　私募股权基金的定位

日本式私募股权基金已经走过 10 年的征程，亲力亲为的知识主导型商业模式创新定位，并不是海外基金的舶来品。事实上，日本式私募股权基金扎根于日本经济进行知识创造，其本身一直在以身作则地实施 BMI。

第七章

事業創生モデルを推進するイノベーターシップ
——知を価値に変える新たなリーダーシップ

推动业务创新模型发展的创新力：
变知识为价值的领导力

．
．
．

德冈晃一郎

第一节　实践智慧和智慧型领导者

我们所讨论的商业模式，不再是各商业要素简单组合的静态截面图，而是在不断进化的知识创造基础上，实践智慧动态化发展的过程。何出此言？因为静态的视点是一种结果论的观点，只能看到商业模式进化的某个点，而不是最终的形态。相反，我们更应该在未知中去创造商业模式，注重能顺应环境的变化不断改革创新的能力。我们讨论的关键在于，如何让组织化的知识创造进程发挥出应有的作用。

在这个过程中，企业追求的目标是实现共同善，满足顾客更深层次的需求，以及开拓新世界的价值创造。也就是说，当下的商业世界，企业应不仅追求竞争市场中的自我利益最大化或股东价值最大化的价值观，也应重视如何向世人贡献有助于社区持续性发展的智慧。想要与这样的智慧产生关联的意愿和初衷，是商业模式创新的基础。

商业模式创新不是单纯的组织构成图或业务流程、契约的组合体，而是一个个内容丰富的故事，它讲述了商业活动追求怎样的目标，如何定位，拥有怎样的知识和资源，怎样运用这些知识和资源，以及要创造怎样的世界。

因此，创造商业模式的领导者，面临的远远不止盈利这个目标，他们还需要具有共同善的视野、推进实践智慧进程的恒心和毅力，以及克服困难、鼓舞员工的魄力，他们身上要有一种照亮世界的光芒。

实践智慧，是指来源于亚里士多德提出的 phronesis（实践智慧），具体是指在偶然的现实中，读取事物本质，基于洞察和当下的实际情况，做出适时、适当的判断并有效执行的智慧。

这与追求不变真理的科学知识（理性知识）似乎处于对立的位置上。实践智慧是指基于价值观和伦理的判断基准，在每个偶然和独特的状况下做出的最佳判断，并付诸实践的智慧。基于状况的判断（contextual judgment）与适当时机的巧妙平衡（timely balance）显得非常重要。

生活在现实中的我们，面临有限的时间和资源，在每一个紧急的情形下都需要做出决断，因此必须做出当下最佳的判断。而且，在做判断时，我们必须站在"为了世界、为了大众"的超高视角。

2011 年 3 月 11 日，日本发生了特大地震灾害。很多企业正处在招聘新员工的时期。对很多企业来说，是否继续组织招聘和面试成了一个迫在眉睫的问题。继续招聘活动，可以缓解人们对失业的不安情绪。但是，由于交通条件受限，组织面试活动会对应试者产生不必要的负担，而且极有可能对日本东北部地区的学生产生不利影响。如果企业延缓招聘，对企业自身的招聘计划也会产生不利影响。这时，对企业来说，平衡自身利益和共同善是很困难的。

正在大家犹豫不决的时候，IBM 日本公司率先做出了招聘活动延期的决定，这是出于避免给社会带来负担的考虑。这一决策获得了学生和社会的一致好评。

如上所述，实践智慧就是在每一个特殊的状况下，准确把握现实情况，深入思考，做出合适判断的智慧。在商业模式创新实践的过程中，企业领导者需要做出无数个这样的判断，经历曲折的试错，方能取得成功。

如此看来，商业模式创新的领导者，不应是以利益最大化为目标的领导者，而应该是历经磨炼、拥有实践智慧的商业模式创新者。

商业模式创新者的能力应包含以下 6 个要素（野中等，2010）：

- 找到共同善目标；

- 及时创造"场"的能力；

- 直观感知现实的能力；

- 把直观感受概念化的能力；

- 实现概念的能力；

- 把实践智慧组织化的能力。

拥有这些能力的商业模式创新者，对日本来说越发重要。牵引日本从战后废墟到复兴的领导者，本田宗一郎、盛田昭夫、松下幸之助等人自不必说，当然还有其他杰出的领导者，不胜枚举。日本以这些领导者为中心，构建起了世界闻名的"产品制造"模型。

当下，日本迎来了商业模式创新的时代，产品制造向价值创造转型，今后的领导者必须具有更多的智慧。同时，全世界也在逐渐形成能人志士共创价值的环境。因此，企业必须培养拥有实践智慧的智慧型领导者，通过他们与世界连接，携手各国智者共创价值。

第二节　社会共创思想的领导和传递：描绘未来蓝图

实践智慧型领导者能够把自己的愿景和价值主张明确地表达出来，但这远远不够。在商业模式创新的过程中，满足客户更深层次的需求或实现新的社会样貌等共同善目标，涉及规模庞大的关联网。因此，孤立主义或自我主义等会固化行动方式，与新时代格格不入。为了把更多的人聚集起来，形成规模庞大的关系网，每个人都需要贡献自己的智慧，创造出一个彼此连接的"场"。

商业模式创新在最开始还是完全的未知数，只能不断地试错。由于这个过程伴随着相当大的不确定性，为避免入坑，企业领导者要格外小心谨慎。史蒂夫·乔布斯有一项能力很出名——现实扭曲力场①。通过这项能力，他能找到未来的参与者，与他们构建信赖关系，并邀请他们一起加入这场梦想的盛宴。

在这个过程中，企业能否提出极具吸引力的未来社会蓝图非常重要。"让我们一起来创造让大家能够幸福生活的社会吧""这就是在创造人们所期望的未来，不是吗""这样做，我们就能改变世界，消灭贫困""通过这种新的便利性，会兴起一个有益社会的产业"这些都是通过洞察未来而提出的宣言。

这些宣言是企业愿景和价值主张的前提条件，也是对创造新社会的承诺。因此，企业必须明确自身所迸发出的贡献社会的激情，也要明确自己所处的位置。

事实上，这并非易事。迄今为止，有很多企业明确了愿景和价值主张，但是作为其前提的企业活动，要创造怎样的社会，却没有得以明确。在工

---

① "现实扭曲力场"，就是指结合具有威慑力的眼神、专注的神情、引人入胜的表述、过人的意志力、扭曲事实以达到目标的迫切愿望，以及所形成的视听混淆能力。——译者注

业社会，人们相信"做得越多越好"（Do more，better）。在这样的思维定式下，企业可能就会认为没有必要弄清楚这个问题。

但是，在商业模式创新的时代，一切都不同于以前。为了地球、世界和社会，企业和人们必须都行动起来，去思考"现在的努力会带来怎样的世界"。我们必须意识到，当下的努力会直接影响到未来的样子。世界紧密相连，轰隆隆向前，自以为是和"搭便车"的行为都不再被允许。企业愿景很重要，但为了创造和现在不一样的未来社会，愿景还必须与社会紧密相关。

我们将这种提示未来社会的关键词称为"社会共创思想"（thought）。积极宣扬这种思想，找到志同道合之人，共同创造未来世界，我们将这些实现企业愿景的活动称为"社会共创思想的领导和传递"（thought leadership communication）。

社会共创思想既不是面向企业内部的标语，也不是用于宣传的品牌信息。作为思想和见解，社会共创思想具有以下3点重要意义：

- 提示未来社会；
- 拥有深沉的信念和独特的见识；
- 吸收其他企业或者学术的知识，实现共创。

也就是说，企业提出的未来社会画像始终处于变化和进化之中，企业必须做好成为一个平台的觉悟，通过企业内部和外部的知识以及研究开发活动，吸收实现未来愿景的智慧。这不是简单地对以前的信息进行整理，当务之急是收集来自全世界的智慧和实践经验。企业必须将社会共创思想作为信念向外界表明和传递。

若是说起现在表现出色的企业，不得不提近些年来 IBM 提出的"智慧地球"的创意。该公司认为，随着信息技术的发展，世界的发展趋势是"物联化，互联化，智能化"（instrumented，interconnected，intelligent）。站在一个更高的角度来看社会的基础设施和构造，我们就会发现，如果活用信息技术，就可以创造更加智能化的地球。

目前，世界一些地方的社会基础设施大多抱残守缺，人们认识到社会基础设施需要进行一次全体大检修，作为彻底解决该问题的手段，IBM 提出由信息技术重建地球（地球的 IBM!）的宣言。

客户企业倾向于从自身业务领域去思考如何扩大业务范围，IBM 通过引导这些企业向前一步看到世界的状况，号召它们"从最根本的视角，去一起创造更加美好的地球吧"。重新认识构成当下社会的基础设施（交通系统、能源管理、食物供给系统、物流系统等），通过重新构建基础设施，建设更加智能化的地球，这就是 IBM 正在做的事情。

这些不是单纯的口号或者品牌形象，如下所述，IBM 公司开展了多项战略性沟通和知识管理活动。

- 在全球广告部下设立全球市场本部，开展"社会创新思想领导与传递"活动。这一举动明确了"企业态度"，向外界表明这并非单纯的营销工具或者品牌形象的战略行为。

- 在全世界同时推进该举措，表明"改变世界"的迫切愿望。

- 开放与各主题（电力问题、食物问题、交通问题等）相关的大量研发成果，提出未来画像。

- 与该公司持续开展的 Innovation Jam^① 联动，达到知识的积累、共享、公开。
- 收集来自全世界的与各主题相关的智慧，并将其公开。
- 发掘、参与、协助与基础设施商业相关的提案和实证实验。
- 通过标志、投放广告和研讨会吸引和号召更多的人加入。
- 召开 IBM 商业领导力论坛，邀请世界顶尖企业的领导者以及来自政界和学界的领导者就各主题进行集中讨论。

IBM 通过这些活动明确了自身的社会共创思想，并从 2008 年 11 月开始积极地向外宣扬。它收集了全世界的智慧，非常严肃、认真地描绘未来社会画像。通过将其与企业自身的业务相联系，IBM 向世界做出了巨大的贡献。若是仅仅为了满足客户企业的需求，IBM 远远不可能达到这种业务规模。

当下，实施社会创新思想领导力传递战略的还有思科公司的"合作共赢"（Collaboration），通用电气公司的"生态构想"（Ecomagination）和"健康构想"（Healthymagination），日产公司的"零排放"（Zero Emission Society），富士通公司的"以人为本的智能社会"（Human Centric Intelligent Society），等等。企业提出的这些战略思想既不是为了提高营业额的宣传标语，也不是关于企业自身业务活动的愿景，而是关于企业如何与社会关联、如何融入社会的思考，这些战略思想为企业树立了一种非常具有社会责任感的形象。在社会共创思想的基础上，企业不断积累该领域的智慧，在获得实际成效时，就会被社会重新认识，得到社会的高度评价。

---

① 创新即兴讨论活动，与全世界的有识之士开展开放式对话。

第三节　商业模式创新者的条件：创新力

那么，拥有实践智慧、推动业务创新模型实现的商业模式创新者的条件是什么呢？在知识创造进程的往复循环中，将知识转化为价值的收益模型被具象化，经过反复试错和改良，创新最终得以实现，获得社会认同，这些都离不开商业模式创新者。下面，我们来探讨商业模式创新者的特点。

商业模式创新者能牵引业务创新模型向前，为改变社会创造知识并将其转化为价值，野中郁次郎教授和笔者都将上述活动的核心命名为"创新力"（innovatorship）。这既不是一般组织的领导力，也不是产品制造创新的领导力。

作为实践智慧型领导者，商业模式创新者应时刻将实践智慧置于中心位置，在商业竞争的历练中，逐渐养成构建可持续商业模式的战斗力，拥有改变世界的力量。他们同时追求社会贡献和市场竞争的胜利，拥有志坚行苦的品质。

❖ 崇高的志向和敏锐的商业嗅觉

商业模式创新者的首要条件，就是追求共同善的高远志向和敏锐的商业嗅觉的并存。具有创新力的领导者，拥有创新商业模型的远大志向和形象化的目标愿景。

为了对现存商业模式进行变革，建立新的商业模式，企业必须具有明确的动机，这个动机就是今后企业经营的引擎。动机既可以是创新者的志向，也可以是愿景，就是那种希望通过变革为客户带来便利甚至为社会带来冲击的规模宏大的理想。实践智慧型领导者的第一条特质，就是找到"共同善"目标的能力。

实践智慧型领导者拥有"为了世界，为了大众"的博爱精神和远大志向。优衣库的CEO柳井正先生就曾提出"改变服装、改变常识、改变世界"的宏伟梦想。本田宗一郎社长拥有"反骨精神"，为了向全世界的客户提供更好的产品和服务，他不断地发起挑战：他让排量为50cc的摩托进军全世界，在推出四轮汽车的同时，还向F1发起挑战，凭借CVCC发动机首次克服气体排放规制，诸如此类不断打破常识的创新举动成就了企业的成长。丰田公司的混合动力汽车以及日产公司的电动汽车都是完全从零开始，为了地球环境而创造的商业模式。

企业领导者以高远志向为基石构建收益模型时，还必须拥有敏锐的商业嗅觉。关于这一点，拉姆·查兰（Ram Charan）用"CEO细胞"来描述商业领导者的这一特质。CEO细胞的要素包括：商业感觉（分辨出能否盈利）；看人的眼光（形成能够动员整个组织的团队）；大局观之上的判断力（对大量丰富的信息进行直观整理，读取本质，做出最准确的判断）。

商业是鲜活的生物，绝不是靠计划和理论分析出来的。时常面对资源的制约，风险必然显性化。"资源应该投向何处，是否真的能盈利，怎样才能持续下去"，企业领导者应针对这些问题，及时做出判断，勇往直前。

如果企业领导者拥有真知灼见，坚定自己的目标，同时用敏锐的商业嗅觉（CEO细胞）来探路、找准路线，就能为商业模式创新开一个好头。

❖ 主动吸收能力和自我变革能力

支撑商业模式创新者的原动力，来自强烈的初体验[①]以及相信自己能做好的自信。重建日本式便利店的铃木敏文，就曾有在美国遇到 7-11 的初体验。得益于这次偶然的遇见，让他深信这种不同于百货店、综合商超或城市小卖铺的新业态必将取得成功。

在艺术的世界或者汽车设计的世界中，有一种创作方法是带着敬意继承并超越过去。在商业的世界中，曾经很奇妙的遇见或者能带来冲击力的初体验，也会成为自信和创意的启发，促使人们由内向外突破自我。

但是，要想实现这一想法，仅仅模仿初体验自然是不够的，还要反映日本的风土人情和历史，要寻找合作伙伴，要确保劳动力，要说服金融机构以便获得融资，总之，还有各种各样的屏障矗立在创新的前方，但是又不得不一道道跨过去。通过初体验获得的启示要转化为概念，因此企业领导者从微观的现场分辨出事务本质的主动吸收能力显得非常重要，即分辨事务本质并内化为自己的东西的能力。只有重视直观感觉，才能把自己所处的位置和要做的事情概念化。在创立星巴克时，霍华德·舒尔茨提起自己的初体验，总是绕不开他在意大利看到的休憩场所，更离不开他对那种休闲放松氛围的感知力和吸收力。从这次初体验中，他提出了"第三空间"（The Third Place）的概念。

在此基础上，舒尔茨携手众多合作伙伴共同运用 SECI 模型，不断吸取更多的知识，通过推进知识的显性化进程，执着地追求最合适的形式。很

---

① 日语"原生体验"，是指最原生的体验，永远留在记忆深处并且本人在某些形式上继续受其影响的体验。

多人遇到这种情况时，往往"事不关己高高挂起"。然而，此情此景吸引了很多的杰出人士参与其中，他们运用自己的各种资源，千方百计地帮助舒尔茨开辟出了一条新的道路。当拥有了同众多伙伴的知识交叉点，舒尔茨接下来需要不断地学习、吸收知识，超越自我。

在星巴克之后的成长过程中，舒尔茨又遇到了财务管理、市场营销、商品开发、系统构建、经营管理等领域的专业人士，并把他们招至麾下，经过选择、辨别，作为组织能力储存起来，为今后的事业扩张做好了铺垫。同时，舒尔茨从不放松自我学习，而且从来不自以为是，他总是虚心地接受他人的建议。

以咖啡文化为原点的舒尔茨，也曾因遇到了咖啡文化之外的客户要求而抓耳挠腮。在加利福尼亚州，消费者提出除了咖啡，还希望星巴克提供一些冷饮服务。到底是遵从星巴克一直追求的商品研发线路，还是单纯为满足客户而开发新产品？如果为此开发新产品，那么，又该如何守护自己的创意？

在这个过程中，舒尔茨接受员工的热情建议，反复制作试验样品，最终开发出了一款既有星巴克味道又能满足消费者需求的产品：星冰乐（Frappuccino）。时至今日，它也是星巴克的招牌产品之一。

正如上述案例所体现的，商业模式创新者拥有强大的知识吸收力，通过偶然的相遇、初体验或者典范模型，吸收仅靠自己无论如何都得不到的知识，并且可以加以灵活运用。但是，他们也不是单纯地停留在吸收和运用别人的知识上，重要的是通过不同领域知识的叠加促进自我成长，培养自我变革能力。他们深知，只有不沉迷于过往经验，广泛吸收各类知识，通过灵活学习，才能让自己真正成长。这种强大的学习能力和对自我进行变革的谦逊态度，才是商业模式创新者的真本领。

❖ 全球化的信息网和沟通

在变化异常激烈的全球化时代，商业竞争的领域扩展到全球，因此企业领导者对于世界上任何地方的风吹草动都要能及时地做出反应。对经济发达国家的实时信息进行收集，对地球另一端动向的观察，对资源风险、金融风险、政治风险以及世界政治和经济动向等的把握，他们需要实时且准确地掌握这些信息，并且做出判断。如果一个人只在日本闲庭散步，可能连邻国的动态都无法捕捉到。可以说，企业领导者以全球化视野向商业模式变革发起挑战，能否取得成功，完全取决于其信息知性（intelligence）能力。

为了获取这样的世界化信息知性，在世界范围内运营业务，企业领导者必须在全世界构建自己的信息网络，从高质量人群那里获取可靠的信息和智慧，从而做出最准确的判断。商业精英们都有自己的人际关系网，为维持信息资源，他们也一直在进行投资，就算有什么突发情况，也能够游刃有余地处理。

商业模式竞争的领域，是日本制造业至上主义无法应对的信息战，即所谓的外交的世界。同时，企业领导者还要运用政治力、地政学和历史知识，培养能吸引对方进入自己擅长领域的魅力、谈判技巧、柔中带刚的战斗力。基于教养和诚信建立起来的极具个人魅力的人际关系网是其基础。如果一家企业建立高质量的网络，除了可以获取信息，还能建立起人们对它的信赖关系，那么就可以在自己的地盘传达自己的愿景和战略，也有可能吸引伙伴的加入。

因此，企业不仅要主动明确关键概念，锻炼传达信息的能力，还要掌握运用影响力的技巧。这就是战略传递的技能。这种技能被命名为"与人相处融洽的能力"（capacity connect），即在明确自我主张和观点的基础上，洞察对方的问题意识或精神模式（mental model），以此设定对自己有利的竞争领域。在该领域中，企业领导者常常利用修辞或故事来有效传递信息。丘吉尔、史蒂夫·乔布斯等都是擅长战略传递的人，遗憾的是，日本的企业管理者在这方面目前还处于落后状态。

进行战略传递的技巧，有现场对话、与周围的融洽等，这也是推进实践智慧进程的重要手段。在创新力的带动下，创新领导者或组织可以强化接受全球化信息的能力，推动商业模式创新在全球化竞争中的进程，让全球智慧共同创新的局面成为可能和常态。相反，如果商业模式没有这种能力的支撑，则无法产生可观的利润，接踵而至的就是业务逐渐萎缩、影响力下降，最后导致被动接受者任人摆布和宰割。

❖ 改变现实的激情和坚持到底的组织执行力

商业模式创新，就是一个创造知识并将其转换为价值的实践过程。可以说，这是一个没有终点的冒险旅程，在实践智慧的高速进程中，所有人都不曾停下追求卓越的脚步。

为了充分发挥创新力，商业模式创新者不仅要拥有过人的能力，还必须能够从周围获取支持，甚至吸引周围人的加入。商业模式创新绝非易事，也不是靠一个人就能够做到的。为了克服各种考验和资源的制约，商业模式创新者首先必须拥有坚持到底的意志力和激情。

英国前任首相丘吉尔说过：成功就是无论经历多少次失败也不丧失干劲的能力。丘吉尔不仅是一位领导者，更是一位重新建构联合军模型，帮助联合军成功翻盘的创新者。

优衣库 CEO 柳井正提出"一胜九败"，他强调不要畏惧失败，要从失败中学习，勇敢地向更高的目标发起挑战。其背后正是他期望改变世界的坚强意志。

商业模式创新者必须有意识地保持激情和干劲，克服压力，执着于目标，在实现目标的过程中发挥出惊人的创新力。

但是，正如本书中反复强调的一样，这不是一个人就能完成的伟业。因此，企业需要吸引更多的人参与其中，并且有效管理多人进行共同作业同样重要。组成持续创新的团队，共享隐性知识，创造产生新知识的"场"，是创新者执行力的核心。虽然商业模式创新者的率先垂范很重要，但为了将商业模式创新推行到底，形成自上而下与自下而上相结合的团队组织力同样重要。只有这样，才能实现实践智慧的大集合。商业模式创新者必须组织成员自律分散地进行思考，全体成员围绕商业模式创新这一中心任务和宏大愿景，拧成一股绳，心往一处使，形成一个真正意义上的战斗团队。

在这样的团队中，培养出惊人执行力的创新力源泉就是推己及人的理解和心怀感恩的人情味。因为知识"场"的形成根基就是人与人之间的信赖关系。商业模式创新者引领组织营造充盈人情味和信赖感的合作氛围，在个人历练的同时创造组织内部文化，以此培养出组织的出色执行力。

　　为了孕育实践智慧集合，组织将知识视为所有活动的基础，并着力培养这样的体制和机制。即使工作在按照惯例开展，组织成员也不是在浑水摸鱼或者逢场作戏，而必须以创造知识的企业的思考和行动模式为基础，思考这些工作背后的意义。这种体制，就是对业务中包含的固有知识进行辨别，将其中优秀的精神作为企业资产积累起来，不断发起对顾客价值的持续性创新。

　　这样的机制应具备以下不可或缺的要素。

- 知识文化（knowledge culture）。在一般情况下，人们所掌握的知识以隐性知识的形式存在，因此知识很可能随着那个人一起消失。然而，知识被显性化之后，又会被固定下来，形成真正重要的知识无法共享的局面。这些原因使知识传承变得非常困难。因此，只有在企业中培养组织化知识共享文化，常设知识交叉场，不间断地沟通，才能让知识根基持续生长。另外，在工作分配、项目目的、目标设定、人事变动、研究等各种情况下，企业领导者都要重申知识创造的重要性。在项目完工、业务或研修结束而进行评价的时候，企业领导者务必反思一下，让知识创造扎根于每个人的头脑之中。

- 知识网络（knowledge network）。随着超过企业界限共创知识的伙伴不断增加，知识网络的合作伙伴不限于本产业，还有跨产业甚至跨国的全球化合作伙伴。同时，范围不应限于商业，也包含学界、非营利性组织等。

- 社会性知识（social knowledge）。它让更多的人拥有同感的智慧力量。社会知识丰富的组织，其知识网络会扩大，质量提高、知识多样化增强，同样也有助于培养集合型实践智慧。企业的开放化和多样化是培养集合型实践智慧的必要条件。

- 知识经理人（knowledge manager）。设计和实现人与人之间通过知识相互连接的"场"，需要一个传递员（concierge）。一般来讲，知识网络都比较单纯，如果没有人有意识地进行连接，很可能最后只有一些单独的点存在，因此创造"场"，并让"场"充满生机的传递员不可或缺。这些知识传递员相当于企业知识文化的旗手，他们能够设置一些独特的部室，比如 Eisai 公司的知创部、NTT Data 的 NEXT 推进室等。因此，创造"场"，并让"场"充满生机也是今后管理层必须掌握的技能，需要作为管理层的一部分职能进行明确。

通过发挥出上述的创新力，商业模式创新得以向前推进。下面将针对上述机制介绍相关案例。

❖ 富士通总研经济研究所的实践智慧研究中心

富士通集团上下一心，推动组织化知识创造的循环，作为同期任务，富士通总研经济研究所设立了"实践智慧研究中心"。富士通集团内部拥有创新力的实践智慧型领导者，他们通过研究中心开展的活动获得了支援和培养。

具体来说，富士通集团募集了一批具有高远志向和强烈愿望的员工，并对他们进行了短期的集中培训。这当然不是研究项目的单纯罗列或者针对给定的课题进行培训，而是让参加培训的员工根据自己的职场经历，确定他们想要创新的课题。通常，培训会要求他们不要局限于日常业务的延长线领域，而去设定相对来说比较难以实现的目标。培训的重中之重是在目标实现的过程中，对现场实践的参与过程或参与经验。

　　培训项目一般为期 6 个月，分为理论篇、对话篇、实践篇（见表 7-1）。培训内容从自由课程到概念化商业模式的构建、知识经营、企业内部政治力强化等，旨在培养研修生的集中思考能力。

表 7-1　实践智慧型领导者的培训项目

理论篇	哲学：为回归共同善，追求真善美，锻炼分辨美的直观感受力。学习古代、近代、西方、东方的具有代表性的哲学家的理论
	创新的理论和方法：系统性地学习知识创造理论，学习持续性知识创造的必要本质
	商业模式构建：技术创新还不够，要学会设计商业模式，将知识转化为利润流，创造新价值
	领导力（leadership）：实践智慧型领导者要构筑包含很多人的多样性关系网，要学习用政治力实现自我信念的领导力
对话篇	与实践智慧型领导者的对话：大量邀请企业外部的一流创新者作为讲师，分享他们的故事和思想。在少数人参与的研讨会上，与讲师对话，在小组中反复进行激烈的讨论，完全置身其中去思考实践智慧领导的行动，获得创新力的模拟体验。不是纸上谈兵，而是用自己的语言和故事表达出自己的想法，体验能够引起共鸣的战略和商业模式
实践篇	小组讨论的实施：与他人完全面对面交流，从错综复杂的关系中发现新价值，对如何设定和管理一个"场"，进行短期集中培训
	构建将非连续性转变为连续性的多样人际关系：一个研修生有多个导师指导，通过这种新型的师徒制度，导师针对课题为研修生介绍企业内外的人际关系，构成多层次的知识网络。富士通集团募集了大批可以为企业献计献策的人才，实践智慧研究中心也能作为一个"知识节点"或者"边界目标"（boundary object），充当知识资产交流的角色
	全新的商业模式实践：富士通集团在形成的新关系中，设计商业模式，不是单纯的产品，而是注重价值，并进行行业业务实践。虽说研修期间很短，但所有研修主题都是研修生亲身参与和经历的，在研修结束后，他们也能利用所学的知识和技巧，在职场成为实践智慧型领导者

　　通过实践智慧研究中心举办的一系列活动，富士通集团收获了丰硕的成果：企业内部的现有技术被重新定义，企业获得了新的商机，点对点的客户关系更进一步深化，并诞生了不同以往的盈利模式。

第四节　信念管理

❖ 超越成果主义的人事制度创新

　　在商业模式创新实践中，人事制度相当于领导者发挥创新力的基础设施。这也是企业克服成果主义，真正去创造知识的秘诀之一。所谓成果主义，就是以"胡萝卜加大棒"（奖惩结合）的理念，形成一套性恶论的闭环原理。成果主义下的员工，为了完美实现已经决定的事项，甘于被规则束缚，如果不给予激励或者惩罚，就不知道下一步该怎么办。

　　相比之下，还有一种性善论，就是鼓励员工找到自己真正想做的事情，一旦找到，就全身心地投入。当然，这种方式不适合希望通过控制员工去达到高效率产出的企业。

　　因此，企业的一般做法都是设立正确且公平的目标，进行准确且公正的评价，在此基础上决定员工的报酬。这样能够确保所有员工都参与其中，而且"胡萝卜加大棒"（奖惩结合）的行为模式也在员工的脑海里打上了深深的印记。管理者的作用就是将这套管理模式执行到底，"管理"好员工。同时，管理层会在股东面前大肆渲染这种模式的效果。因为，股东会一直质问管理人员："难道还没有导入成果主义吗？"

相反，每个人都知道："如果没有设定目标，就不知道应该做什么，企业的目标也无法达成。如果不能准确把握成果主义，就会造成不公平，就会出现员工觉得领导'偏心眼'的不满情绪"。因此，作为人事制度的成果主义包围网一直在被扩大和强化，大家相信，这样会使员工和企业都变得更强大。不可否认，通过实行成果主义，日本企业确实摆脱了不紧不慢的悠闲体质，员工和企业可能在某些方面确实变得更强了。

但是，企业是否真的变强了呢？大家是依据什么指标认为企业变强了呢？是短期收益还是人们可以安心地不去工作？人与人之间的关系是否变得淡薄？家人之间的羁绊是否在逐渐消失？随着如此多的副作用的显现，大家真的还认为成果主义是正确的吗？是否有曾经心生疑虑而一直没去做的事呢？正如一桥大学的守岛基博教授所指出的那样，人事政策淡薄的人事部门正在横行。

如果任由这样的状况，即不去追问事情本质而将问题搁置的状况发展下去，那么实践智慧就没有发挥出它的作用，而且企业中也没有孕育出培养实践智慧型领导者的土壤。究其原因，就是没有建立能促使企业持续成长的人事制度。

大家不妨思考一下，最开始觉得 BMI 变得重要的原因是什么呢？距离"知识创造型企业"这个概念被提出已经过去 20 年，很多企业将自身定位为知识创造型企业，积极发起创新活动，日本还成为引领全世界产品制造潮流的国家。这得益于企业对 SECI 模型的理解及践行。员工在现场共享知识，思考改善方案，并将其作为企业的隐性知识储备起来，随着 SECI 模型的螺旋上升，隐性知识实现了价值转换。

但是，这些创新都发生在现有的商业领域。一旦商业领域发生变化或者善于改变竞争领域的对手出现，大家就会发现日本企业现有的组织架构是多么的不堪一击。日本企业无法向"价值创造"转移，也无法摆脱高负荷、低收益的现状。

当日本企业不得不寻求更大规模、更高层次的知识创造时，说明它们未能成功地破除"加拉帕戈斯效应"[①]（Galapagos effect）。在竞争激化、环境不断变化的情形下，企业需重新对目标、方向和评价指标进行明确的设定，赋予企业活动以意义，协调方向，然而这些都变得很困难。而纯粹且没有意义的利润目标，慢慢地被人们疏远。目前，因在现场找不到工作意义而产生心理健康问题的员工人数激增。

另外，欧美国家的一些企业领导者开始对追求短期利润的商业模式和工作方式进行反思。他们提出社会贡献或者共同善的目标，认为只有改变商业模式才是明智之举。

同时，由新兴国家发起的反向创新（reverse innovation）带来的市场创造和社会贡献正在成为一个热点话题。其中，像孟加拉乡村银行和BRAC[②]这些组织一样，通过与欧美大企业合作成立社会企业开展活动的案例不在少数。

虽说各国的背景各不相同，但殊途同归，企业已不再是单纯地制造产品或者提供服务，而是更加注重将活动正当化和赋予其社会意义的架构构

---

① "加拉帕戈斯效应"，主要是指某种产业或者产品只在某国国内占有较大的市场份额，并尽量排斥其他同类产品市场份额，从而形成的一种孤立市场的情景。——译者注

② 世界上最大的非营利性组织，年营业额达700亿日元，致力于解决孟加拉农村的贫困问题。

建。也可以说，它们现在追求的是能够解决更加复杂的社会问题的商业模式。如此一来，企业员工也能在工作中感受到强烈的动机和意义。可以相信，在追求共同善中表现积极的企业，更能获得社会的一致好评。

客户的需求和企业的动机都在变化。但成果主义还是一如既往地以一年为单位进行数值化的目标管理，没有上传下达的沟通过程，只有目标的例行分配，还是通过是否完成目标决定赏罚。这个机制在激烈变化的环境中，倒是表现坚挺，没有丝毫变化。

事实上，不管是社会对企业的期望，还是企业员工的工作动机，只要企业愿意真诚地倾听和接受意见，那么基于"胡萝卜加大棒"的性恶论管理模式早就应该就地除名，转而构建由员工自主管理的体制和机制。这时，能够发挥创新力、培养商业模式创新者的人事制度则是必要的前提条件。

对于本身就成长热情高涨的员工来说，他们的动机不是来自报酬等外部因素，也不是工作任务的被动接受，而是从内心深处迸发出的"我就是想做这件事！"的愿望，这是发自内心的能动力量。

另外，设定工作目标的环境也在不断变化。投入（in-put）和产出（out-put）的关系相对固定的竞争环境，在商业模式创新时代已经一去不复返。随着颠覆商业规则的破坏式创新以及蓝海战略（blue ocean）登场，在现有的架构或前提上设立目标，也只是白费力气。

今后，投入—产出关系的变化和商业规则被不断刷新，都会成为企业面临的常态。以评价为目的的目标设定，容易回避挑战，最终将企业的"能力范围"和"认知范围"固定在某个阶段上，不再上升。

因此，在一个人才流动的时代，对于热情高涨的员工，企业要信任他们，比起分配任务，将目标探寻交给这些员工的"未来探索"或许更重要。朝九晚五，每年 4 月结束一年度的工作任务，这些对员工来说没有任何新意，企业应该将主动权交还给员工，让他们自己去找到有动力的课题，即使一年无休，他们也会好好干到底。到那时，员工会发挥出超乎想象的能量，志同道合的几个人围绕感兴趣的话题进行彻底的讨论，并且展开合作。对企业来说，如何构建一个机制，将这些有激情、灵活且自律的员工聚集起来，才是真正重要的课题。关于这一点，日本 20~30 岁的商业人士具有令人惊讶的能量。

对这些员工来说，报酬作为成果主义的前提可能是一个个人问题，但不单单是一个关乎金钱利益的问题。有一句话叫"What's in it for me?"（这对我来说有什么意义？），但是比起个人的受益，"What's good for society?"（这对社会来说有什么意义？），将"为了世界、为了社会"的贡献视为报酬的人正在增多。对他们来说，公共的利益、工作本身的趣味、自身的成长、团队的成就感，这些金钱（当然这也很重要）以外的意义变得越来越重要。

这种潮流和趋势，似乎在昭示着基于结果主义或成果主义的人事制度的终结。

在商业模式创新的时代，理想的人事制度如上文中所描述的那样，它超越了成果主义的象征——目标管理（Management by objective，MBO），我们称之为"信念管理"（Management by Belief，MBB）。

MBB 的定义如下（一条和生等，2010）：

• 通过内省（self-coaching，自我教练）明确个人的信念和发现；

- 通过互相对话（横向、纵向、斜面）提升自我志向；

- 不做单纯的数值化目标的、没有个人意志的工作；

- 基于自己的亲身体验，提出假说或想法；

- 主动、积极地理解企业愿景；

- 与他人建立能动的丰富性联系；

- 通过关系网编织出个人、组织和团队的高远志向；

- 构建自律的管理和沟通机制。

也就是说，作为内在动机的"信念管理"居于中心位置，与上司、下属、同事、管理层表明共享、发展的"信念"，使组织和个人的方向在这个过程中磨合至统一，最后达到自主性开展活动的境界。

所有人都会从自己的立场进行辩证的创造性对话，找到基于共同善的"信念"，并将信念作为愿景提出来。为了实现愿景，员工应在日常的自律性实践中积蓄知识，磨炼智慧，将目标进行细分，确定下来；然后，朝着目标一步一个脚印地反复试错。这个过程既产生了实践智慧，也培养了实践智慧型领导者。

成果主义只分短期目标达成或者未达成，MBB 则是一个自我信念的成熟过程以及知识的学习过程，是一个关于生存方式的问题。对组织来说，MBB 能储存高质量的隐性知识，是一个社会性的成长历程。

商业模式创新者发挥创新力的基本前提是其高远志向及信念的养成。商业模式创新者的核心能力是对现存商业模式边界的感知力，基于崇高志向，寻求更深刻的客户价值和社会贡献而历经曲折后，变革商业模式的实践智慧以及超乎常人的优秀执行力。

日本企业中的工作方式很适合锻炼这些能力。从追求细节的现场主义中获得的智慧是隐性知识中最有价值的一部分。然而，这些智慧也只是智慧，并没有在宏大愿景里转化为价值，换句话说，日本企业提出愿景的能力还很弱。因此，日本企业很难发起 BMI，它们倾向于在现有的商业领域和规则下进行竞争。

但是，作为商业模式创新者，其描绘出长期愿景的能力不可或缺。他们必须从更大、更长的视角洞察世界，结合共同善制订目标，这仅靠自身的经验显然不够。因此，他们需要学习哲学、历史、宗教等来自全世界人民的智慧，通过理解、吸收将其转变为自己的知识，然后形成自己的价值观和判断基准，描绘出自己想实现的未来画像。总之，找准方向，知识的显性化很重要。拥有共同善意识的领导者（包括商业领导者和社会领导者），同样也会拥有高质量的信念，他们能通过自己的魅力，让周围的人变得明朗。

另外，企业领导者要拥有这样的信念，需要有能站在更高视角给予商业模式创新者建议的导师。一个人孤立作战，很可能会迷失方向。通过与导师的对话以及导师给予的各种锻炼（修行、完成几乎不可能解决的难题），商业模式创新者可以构筑属于自己的信念和实践智慧。同时，这也有助于商业模式创新者突破现有的思考模式和商业框架提出创意，培养自信心和执行力。

这样想来，现在日本培养商业模式创新者的环境确实非常有限。人事制度和人才培养都没有按照这个方向去设计。随着组织的流动化，与导师的联系或者人与人之间的羁绊会变得淡薄。MBB 正是纠正这一状况的综合性人事制度。下面介绍这一机制的基本内容。

❖ 自我教练

首先，就是在日常管理中，孕育个人信念的 MBB 流程——自我教练（self-coaching）。

人们每天忙于工作和生活。这看起来不过是日复一日的重复，事实上还伴随着很多珍贵经验的积累。解决工作难题，与同事沟通，来自上司的建议，来自客户的毒辣评价或者暖心表扬，在研讨会上与讲师的交流，从报纸或电视上看到的新闻和评论，网上冲浪的发现，读书或者看电影的感想，当然还有和家人的对话，可以说，我们每天 24 小时都生活在各种刺激和信息之中，无时无刻不在发生着相互作用。

然而，对于这些，我们是否在积极地给予反应呢？反应，就是通过相互作用和刺激，对所见所闻能够有所感触，并且深入思考。这些思考可以是当下瞬间发生的，也可以是过后通过回忆产生的。你是否有回顾每天发生的新鲜事的习惯呢？可能随着个人职位的晋升，你会变得越来越忙碌，也就没有时间再做这件事了吧。

其实，回过头思考的过程，才是积累隐性知识、培育信念的绝好机会。经历过并不算什么，重要的是能从经历中有所感悟和学习，通过反省和思考，萌发出问题意识和假说，并运用到第二天的实践中去。不断重复这样的流程，如果能找到兴趣所在或者自己关心的课题，那么你就会自然而然地促使自己去吸收周围的信息、学习先贤的智慧、挖掘更深的历史，最后逐渐形成自我主张。这是一种以经验为基础，通过反省和思考找到与其他人的智慧和见解共通的地方，然后深入探索的思考方法。这是一种知识的自我体系化过程。

随着知识的体系化过程不断深入发展，信息和经验就会升华为见识和教养。这就是同他人交流时的自信的源泉（相反，即使每天忙得昏天暗地，但是如果没有经历这个知识的自我体系化过程，就很难形成有主见的观点）。而且，我们通过向别人表达自己的立场（自己作为一个独立主体，是如何思考的），可以坚定自己的想法，形成自己的价值观和信念。如此一来，就明确了"我到底想做什么""我想创造怎样的社会价值"这些问题，奠定了作为商业模式创新者的坚实基础。

为了找到自己的价值观和信念，每天利用经验和他人智慧不断重复回顾和反思的过程就叫"自我教练"。信念和价值观不是一朝一夕就能形成的，但大家都知道它所蕴含的能量。我们在培养人才时，都想培养出一个充满自信、期许未来、生机勃勃的人才。这些人才并非天资卓越，而是靠日复一日的反思和微不足道的小进步一点一滴塑造而成的。

日本足球运动员本田圭佑和中村俊辅一直坚持写"足球日记"，成就了传奇的足球生涯。还有，冈田斗司夫提倡"智能笔记本"（smart note）的思想也有异曲同工之处。

"MBB 中自我教练"的要领很简单，就是尽量每天记录一个包含 4 项内容的表格，10 分钟就能完成。表 7-2 是笔者列举的一个例子，读者有兴趣的话可以参考一下。

- 写一件今天发生的最在意的事情，既可以是工作上的事情、看到的新闻，也可以是关于家庭或者周围发生的事。

- 为什么会注意到这件事？自己的想法、第一感觉是什么，要直观、真实地写出自己的感受。

- 追问这件事背后的意义，这件事情发生的背景，从社会的宏观角度或者人类心理以及组织的观点来分析，写出自己的意见。思考事情背后的构造及其与其他事情的关联。

- 如果自己遇到这件事，会怎么思考，结合自己的价值观和判断基准自问一下，既可以基于自己的立场，也可以站在当事人的立场去思考。

表 7-2　自我教练工作表范例

1. 今天发生的事情，特别留意的事情
我留意到在放射性问题上犹豫不决的日本。在放射性污染的问题上，特别是有小孩的家长，他们的担心和不安超乎常人的想象。在这种状况下，东京电力、政府、专家和媒体报道并没有给出具有实践意义的指导。相对于一些难以理解的专业术语或者无关痛痒的论点，我反而注意到东京新闻约稿的消费生活顾问小林协子氏所投稿的一篇内容，这是一篇让人茅塞顿开的放射问题对策论
2. 对留意点的深度挖掘（想到了什么、思考了什么）
我并不认为，政府、东京电力和专家真的会对技术问题放任不管。问题在于，企业内部的信息共享、市民视角的报道、管理层的沟通能力和领导能力等，这些是软件方面的问题。这难道不是一种对社会同感的不理解、感受性低下和想象力的丧失吗？三现主义是日本的强项。小林协子氏都能看到的市民视角，为何政府高层不能拥有呢
3. 联想到自己的工作、人生的问题意识和动力
我认为这最终是关于工作重心放在何处的问题。应感受企业内外受众的意识，这件事必须执行到何种程度，一边思考这个问题一边工作是重点。然后，带着直观想象力，提出大胆的解决之策。这正是实践智慧
4. 今后该如何活用智慧（是否关联到自己的梦想和具体的课题）
为了让自己和企业内部所有人都能够切身掌握实践智慧，还必须和同事、客户一起营造一个相互了解的环境。在这样的氛围中，"为什么会这样呢""为什么这就可以呢"，新员工都能够坦率地提出问题；同时，可以通过与别人的对话防止自我中心化

大家可以用这样的形式记录每天发生的一件事，从中思考自己的立场，形成判断事务的标准和依据，尽量让隐性知识显性化，这就是构筑实践智

慧的自我教练。

❖ 团队教练和 SECI 交流会

为了使自我教练的威力更上一层，更接近实践智慧，那么少不了与周围人的交流。团队教练（team coaching）就是以思考为基础的对话"场"。在这个"场"里，不分上司和下属，大家都能畅所欲言。

一般来说，"教练"就是给下属提问，引导他们回答，但是如果全部都是上司单方面地问下属（或者就是上司一味地发号施令），那么对话就不会成立。这个"场"的本意是让每位参与者都能够表达自己的想法，营造出为找到最佳答案相互融合、相互借鉴的氛围。因此，"教练"必须创造交流的"场"，为了体现出"教练"的本质价值，下面将"团队教练"称为 MBB。

互相交流思想的"场"，才是日本企业和组织现在最欠缺的东西。认为自己应该做的事，组织或上司期望你做的事，以及被隐藏的上司和组织的想法（愿景和理念等），甚至更进一步，真正重要的业务目标，此刻从事的工作的意义，融入信念思考解决方案，这些都应该通过 MBB 进行沟通交流。

只有通过开诚布公的交流，上司和下属才能团结一心地推进实践智慧的进程。这时，"沁人心脾的认同感"（反思性移情共振）油然而生，企业或组织内部就形成了基于主观信念紧密相连的共鸣。

在设定每年的业务目标时，按理说最有效的"场"应该很受欢迎，但如今的目标管理机制完全没有这个概念，目标的机械化连锁和数字化的管理目标成了讨论的主要内容。然而，团队教练认为，业务目标必须能体现其信念。没有体现自我价值的业务，大概率会成为无头苍蝇，随波逐流，而不是产生多大成果。或者即使有一定的成果，也不会成为真正的动力。因此，企业能催生出有创造性的对话很重要。

而且，实施业务的过程肯定也不会一帆风顺，在遇到麻烦时，即时进行交流同样重要。然而，由于事务繁忙，有些人无暇顾及这种交流场也是事实。在这种情况下，将团队教练作为惯例固定下来，形成创建思想信念交流场的机制，这就是我们所说的 SECI 交流会（SECI dialogue session，SDS）。

SDS 就是以每周或每两周一次的频率，召开早会，让企业员工交流问题的惯例。各小组在科长的组织下，5~6 位成员围绕各种话题展开讨论。标准的构成如表 7-3 所示。

表 7-3　职场 SDS 框架

概要	目的：形成反思习惯和学习创造 "场" 的技能 效果：形成在职场的思考习惯 　　　营造相互帮助、相互学习的氛围 　　　连接能力的提升 规模：经理（促进者）+5~6 人的职场成员 时间：每次 90 分钟，每周（或者隔周）一次
全部 10 次的概要 （例）	经理设定一个综合主题。每次的小主题可以半月变更一次，但保持全体一贯性，最终的满意度会比较高 第一次：职场最近的课题 第二次：在沟通上的烦恼 第三次：在职培训进展是否顺利 第四次：思考一下工作态度 第五次：最近，让你感受到的工作或者发生的事情 第六次：自己的动力或动机 第七次：为了培养后辈 第八次：提升与人相处的技巧 第九次：在发起创新的时候 第十次：共享职场愿景

(续)

每次的具体流程,一次 90 分钟	①反思:回顾上周的内容(30分) ②对话:针对每次的课题进行学习(30分) ③深入探究:围绕每次的课题展开讨论(25分) ④圆满结束:做好记录,下回预告,作业(5分)
场所和设置	• 可以是企业内部的会议室。最好是稍微宽敞一点、有开放氛围的会议室 • 围着桌子坐(经理也加入其中) • 准备小点心,展示一种放松的气氛

(1)每周反馈(weekly reflection):花 30 分钟,让每个人针对上周发生的令自己感触颇深的事情进行回顾,抒发自我见解。其他成员听完之后,也说一下自己的感想,以此促使当事人更深入、更多维的思考。

(2)主题对话(thema dialogue):花 30 分钟,针对上周 SDS 设定的主题各自发表见解。以上周 SDS 讨论的事件或者上次每周反馈所讨论的话题为基础,经理设定一个课题,让大家思考。经理也可以自己设定课题,自己发表看法。对成员来说,听上司的发言也是一次成长的机会。

(3)深入探究(deep dive):花 25 分钟,选取主题对话中的话题点,经理进行浓缩提炼,让大家深入讨论。没有必要一定得出结论,但是各自都要记下当天 SDS 中自己留意到的点。

一次 SDS 共约 90 分钟,虽然时间比较短,但为员工提供了一个短暂脱离日常工作(进步管理、解决问题等)、交流想法的"场"。离开繁杂的工作本身,与他人交换意见,不仅可以缩短相互之间的距离,也能够促进相互学习。如此一来,就能揭开职场的面具,使之成为一个真正的"场"。

通过这样的场,领导者不仅可以表明信念,明确思想,还可以洞察员工的心情和想法,增强企业的人情味;员工能够通过沟通获得共鸣,也有可能通过锻炼形成独树一帜的哲学观和见解。总之，这是一个不可多得的磨炼实践智慧的秘密武器。

第五节　MBB 人才培养

❖ 人事制度之最：知识型师徒制度

最后，我们想就商业模式创新者的创新力培养展开讨论。

正如我们一直强调的那样，实践智慧是试错过程和反思过程的产物，它不是一朝一夕就能产生的，也不是对书本的死记硬背，更不是一味地试错和反思就能获得成功。其中，教练的作用不容小觑，比如为了让培养对象获得丰富经验，教练不仅要耐心地引导，还要指导他们从中学习，让知识升华为智慧。这里的教练，就是引导实践智慧产生的导师。企业要组织这些具有丰富实践智慧的导师形成一个团队，让他们去指导商业模式创新者的候补人员。

这种将导师们组织化的商业模式创新者培养机制就叫作"知识型师徒制度"。知识型师徒制度的主要内容如下。

（1）复合型职业经验：拥有在不同部门或者企业外部的业务经验，通过经验的积累，扩大"场"的范围。

（2）实践经验：在一些紧急状况下，迅速做出准确判断，锻炼执行力。

（3）全球化共创经验：积累与海外组织的共创经验，变多样性为力量，培养应对冲突的能力。

（4）BOP[①]经历：深入新兴国家，特别是即将高速发展的国家中，亲身体验逆向工程（reverse engineering），锻炼在现场的零基础构想力。

（5）哲学修养：学习古今中外的哲学、古典文化、宗教知识，思考价值判断的多面性和品德修为。

（6）故事设计（story telling）：通过沟通力的提高，获得认同感和共鸣，掌握修辞手法、信息传递等能让人产生同情的技术。

（7）楷模（role model）：从优秀的实践智慧型领导者身上吸取教训。

知识经验丰富的导师应安排被指导者从各种角度接触不同的事物，让他们跟随学习。在每年的评价中，直属上司会给出建议。

当然，导师不局限于企业内部。我们希望企业能够邀请外部甚至海外的有识之士或者成功的实业家，作为执行导师加入进来。

❖ 代替 MBA 的 MPW

知识型师徒制度也给 MBA 带来了翻天覆地的变化。MBA 中教授的战略论、融资、市场营销、组织论、领导力等，是经营者必须掌握的技能。

亨利·明茨伯格（Henry Mintzberg）曾指出，经营有三要素：艺术、工艺品和科学。艺术、工艺品无法通过学习获得。因此，MBA 的学习内容只有科学，而没有涉及艺术、工艺品。然而，艺术和工艺品是否真的没办法教授呢？

欧洲的领导力教科书中曾提出："Narrare La Leadership"[②]（Pier Luigi

---

① 金字塔底层（Bottom of the Pyramaid，BOP）。

② 法语，中文意思为"叙述领导力"。——译者注

Celli，2007），这个理论最近频繁出现在迈克尔·桑德尔（Micheal Sandel）的哲学讲义和实业界的管理讲座中。另外，《哈佛商业评论》（*Harvard Business Review*）中加里·哈默尔（Gary Hamel）等人以《管理的登月计划》（*Moon Shots for Management*）为题，针对今后的经营者，提出了以下建议：

- 经营层要实现更高层面的目标；
- 作为社区的一员或者企业员工的自觉，要反映到管理系统中去；
- 从根本上重新思考经营哲学；
- 根除层级制上的缺陷；
- 安抚不安情绪，深化信赖关系。

在该杂志 2011 年 5 月刊中，"*The Wise Leader*"（《拥有智慧的领导者》，野中郁次郎和竹内弘高著）作为卷首专题，受到社会的广泛关注。

由此可见，能有效传递商业模式创新者资质和技能的不是 MBA。在 MBA 项目中，学生充其量只能学到构成商业模式背景的一般通识内容。

作为商业模式创新者，其创新力的根基是实践智慧，为了获得实践智慧，创新者必须经过知识型领导力训练，也就是对领导者判断力的锻炼。这不是浮于表面的一般意义上的技能，而是在每个特殊状况下准确掌握情况、深入思考，并尽快执行的能力。

具备这一能力的新型领导者，需要采用超 MBA（alternative MBA）的项目去培养，我们称之为"实践智慧型大师"（Master of Practical Wisdom，MPW）。该项目的必要主题由野中郁次郎教授选定，如表 7-4 所示。

表 7-4　MPW 项目概要

项目领域	项目概要
A. 实践伦理	• 实践、哲学、伦理 • 实践智慧产生的流程、实践智慧型领导力
B. 商业头脑	• 直观推论 • 业务创新模型的商业模式创新 • 社会创新
C. 发信力	• 修辞手法和讲故事 • 发出信息的能力、接受信息的能力 • 综合领导力
D. 微观感受度	• 对现场的执着、三现主义、直观感受力、共情力 • 对人的能力的察觉、组织管理
E. 宏观想象力	历史观、文明观、世界模式、地政学
F. 模范	感化力、用力、个人魅力（审视和野蛮）、自我领导力自觉（谦逊等）

系统性地教授这些内容，是培养商业模式创新者以及 CEO 的关键所在。

❖ 培育创新力的富士通体制

说起 MPW 的先驱案例，不妨学习一下富士通集团培养下一代领导者的体制和机制。

富士通集团在山本正已社长的带领下，做出了大举进军全球化经营的决定。虽然该集团一直在果断地扩大海外市场，包括收购英国 LCL、美国阿姆达尔（Amdahl）、德国西门子等相关业务，但是企业组织还不是很成熟，无法达到全球化的协同效应和知识的共创。日本主导和当地管理融合的日本型管理形态一直持续至今。

世界市场变化异常激烈，面对 IBM 的遥遥领先、三星的跃进、新兴国家企业的抬头等，在进行知识综合化的同时，推动开放式创新也成了富士通集团的一个战略性课题。在全球化的舞台上，能够游刃有余地处理共创和竞争关系的人才就显得极为重要。因此，富士通集团很早就决定要培养这样的人才。

其实，在很早以前，富士通集团就开始在企业内部孕育人才培养的风气和土壤。2000 年，富士通集团设立全球知识研究所（Global Knowledge Institute，GKI），致力于培养具有共同善和实践智慧型领导者，这个人才培养传统一直保留至今。在这样的土壤之上，GKI 的新课程孕育成功，2011 年，全球化领导者培养项目正式开讲。这就是"全球智慧计划"（Global Wisdom Program，GWP）。

富士通集团看准了自己在未来的定位是真正的全球化企业，因此需要在全球化经营中，不论何时何地都能够与对方达成共创关系。GWP 的目标就是为富士通培养这样的全球化领导者人才。因此，GWP 课程以 BMI、实践智慧、知识型师徒制度为关键词进行设计。

BMI 的核心，是在全球化的舞台上培养价值创造的力量。实践智慧的核心，是基于共同善的最佳判断的领导者的恩人情分，以及知识创造型创意和行动的养成。知识型师徒制度的核心，与 BMI 和实践智慧一样，无法靠坐在教室里学到，必须投入时间和精力，在导师的指导下进行修炼及觉悟。

在这样的概念下，后备人才要进行为期两年的集中训练。

首先，第一阶段从两个月的授课开始，全英文教学，讲师都是来自日本、欧美的著名讲师，以哲学、艺术课程为核心，学习战略论、全球化共创理论、领导力、推论和修辞技巧、沟通战略等。

其中，花 1 个月去 BOP 国家进行短期研修。每位学员被派遣到不同BOP 国家的不同企业中，在现场亲身体验各种问题的可能性，依靠自己的力量，支援研修的企业。这一项完成之后，学员就会在各自导师的安排下，开启为期 18 个月的特别项目培养，接受导师（来自富士通海外集团或其他企业，非营利性组织等）的直接指导，不断成长。

在这样的项目中，受训者融入企业的干劲高涨，企业也得以在集团层面、全球化层面培养出未来的商业模式创新者。这个案例，不管是作为超MBA 案例，还是日本的商业模式创新者培养案例，都可以说是先驱。

以上围绕业务创新模型的商业模式创新者的资质和培养方法进行了讨论。日本拥有深厚的产品制造文化，也有基于产品制造的知识创造传统，并且积累了大量的隐性知识。日本也经历了以本田宗一郎为首的领导者辈出的时代。

在当代，日本企业家应该把这个传统发扬下去，并升华为能够进行价值创造的 BMI，这是他们的责任。很多企业已经开始培养具有商业模式创新力的领导者，我们期待更多的新时代实践智慧型领导者能够走上历史舞台，带领日本勇往向前。

第八章

賢慮のビジネスモデル・イノベーションへ向けて
——統合型事業創生モデル

走向实践智慧的商业模式创新：
统合型业务创新模型

野中郁次郎　德冈晃一郎

正如"三方好"这句话所表示的那样，日本企业一直保持着为社会经营业务的传统。日本的企业和商业领导者立足于社区，为社区发展下了许多功夫，做出了很多贡献。这些企业在世界舞台上也毫不逊色，特别是以汽车、电机和综合商社为首的跨国企业，在世界市场上都占据了一席之地。

丰田喜一郎、本田宗一郎、松下幸之助、盛田昭夫、岩崎弥太郎、益田孝等创业先驱们，都是一边心系日本社会的发展，一边胸怀在世界产业舞台上驰骋的远大志向，因此避免了陷入逐渐萎靡的内部化志向。这些创新 DNA 被企业领导者传承，并构建起了优秀的组织能力和企业文化，为日本与世界进行共创提供了平台。

日本的企业领导者，常常是立足于社区，放眼世界，面临严峻的现实，却又怀揣着对未来的美好愿景，他们深知人才的重要性，关注企业的成长，在各种错综复杂的关系中，巧妙地维持着平衡，甚至领先于时代发起创新，对组织进行变革。可以说，这些领导者主导了商业模式创新。

在当下，为了应对复杂多变的课题，保持前进的步伐，企业领导者首先应该从根本上摆正定位，找准问题意识，积极投身于实践，在实践中学习成长，培养坚定的信念，不厌其烦地向更高层次的知识创造发起挑战。在这样的知识态度下所培养出来的见识和判断力，以及踏实的执行力和高明远见，是一个实践智慧型领导者必须具备的素质，基于此，他们才能够领导业务创新模型的创造和重建。

21 世纪的实践智慧型领导者已经开始崭露头角，但还未能打开日本闭塞的现状，也还未形成可以向世界传达、足以改变世界的创新力量。不可否认，支撑日本发展的经营 DNA 确实也在日本企业家的身上流淌。

在本章，我们将在各章讨论内容的基础上，进一步延伸，提出实践智慧型领导者应对企业和组织问题的新方式。

第一节   改变日本、改变世界正当时

当今世界的变化是连续的。在机遇和挑战并存的全球化时代，技术发展日新月异，全球性问题的累积、日本市场的萎缩……在变化如此激烈的环境中，企业必须进行动态的自我变革。我们所提倡的"商业模式创新"是企业变革的核心，即在创造世界性共同善的大视角下，重新构建企业的关系网，重新发现企业价值，为进行未来创造而发起业务创新。

这不仅仅是改善或者为实现资产组合最优化而进行的企业并购，更不是对现存业务的调整或新业务的追加，而是为了人类的生活和地球的存续，从根本上重新审视企业的业务，对商业模式进行颠覆性创新，重新构建关系网，将资源进行重新分配的一个动态化过程。

为了打破僵化的关系，企业必须有机结合企业内外的知识和智慧。企业领导者应该彻底思考未来社会的样子，并且不惜为此赌上一切。充满未知数的未来社会，少不了企业领导者的参与和承诺。

经营战略说起来好听，但大多数情况下无非就是现存业务模型的延长。正如当下陷入经营困境的松下、索尼、夏普、NEC 等日本厂商，它们虽然尝试着在产品基础上进行资源的重新分配和范围的变更，但也只是停留在现有的组织、文化和意识中的局部改变。

透过这种现象，我们可以看到日本企业不愿意改变，而是满足现状的

明哲保身思想。事实上，这是由于管理层逃避现实或者领导者没能提出超越现状的未来愿景。在这样的环境中，不管企业如何制定战略、重组资产，改变都迟迟不会发生。企业改革的战略，最多归结为企业存活期限长短的问题。

然而，如今需要的并不是现存组织如何明哲保身的问题，而是彻底的、全部成员参与的超越自我的变革。通过自我变革，企业才能参与到自己真正想创造的未来世界中。三流企业闭门造车，二流企业资产重组，而一流企业都在畅想未来。

理论分析式的战略看起来是在创造未来，事实上，我们无法从中看到生命力，既没有敢于承诺未来的经营者，也没有敢于赌上人生的领导者。因此，企业没有必要沉迷于理论分析式的外因型战略。

超越自我的变革，离不开企业从顶层到基层的各组织领导者关于创造未来的意志。自律分散型领导力可以为创造未来注满能量，加上所有组织成员的想法和积极主动的参与，促使领导者可以一边描绘未来蓝图，一边引领商业模式创新的发展。

下面给大家介绍一些案例。富士胶卷设定了 3 个业务领域，分别为影像解决方案（imaging solution）、信息解决方案（information solution）、文件解决方案（document solution），从而成功地撕掉了产品制造企业的标签，实现了转型。日立制作所以信息技术与社会基础设施融合为中心，从家电领域逐渐转移，从社会基础设施重建的视点重新认识自身的综合能力，并利用信息技术创造出新的社会基础设施。日产汽车提出"零排放"的社会愿景，在全球范围内致力于普及电动汽车的社会创造。

我们再将视线转移到日本以外的国家，就可以看到改变了全世界人们沟通方式的苹果公司；标榜"智慧地球"（smart planet），为杜绝资源浪费，在世界范围内进行基础设施检修（overhaul）的 IBM；通过反向创新（reverse innovation）在新兴国家同时实现共同善和业务成长的通用电气；作为全球化企业，构建起活用世界知识的组织基础的雀巢和宝洁；还有通过涉足全新领域（医疗领域）和地区（非洲）来扩大企业商业模式的三星。

如此大刀阔斧地变革和动态的价值创造，绝不会诞生在宗派主义、狭隘主义，或者被企业内部羁绊牵制，只在有限范围对现存业务进行修补的旁观战略主义之中。

日本企业的传统惯性很坚固，在模式转换上似乎更费工夫。它们认为获胜的模式最强，所以不太会去质疑作为现有模式基础的组织知识和技巧、核心竞争力、惯性行为方式等。在环境剧烈变化的当下，如果企业还安于现状，实不可取，但就算危机显性化，如果不能直面现实、思考对策，最终也只能面临淘汰。

就好比知道自己骑的是一匹死马，那么赶紧下马才是正解。显然，很多企业的态度是死马当作活马医，继续耗费精力。

企业追求局部最优化，持续扩大投入，最终就会陷入维持现状和衰退的恶性循环。日本企业正是如此。因此，对日本企业来说，现在正是壮士断腕的时候，必须有向世界传达未来信号的坚定信念。在本书中，我们所提倡的业务创新模型，正是让企业摆脱恶性循环和内部羁绊，重建关系网，构建综合知识能力的体制框架。

没有未来构想力的人何谈未来？他们既不能聚集有识之士，也不能吸取来自世界的智慧。

所谓"未来"，是对现实矛盾的挑战，是关于未来社会共同善的提案。正如爱因斯坦所说："问题，如果仅停留在发现问题的那个意识层面，是无法得以解决的。"现有的矛盾在现有的框架之下也无法得以解决，它们会在既得权力者的守护惯性下一直遗留下去。

因此，创新者要参与未来创造，必须重建和扩大现有的关系网，形成新的知识脉络并重新整合。创新者应怀着"自己到底是什么"的想法，抛开繁杂，投身实践，在试错过程中去发掘和探索。BMI不是一开始就存在的东西，它是一种过程，是新知识的创造，是领导者赌上人生的精彩故事。

第二节 统合性业务创新模型

我们在第一章中提出了业务创新模型，也给出了其示意图。但是，业务创新模型还有更高的发展阶段，那就是关注世界的课题，为达成更大规模的共同善，统合个别、分散的商业模式，成为融入世界的活力核心，同时向人类不得不解决的全球性问题发起挑战，进行知识的大统合。本书将这种模式称为"统合性业务创新模型"。

业务创新模型以共同善为基础，追求更本质的价值创造，作为一个创造未来的动态化模型，它必然会向统合型模型进化。在当下，有两大趋势在推动业务模型的统合。

第一，为了更有效地应对环境、能源、食品等全球化问题的社会基础设施视角的业务模型重构。社会基础设施视角是指，为创造新社会，将那些以提供限定产品和服务为价值主张的业务模型进行统合，通过与其他企业形成联盟或者其他方合作的方式达成涵盖整个产业规模的生态系统。为了进行新的社会创造，就必须打破现有的产业分类框架。否则，这些现有框架成果会成为那些甘于现状、主张单人作战主义人士的温床，是他们陷入纵向型独立主义的元凶。这一点，我们从3·11日本地震后，东京电力公司的一系列操作便可见一斑。对现存产业架构的认可，是由于没能从当前的闭塞中脱离出来。

第二，为了解决贫困、教育等社会问题和构建更美好的世界，全球化协作有变得越来越必要的趋势。近年来，用商业模式创新解决重大社会问题的社会企业正在成为一股不可忽视的力量。

为了让社会企业保持最纯粹的社会意义，一般不允许拥有丰富资源的企业或者旁观者存在，必须全身心地投入。作为21世纪的企业，社会企业必须寻求业务模型变革，导入真正意义上的业务活动。这就是将利益最大化的商业模式与持有完全相反理念的社会企业进行统合的商业模式创新。

在这两大趋势的产生过程中，我相信大家应该都能感受到被细分的领域法则、来自既得权力者的苛责以及对于没有多大起色的现状的危机感。随处可见沉迷过去的"商业模式孤塔"，甚至人们还争相要将孤塔建得更高，反而对真正重要的事情置之不理，看到这样的现状，人们的愤怒和忧虑油然而生。

纠正全球化方向、应对地球环境问题、消灭贫困、缩小社会贫富差距……不管是解决哪一个课题，都需要超越个别企业、超越现有资本价值观的智慧。尽管如此，但是政府、企业、个人都没有采取行之有效的措施。

无论如何，我们都必须在这样的闭塞感中摸索出解决之策。

为了踏出第一步，首先要对全人类进行知识总动员，不被现存的羁绊束缚，重新定义以个别最优化为基础的业务创新模型。企业经营相关者必须打破企业内部的现有束缚，明确参与构建新社会的态度，并且能够迅速执行。

在国家层面和教育层面，政府要重新审视现有的国家建设和人才培养前提，设计关联到更多企业、个人和国家的愿景和制度，即要进行国家和教育层面的商业模式创新。

顺应社会大趋势，由人们共同意识催生出的统合型业务创新模型，与静态的、截面式的竞争战略论站在了对立的位置上。统合型业务创新模型是未来创造过程中跌宕起伏的知识统合的动态化过程。

第三节 社会基础设施视角下的业务创新模型

统合的第一个方向就是"社会基础设施视角下的业务创新模型的统合"。在社会基础设施的世界性大检修中，要彻底改革 20 世纪的经济成长模型，其中"社会基础设施视角下的业务创新模型的统合"承担着重要的一环。

随着金砖五国和新兴国家的成长和崛起，旧的成长模型，即追求人类生活物质丰富性的模型走到了崩溃的边缘。2012 年达沃斯论坛的主题是"大转型"（Great Transformation），由此揭开了重新构建新价值观的序幕。欧洲提出"去增长"，开始追求重视社会质量的、有意义的成长。全球都在试图脱离追求数量的美国模式，追求更有效利用资源的商业模式。虽然无须克制地使用资源会比较方便，但形成对环境友好的生态系统是大势所趋。

在这样的大背景下，企业必须将那些通过提供个别产品和服务创造价值的业务模型进行统合，以重建社会新架构为目标，以自身的知识和智慧为基础，设定更大范围的商业领域。也就是说，企业应在融合多数企业的社会系统中做出应有的贡献。

富士通的融合业务，不是将产品和服务按客户需求分散出售，而是与其他企业共同合作提供价值。比如，富士通融合了 Seino、罗森和地区医疗的合作框架，为满足行动不便的高龄者对生活必需品和医疗的需求，通过互联网共享信息，同时联合物流公司，创造了一个方便购物和就医的地区活性化商业模式。

将一个个独立的商业模式进行统合，形成一个大范围的企业生态系统，以前企业分散提供的生活类基础设施，以及自然而然形成的硬件公共设施的供给集合体，通过企业智慧的有意识融合，形成统合型业务创新模型，就能够实现对社会基础设施的重新定义。

就像这样，通过在现场研究生活实际情况，将企业的经验进行跨产业的横向联合，就形成了一个促进地球和环境再生的发展引擎，这样既创造了一个新的商业模式，也构建了一个跨产业的生态系统。

电动汽车产业也隐藏着构建生态系统的可能性。人们经常说"电动汽车是产业的冷藏库"。冷藏库的发明，让人们能够长期储存食物而保证其不会腐坏。同样，一直都被视为技术难题的电能储存，因锂电池的发明带来了曙光，使储存电能的高性能车用电池成为可能。

将电动汽车链接到太阳能发电和智能电网中，通过汽车，能够实现更有效的能源利用，构建能源社会也就成为可能。可以说，同时满足交通和蓄电，才是电动汽车存在的价值。在重建社会基础设施的视角下，一个涵盖了汽车、IT、住宅、电力、交通等多产业的生态系统应运而生。

但是，如何跨越障碍，是统合型业务创新模型存在之根本。在个别商业模式范围内应对个别需求似乎是一个条件反射性行为，但是如果一直这样继续下去，就很难跳出"商业模式孤塔"。因此，企业必须站在宏观的角度去把握最本质的需求，引导客户说出内心的想法，与其他企业共享创造未来的信念，打破企业间的壁垒，克服构造上的阻碍，以此重新发现和认识社会基础设施。对于统合型业务创新模型来说，吸引和融合更多参与者的愿景，并将愿景现实化的精辟概念和核心技术、构筑生态系统关联性的能力都不可或缺。简单来讲，就是必须达成"宏大的共创"。

共创或开放式创新的概念开始被人们使用，对于那些局限在追求自身利益最大化的企业来说，共创就意味着相互补充。如果企业不完全打开自我，反而局限在维持原样，则很难实现创造性共创。如果企业只是相互看着，不打开心扉交流，最后充其量只是做做表面功夫，共创就会成为一句空口号。这都是由于企业还停留在如何利用对方的观点造成的。

在这个现状背后，我们可以看出有些企业不想离开现有市场和现有业务模型的保守思想。那么，这仅仅是在现有市场需求和市场构造中去分割"蛋糕"的行为，不能说是一种"宏大的共创"。因为，局限在"看得见的世界"觊觎其中的蛋糕份额，不是在创造未来。创造未来不是小格局的东西，而是大胆地描绘"看不见的世界"。

致力于开发电动汽车的日产公司，其基础研究者在 20 世纪 90 年代就已经开始思考以下问题：今后的社会必将知识化、信息化和民主化，人们的活动会变得活跃，对能源的需求将会激增，特别是能源消耗最大的交通领域，按现有的能源消耗恐怕难以长久支撑，我们必须构建一个社会，一方面为人们提供充足的能源，另一方面又不允许能源的浪费。那么，这其中到底需要什么技术呢？最终，研究者达成一致，那就是创造"能够储存能源的汽车"。

为了实现这个目标，人类必须研发轻质量车载电池，并且有足够的动力让汽车启动和行驶。从此，长达 20 年之久的伟大研究开始了。终于，在 2010 年，这一伟大愿景成为现实，世界第一代层叠紧凑型锂电池和电动汽车日产聆风登上了历史舞台。自此，电动汽车和智能电网主导的新能源型社会开始新的征程。

这些研究者包括日产综合研究所高级创新研究者堀江英明、顾问广田寿男等。他们认为"创新就是创造一个产业"。带着这样的信念，他们开始构想全新的社会画像，聚集跨企业和跨产业的知识智慧，通过共享思想与创新者产生链接，由此形成了第一个知识型生态系统。

创造一个新的产业，去描绘出一个看不见的世界的画像，必然要付出艰辛的努力。在孤独中思考和试验，与具有相同见解的世界一流人才进行彻底的对话和交流，在无数次失败中坚强地站起来，只有做到这些，才有可能实现愿景。

同时，如果没有愿意赌上自身未来的产业魂，也不可能实现愿景。我们所说的开拓未知的企业，既是赌上一切的创新者的守护神，也是他们的加油站。这是知识创造型企业的立身之本。只有当周围或其他企业的同道之人或有能力的创新者能够共享思想、产生共鸣，那么宏大的产业生态系统也就初现雏形。因此，日产的领导者经常鼓励日产的研究者"去和世界一流的人才交流吧"。

我们可以捕获这样一个信号，那就是：人们只有拥有改变世界的热忱，才会去洞察改变世界的真理。统合型业务创新模型的流程，就是创新企业和创新者的存在论的核心。

第四节　社会企业的视角

另一个成为业务创新模型统合契机的趋势，就是"社会企业的视角"。社会企业通过商业手段解决社会问题，不以利润最大化为目标，反而追求社会贡献价值的最大化。社会企业根据自身能力确定要解决的社会问题，不压缩企业本身的收益，持续性地为解决该社会问题做出贡献。企业曾经为了追求利润将经营范围扩张到全球，如今到了 21 世纪，人类应有的善良智慧终于开始发出光辉，那就是为更多的人服务，哪怕只是减轻了他们的一点点痛苦。

其中的典型案例包括：为实现霞浦再生的日本 ASAZA 项目，有走出德岛贫寒农村的菜叶商业 IRODORI，还有富士宫炒面，不胜枚举。另外，诸如孟加拉乡村银行这种向全世界输出的商业模式，也逐渐活跃起来。

但是，为了将社会企业融入现有的商业活动中，还需要克服多重障碍，首先必不可少的是丰富的实践智慧、企业内部的关系网，以及与来自其他企业的协作。考虑到企业活动的独立性和持续性，不能完全依赖发达国家的先进科学技术，而要多利用现场的经验和技巧去克服困难。而且，新兴国家的购买力不足，没有可观的利润。股东价值最大化、效率优先的商业愿景、与业务分离的企业社会责任（Corporate social responsibility，CSR），都不足以应对这些问题。

因此，需要一边活用现有的业务模型，积累低成本消耗的经营技巧，一边寻求来自企业职员、社区志愿者、非政府组织、非营利性组织以及行政的支援。由于这不同于以往追求单一的利润目标，因此新的战略计划和资源调配成为必要。同时，不断试错，动员更多的人参与其中的智慧也必不可少。

让二律背反向二律共生的方向发展，不断吸引更多的人参与其中，不再唯金钱论，反而以智慧取胜，这其中最重要的是核心领导者的信念。如果没有想保护地球环境、改善人们生活的强烈信念，也无法获得人们的共鸣，更不会把想法付诸实践。而对于那些支持利润最大化的相关者，为了说服他们，需要给予他们什么，又能从他们那里得到什么呢？只有切实把握现场状况的实践智慧，才能支撑如此强大的信念。

企业领导者不惜赌上人生的坚定信念和具有创造性的一举一动，发动并支撑着统合型业务创新模型。作为企业，支持和培养这样的领导者，对于提升企业的实践智慧也具有非同寻常的意义。

跨产业的社会基础设施创造和社会价值最大化两种知识潮流会合，我们不妨以业务创新模型为基础更进一步，经过业务创新模型的统合，构建更大范围的生态系统。

统合型业务创新模型的流程如图 8-1 和图 8-2 所示。为摆脱商业模式孤塔，构筑生态系统，首先，最重要的就是领导者"想要改变世界"的热忱信念和挑战精神；然后，必须把这种信念作为未来共创思想进行概念化加工，与所有关联者共享未来画像。

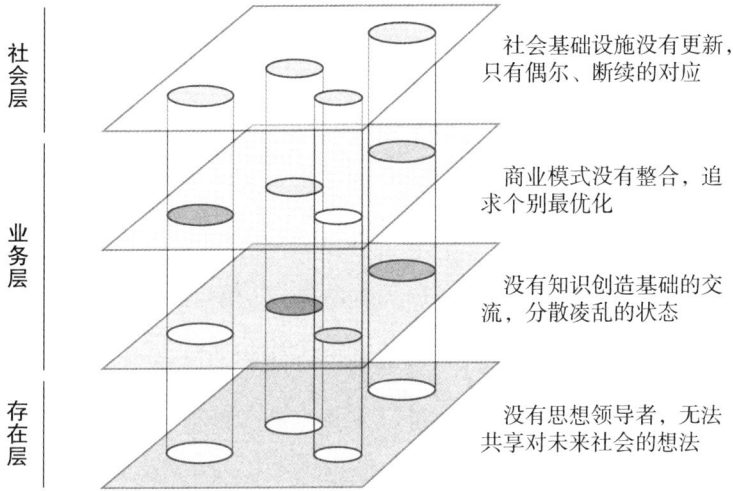

图 8-1　商业模式孤塔带来的社会闭塞

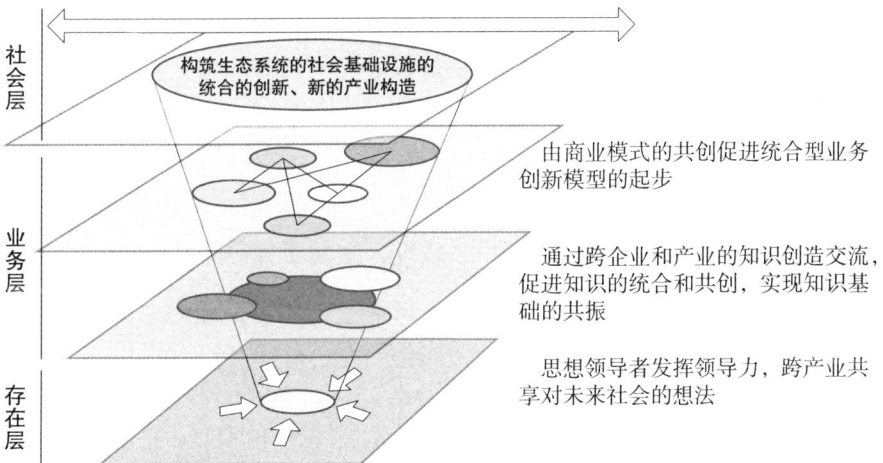

图 8-2　统合型业务创新模型带来的产业再创造

在此基础上，为了让概念成形，必须有企业间共创知识的基础——共振，这是引起共鸣的力量。同时，描绘未来世界，能极大改变价值主张的协同作战思想必不可少，而且需要一个能够坦诚交流的"场"，让拥有超高创新力的各企业代表，如研究人员、商业领导者、中层管理者等，能够在此展开唇枪舌剑，迸发出创新的火花。

这个共振的场，也是创造未来社会的参谋本部。能够让这些参谋本部的职能跨企业、跨产业甚至跨越国界和文化发挥出来的领导者，同样也能发挥出超人的创新力。

通过知识创造基础层面的共振，各企业可以跨越产业壁垒，找到联合的方向，重新构筑组织基础和客户基础，也能够给企业内部一定的知识刺激，成为业务创新模型统合的契机。来自不同领域的企业创新者开始寻求联合，思考超越自身架构的解决方案。此时，跨产业的宏大的社会基础设施重建就逐渐成为可能。

智能电网和智慧城市等构想，在社会共创思想的共享、知识基础的共振和业务创新模型的统合之下，首次得以成立。从商业模式孤塔的后退式互补型合作关系中脱离，真正意义上的智慧创新城市模型和联合模型才有可能实现。

这种模式以全球化视野重建社会系统，超越了以往形成紧凑型业务构造金字塔的纵向型和系列型商业模式，形成了一个纵向联合了社会基础设施、原材料、零部件、商品成品、系统、服务等领域的跨产业的水平模式。

这种动态过程，是统合型业务创新模型所追求的活力。打破现有社会构造的破坏式创新，离不开试图改变世界的创新领导者的存在。

第五节　向统合型业务创新模型发起挑战：知识控股型企业

统合型业务创新模型，不再局限于现有的市场和业务模型框架，它是从更高的战略视角，寻求世界性课题的解决。该模型通过同时追求利润和社会价值进行世界创新，重新发现人类丰富性的准则，持续地为人类生活的丰富性做出贡献。

为追求短期利益的选择和集中，逐渐被追求长期社会利益的洞察和创造而取代；为追求自身利益的经营技巧，也慢慢被既能照顾到所有利益相关者又能实现自我发展的实践智慧取代。这不是单纯的为削减成本的构造变革，而是为了重新定义客户价值而进行的知识构造转型。

统合模型需要一个能统御所有知识流的司令塔[①]。知识司令塔，是作为知识守护神的新式的控股公司（holding company）或者知识领导力的推进组织。同时，它本身作为智慧控股公司（wise holding company）或智慧控股组织（wise holding organization），也是实践战略的参谋本部。

通常，"控股公司"，是有关集团经营和治理的一个概念。"控股公司"常用在融资和战略整合中，但作为创造性变革的存在价值被提及还是首次。在现场，即使好不容易有一个融合型项目诞生，如果没有司令塔对现有的业务部进行有效连接和开展持续的业务重组，那么这个项目最多只是昙花一现，无法持久。

今后，想要让统合型业务创新模型在未知的世界扬帆起航，还需要相

---

① command center，指挥、统括整个组织的部门。——译者注

当称职的"船长"。他必须能够洞察未来的共同善，可以召集众多的创新者，也能够创造出产业横向联合的生态系统。

"船长"在今后的主要责任领域包含知识愿景的设定、知识规则的构筑、核心竞争力的重新定义、知识构造变革的实施、商业模式的废除和整合、企业内外网络的扩充、知识创造文化的酝酿等，在细分化、官僚化和僵硬化的现实中，通过横向连接，重新找回人与人之间的良知与共识。只有通过知识控股型企业或知识控股部门去成功地培养这诸多能力，统合型业务创新模型才算真正起步。

而且，知识控股型企业或知识控股部门通常由企业高层直接统领，在企业高层的卓越领导力之下，会催生出以未来共同善或产业创造为目标的任务主导型组织，并纳入其管辖之下。同时，司令部还要为纵向组织指明方向，在资源分配上发挥出动态、灵活的领导力。

也就是说，这是将超文本①（hypertext）组织的各层相连，将从研发到商品化的所有知识模块进行巧妙、动态的结合。在这个过程中，将项目智慧快速转换为官僚体制组织结构智慧的连接点非常关键。

超文本组织是一个组织概念，也是知识创造型企业的特征之一，它是官僚体制组织结构——业务系统层（business system layer）（在这里，SECI模型不断发生知识的组合化和内隐化）和特别工作组（在这里，SECI模型不断发生知识的社会化和外显化）的动态综合体，通过两者的转换和融合促进创新的产生和产品化，同时，超文本组织能为企业创造丰富的知识。

---

① 超文本原指用超链接的方法，将各种不同空间的文字信息组织在一起的网状文本。这里是指一种新型的组织结构，详情可参考作者的另一本著作《创造知识的企业》。——译者注

这两层如何快速交替融合，取决于其连接层——知识层的能力。

　　然而，知识层如果只停留在员工职责层面，可能就无法发挥出其有效功能。高层领导者的参与不可或缺，领导者参与的不仅仅是知识体系，还要掌握人事和预算权、擅长权利管理、能够领导组织内部激烈的知识转换。不得不说，像这样能控制知识层功能、高层领导高度参与的知识司令塔——知识控股型企业或知识控股部门正是当下日本企业所欠缺的（见图 8-3 ）。

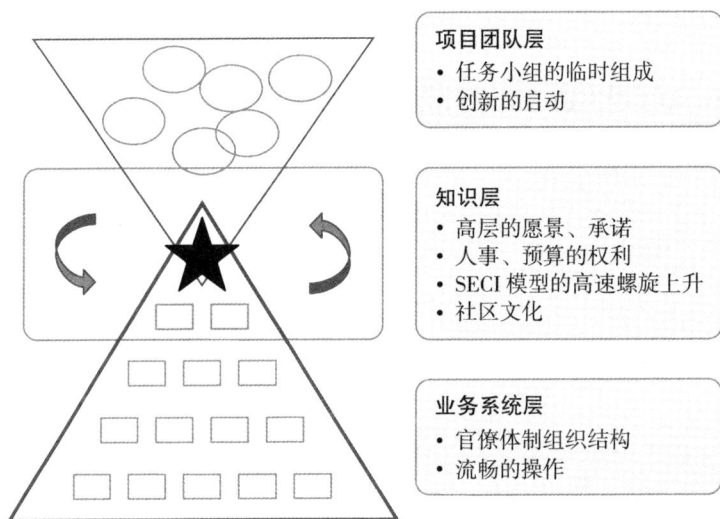

图 8-3　超文本组织

　　而且，当下社会重视多样性，也并非完全是为了全球化，而是为了扩充能够熟练进行知识模块切换、自由穿梭于超文本组织层级之间的人才库，构建相应的组织文化。

　　可以说，苹果公司和谷歌的创始人发挥了这些作用，IBM、雀巢等很多跨国企业的经营层已经达到了运用自如的境界。在日本企业中，也有与高

层相呼应的自中向上而下型知识统合结构，例如，NTT 数据的顾问山下彻，
NEXT 推进室、资生堂的末川久幸社长，未来企划室、前川制作所的顾问前
川郑雄以及正在开展实践的各独立法人等。这些公司的高层和中层以及基
层上下一心，为实现共同善，将各自的知识、智慧深化，通过数字的形式
与更广泛的知识结合，不断扩大到世界性知识的统合，以此达到全公司组
织知识的充分利用。

第六节　对过度合规的照单全收

统合型业务创新模型，通过知识控股型企业将个别的商业模式聚合，
充分利用企业知识，去应对更根本、更深层次的需求。利润板块常常蕴藏
着被接连出现的新商业模式转移的风险。在这样的动态竞争中，企业不能
抱着死马当作活马医的心态，就算是为了创造新的业务模型，也应该去发
起动态知识流，为产生新的利润流进行业务的综合化。

而且，这种状况的出现，也为过度合规和过度透明（over transparency）
敲响了警钟。虽然保持经营的透明性很重要，但当下过度的统治和透明几
乎已经成了企业的共性问题。

本来，知识是在冒险、游戏、试验、偶然中被意识和发现的。按照预
定计划进行调整不能创造出丰富的知识。组织细分和自负盈亏带来的内部
冗长性正在消失，我们必须向这一现象发起挑战。

按照这个观点，俯瞰个别业务模型的"统合模型"有助于防止知识动
脉硬化，知识控股型企业成了风险和规则等羁绊的后盾，保护着业务创新

模型中知识流的循环体系。

　　正如业务创新模型所展示的那样，经营并非只关注收益层，实际上经营有四层。追求透明性和细分化的收益基础很重要，但在业务创新模型中，注重冗长性和共同善的知识创造基础同样重要，否则，企业将无法持续经营。

第七节　让统合型业务创新模型运转的创新力

　　日本企业在业务模型的再创造方面确实不足，其原因在于严重缺乏能引导业务创新模型的人才。学校没有设置相应的人才培养课程，即使进入了企业，员工也只是扮演工具人的角色，根本没有被企业当作知识创造的主体来看待。对创造知识充满好奇心，能积累丰富隐性知识的实践经验和知识经验，以及由此催生出的螺旋上升的问题意识，都是知识创造不可或缺的要素。然而，企业的员工对此一无所知。

　　可以说，企业陷入了知识贫困化的恶性循环中。在组织瘦身造成的裁员和人才流动中，欠缺对延伸目标进行价值提案能力的管理层将成果主义作为工具，对企业员工采用目标化管理。在单年度利润和效率化的追求中，知识创造不可或缺的影子工作和部门协作毫无发挥的空间，工作毫无兴趣可言，知识创造的精力和乐趣被压榨一空。

　　而实行统合型业务创新模型的企业，则在持续地进行商业模式变革和统合，所有员工都能够自律地发挥出领导力，超越组织甚至商业模式的框架，发现新市场，并将梦想融入市场之中。要想达到每个员工都能够基于企业愿景共享知识并进行融合深化，就必须有让他们产生工作激情的"场"和领导这些活动的高层领导力。

尤妮佳公司将之称为"共创人才"。该公司提出的愿景是"要做世界第一的无纺布产品企业"，为了让全体员工都朝着这个方向努力，它们着力培养员工共享行动和隐性知识的习惯，同时培养了一批能够实现知识共创和螺旋上升的人才，这些人才就是"共创人才"。共创人才不会停止思考，也不会甘于被束缚在现有的框架之下。

日产公司的跨职能团队就是这样一个相互刺激、善于发问、打破壁垒、构筑新文化的组织。这完全超越了高层对 BMI 的激情和信念，也超越了中层的管理架构，是一个横向连接，让思想同步高速螺旋上升的组织机制。

未来愿景和领导者的承诺，以及其在组织内部的传播，对于让企业员工获得共鸣、重塑管理能力非常重要。只说一些漂亮话或者枯燥的理论，不太能吸引人跟随。因此，为了让每个人意识到自己的内在动机，就必须创造一个连接人与人的"场"，让他们能够进行能力、意见和经验的交流，以此推动合作。

作为建议，笔者曾在管理理论中提出了 MBB，这很可能会成为构造思想交流场的转折点。

组织重新找回冗长性，推动员工的影子工作，让员工接触到企业内外的人际关系和知识，不管是被感化还是被触发，总之这些对丰富初体验不可或缺。例如，三星的海外研修员制度，IBM 的企业全球志愿服务队，富士通在新兴国家的武者修行，Eisai 的"1%规则"，都是很好的开端。对于组织分担和责任权限暧昧、缓慢发展的日本企业来说，这些措施可以很好地促进日本式知识和智慧的升华。

这些举措能够唤起员工达成远大目标的热情和勇气，与现实的障碍做斗争，形成一个能承受压力的团体，有效推进团体作战。而且，员工在压力下也能够积累经验，获得成长。当员工超越既有的架构踏入新的领域，也就表示这个企业开始摆脱阻碍，向知识构造变革迈进了。

当然，这样的变革离不开外界的支援。知识的延伸、知识网络的扩展、知识的感染性和知识的初体验等，是生活在知识社会中的人们意识到内心原动力的有力助推器。在这样的精神指导下，知识流螺旋上升，在连续中产生非连续，组织和个人都实现了飞跃。

松下幸之助、本田宗一郎、柳井正、史蒂夫·乔布斯等都拥有超凡的领导力，他们怀揣"想改变世界"的高远志向，不惜奋斗一生，向现实发起挑战。他们的梦想触动了企业内外的人，并带领这些人成长，最终催生了企业和社会的知识创造。

在世界大变革的当下，企业必须培养能够发起和领导统合型业务创新模型的人才，为使其能够起到黏合剂的作用，还要强化组织的人性化管理。高层和人事部门必须拥有高瞻远瞩的洞察，为组织实现愿景提供新的模式。以上，就是我们想要为大家提议的与统合型业务创新模型相关的想法。

参考文献

第一章

- 野中郁次郎・紺野登（二〇一二）『知識創造経営のプリンシプル──賢慮資本主義の実践論』東洋経済新報社。
- 野中郁次郎・遠山亮子・平田透（二〇一〇）『流れを経営する──持続的イノベーション企業の動態理論』東洋経済新報社。
- 野中郁次郎・徳岡晃一郎（二〇〇九）「ビジネスモデル・イノベーション」『一橋ビジネスレビュー』五七巻三号。
- Teece, David J. (2009) "Business Models, Business Strategy, and Innovation," *Long Range Planning,* 43(2-3).

第二章

- オスターワルダー・アレックス / イヴ・ピニュール（二〇一二）『ビジネスモデル・ジェネレーション─ビジネスモデル設計書』小山龍介訳、翔泳社。
- 國領二郎（一九九九）『オープン・アーキテクチャ戦略──ネットワーク時代の協働モデル』ダイヤモンド社。
- ジョンソン、マーク（二〇一一）『ホワイトスペース戦略──ビジネスモデルの〈空白〉をねらえ』池村千秋訳、阪急コミュニケーションズ。

- 根来龍之・木村誠（一九九九）『ネットビジネスの経営戦略――知識交換とバリューチェーン』日科技連出版社。
- 野中郁次郎・遠山亮子・平田透（二〇一〇）『流れを経営する――持続的イノベーション企業の動態理論』東洋経済新報社、二〇一〇年。

第三章

- Hampden-Turner, C. (2009) *Teaching Innovation and Entrepreneurship: Building on the Singapore Experiment*, Cambridge University Press.

- Kao, J. J. (2007) *Innovation Nation: How America is Losing Its Innovation Edge, Why It Matters, and What We can Do to Get It Back*, Free Press.

- Koh, A. (2010) *Tactical Globalization Learning from the Singapore Experiment*, Peter Lang.

- Ministry of Trade and Industry Singapore (2006) *Science & Technology Plan 2010: Sustaining Innovation- driven Growth Tactical Globalization: Learning from the Singapore Experiment*, Singapore: New York:, Ministry of Trade and Industry Peter Lang.

- Neo, B. S. and G. Chen (2007) *Dynamic Governance: Embedding Culture, Capabilities and Change in Singapore*, World Scientific Publishing.

- Porter, M. E. (2008) "Ch.6: The Competitive Advantage of Nations," and "Ch.7: Clusters and Competition: New Agendas for Companies, Governments, and Institutions," in *On Competition*, Harvard Business School Press.

第五章

- アレグザンダー、クリストファーほか（一九八四）『パタン・ランゲージ――環境設計の手引』平田翰那訳、鹿島出版会。

- アンダーソン、クリス（二〇〇六）『ロングテール——「売れない商品」を宝の山に変える新戦略』篠森ゆり子訳、早川書房。
- ——（二〇〇九）『フリー——〈無料〉からお金を生みだす新戦略』小林弘人監修、高橋則明訳、日本放送出版協会。
- オグルビー、ジェームス・紺野登・野中郁次郎（二〇〇五）「シナリオ・プランニングのベーシックス」『Think!』No.13。
- オスターワルダー、アレックス／イヴ・ピニュール（二〇一二）『ビジネスモデル・ジェネレーション——ビジネスモデル設計書』小山龍介訳、翔泳社。
- 紺野登（二〇〇七）『ダイナミック知識資産』白桃書房。
- ——（二〇〇八）『知識デザイン企業』日本経済新聞出版社。
- ——（二〇一〇）『ビジネスのためのデザイン思考』東洋経済新報社。
- チェスブロウ、ヘンリー（二〇〇七）『オープンビジネスモデル——知財競争時代のイノベーション』栗原潔訳、翔泳社。
- 野中郁次郎・紺野登（二〇一二）『知識創造経営のプリンシプル——賢慮資本主義の実践論』東洋経済新報社。
- ヘーゲルⅢ世、ジョン（二〇〇四）『今こそ見直したいＩＴ戦略』遠藤真美訳、ランダムハウス講談社。
- ホーケン、ポールほか（二〇〇一）『自然資本の経済—「成長の限界」を突破する新産業革命』小幡すぎ子訳、日本経済新聞社。

第七章

- 一條和生・徳岡晃一郎・野中郁次郎（二〇一〇）『MBB：「思い」のマネジメント——知識創造経営の実践フレームワーク』東洋経済新報社。

- サター、アンドリュー・J.（二〇一二）『経済成長神話の終わり——減成長と日本の希望』中村起子訳、講談社現代新書。
- チャラン、ラム（二〇〇九）『CEO を育てる——常勝企業の経営者選抜育成プログラム』石原薫訳、ダイヤモンド社。
- 徳岡晃一郎（二〇一〇）『ミドルの対話型勉強法——組織を育て、自分を伸ばす』ダイヤモンド社。
- 野中郁次郎・竹内弘高（二〇一一）「賢慮のリーダー——「実践知」を身につけよ」『DIAMOND ハーバード・ビジネス・レビュー』九月号。
- 野中郁次郎・遠山亮子・平田透（二〇一〇）『流れを経営する——持続的イノベーション企業の動態理論』東洋経済新報社。
- ハメル、ゲイリー（二〇〇九）「マネジメント二・〇——新時代へ向けた二五の課題」『DIAMOND ハーバード・ビジネス・レビュー』四月号。
- ミンツバーグ、ヘンリー（二〇〇六）『ＭＢＡが会社を滅ぼす——マネジャーの正しい育て方』池村千秋訳、日経 BP 社。
- Sharpe, Kenneth, and Barry Schwartz (2010) *Practical Wisdom: The Right Way to Do the Right Thing*, Riverhead Hardcover.